经济安全视角下未来10年我国能源的预测及对策研究

张 帅 著

中国财经出版传媒集团
中国财政经济出版社

图书在版编目（CIP）数据

经济安全视角下未来10年我国能源的预测及对策研究／张帅著. --北京：中国财政经济出版社，2020.9

ISBN 978-7-5095-9919-8

Ⅰ.①经… Ⅱ.①张… Ⅲ.①能源发展-研究-中国 Ⅳ.①F426.2

中国版本图书馆CIP数据核字（2020）第128918号

责任编辑：胡　博　张晓丽　　　　责任印制：刘春年

封面设计：孙俪铭　　　　　　　　责任校对：李　丽

中国财政经济出版社 出版

URL：http：//www.cfeph.cn

E-mail：cfeph@cfeph.cn

社址：北京市海淀区阜成路甲28号　邮政编码：100142

营销中心电话：010-88191522

天猫网店：中国财政经济出版社旗舰店

网址：https：//zgczjjcbs.tmall.com

北京财经印刷厂印刷　各地新华书店经销

成品尺寸：170mm×240mm　16开　18.5印张　296 000字

2020年11月第1版　2020年11月北京第1次印刷

定价：58.00元

ISBN 978-7-5095-9919-8

（图书出现印装问题，本社负责调换，电话：010-88190548）

本社质量投诉电话：010-88190744

打击盗版举报热线：010-88191661　QQ：2242791300

前　　言

随着经济全球化程度的日益加深，经济安全在国家安全中的地位变得越来越重要，各国从原来的最重视军事安全、政治安全逐渐转向特别重视经济安全，经济安全成为国家安全的依托和基础。在当今和平与发展的时代主题下，一国的经济安全必然是指发展中的经济安全，而经济的发展离不开能源的支撑。能源对国家经济安全有着重要影响，这种影响可以分为直接影响和间接影响，直接影响是指能源因素直接对国家经济安全产生冲击，例如众多研究中将石油纳入国家经济安全的框架，石油对外依存度高企直接导致国家经济安全外部风险加剧，影响国家经济安全状况；间接影响是指能源因素对经济的某些方面造成影响，从而间接地影响了国家经济安全，例如能源短缺造成能源价格升高，推高物价水平，从而冲击到国家经济安全状况，因此能源的“量”与“价”危机都会对一国的经济安全造成很大的影响。我国是世界上最大的发展中国家，长期以来能源消费量巨大，消费结构不尽合理，石油进口量快速增长，石油对外依存度迅速攀升，在这种情况下我国无法确保能够以合理的价格获得足够的能源，这不免给国家经济安全埋下深深的隐患。同时，巨大的能源消费量和不合理的能源消费结构，又导致我国 CO_2（二氧化碳）排放总量高居世界之首。尽管我国政府向世界做出了减排承诺，但是在当前我国经济依然处于工业化和城市化快速推进阶段，能源消费量和 CO_2 排放量仍将不断上升，在经济增长的刚性需求下我国“节能减排”的压力巨大。综上，如何实现经济—能源—环境的协调发展？如何在保障国家经济安全的情况下实现未来我国能源的健康发展？这既是现实问题又是理论问题。在此背景下，构思了《经济安全视角下未来10年我国能源的预测及对策研究》一书，本书将能源研究与国家经济安全研究相结合，拓展了能源经济学的研究范围，具有重要的理论意义。科学合理地预测低碳约束下能源需求和供给能力、科学评价能源供需缺口，预测低碳约束下未来能源发展对经济安全的影响，为未来我国能源低碳发展思路提供科学的数据支撑，对于我国资源的合理利用、经济安全的预警、节约型社会的构建及现代化目标的实现具有重要的指导意义。

本书研究了能源的供需预测及能源因素对经济安全的影响。本书的整体思路是在对国家经济安全、能源低碳发展与经济增长、能源预测三方面的文献梳理后形成，即从国家经济安全的视角出发，分析未来我国能源发展及对国家经济安全的影响。本书的研究对象是未来我国能源的发展，包括能源供需发展及能源的经济安全状况。能源数量和结构上的供需状况以及能源消费所产生的CO_2排放问题都会对我国经济产生重要的影响，因此研究能源的发展考虑其对国家经济安全的影响是非常必要的。基于此，本书从国家经济安全的内涵出发，分析了影响国家经济安全的能源因素，界定了能源经济安全的内涵，在此基础上构建了能源经济安全指标体系，用以反映能源对国家经济安全的影响程度。能源经济安全的测度是建立在对能源常规预测的基础之上，考虑到近年来国内外对减排的关注度及未来能源绿色消费的发展趋势，本书预测了未来我国能源供给状况、有低碳约束和无约束两种情形的能源需求状况。基于此预测结果，通过构建的能源经济安全指标体系，预测了未来10年我国能源的经济安全状况，并在此基础上提出了相关的政策建议。

目　　录

图表目录

图目录

表目录

第1章

绪　论

1.1 研究问题及其意义

本节从研究对象入手，从能源消费现状、能源对经济安全的影响及能源利用的碳排放问题三方面介绍了本书的研究背景，并从理论和实践两个层面总结了本书的研究意义。

1.1.1 研究对象

本书的研究对象为未来10年能源的预测，能源的预测分为能源的常规预测和能源的经济安全预测。经济安全视角下的能源预测与一般意义上的能源预测不同，经济安全视角下的能源预测更侧重于预测影响经济安全的能源因素，从而预测能源因素对经济安全的影响程度。一般意义上的能源预测是经济安全视角下能源预测的基础。

1.1.2 研究背景

人类自诞生以来，按能源消费划分，经历了薪柴时代、煤炭时代、石油时代，当前世界各国正在积极地从化石能源时代向清洁能源、可再生能源时代转型。能源不仅仅是重要的化工原料，关乎人类衣、食、住、行的各个方面，还是各行各业重要的动力源泉。一直以来，人们对能源的感知若有似无，认为能源是取之不尽用之不竭，直至20世纪70年代发生的两次石油危机，能源才开始被关注，并越来越受到重视。伴随着人类文明的高速发展，能源的消费量也在迅速攀升，根据《BP世界能源统计年鉴2017》数据，2007—2016年全球一次能源平均增长率约为1.8%。

能源与人类生活有着千丝万缕的关系，对经济生活的影响尤为突出。能源从“量”和“价”两个维度影响着宏观经济，能源的“量”和“价”危机相互作用、相互交织影响着一国的经济安全，量的不足将会引起价格的上升，从而使各行各业成本增加，引起通货膨胀，对工业、运输业、农业等带来打击，造成经济的全面衰退，影响甚至威胁着一国的经济安全，20世纪70年代的石油危机很好地佐证了上述说明，据估计，第一次石油危机使得美国GDP增长率下降了4.7%，欧洲下降了2.5%，日本下降了7%。[①] 因此以合适的价格获得足量的能源是一国经济发展的重要前提。

我国作为世界上最大的发展中国家，改革开放以来，经济取得了举世瞩目的成就，经济高速发展伴随着能源需求的快速增长。2016年我国能源消费量达到43.6亿吨标准煤，约占世界能源消费总量的23%，占全球能源消费增长的27%。[②] 2005—2015年我国一次能源消费平均增长速度为5.9%，“十二五”期间一次能源消费平均增长速度降至3.6%，但即便依此增长速度，到2020年我国能源消费量将达到51.3亿吨标准煤，远超过能源中长期发展战略规划中“2020年将能源消费总量控制在48亿吨标准煤”的目标，也超过了2016年国家能源局最新发布的《能源发展“十三五”规划》中“2020年将我国能源消费控制在50亿吨标准煤”的目标。由于我国“富煤贫油少气”的资源禀赋，加之经济发展的硬性约束，长期以来能源消费结构中煤炭占比在70%以上，直到2012年煤炭占比开始降至70%以下，到2016年煤炭消费占比降至62%。2016年我国石油消费占比约为18%，远低于世界能源消费结构中石油33%左右的占比，即便是在如此低的一次能源消费份额占比下，我国石油依存度依然在逐年攀升。2016年我国石油消费量为5.78亿吨，石油净进口量为3.78亿吨，石油对外依存度达到65.4%，而国际警戒线为50%。以合适的价格获得足量的石油以保证经济的发展将是未来很长一段时间我国必须关注的问题。

巨大的能源消费量和不合理的能源消费结构，导致我国CO_2排放总量翘首于世界，约占全球总排放量的1/3。随着CO_2排放带来一系列的问题，减排成了全球范围内的当务之急，我国作为最大的CO_2排放国首当其冲。21世纪以来我国政府针对国内减排问题做了很多努力：2006年，我国政府提出建立“资源节约型、环境友好型”社会；2007年，我国发布《中国应对气候变化国家方案》，提出应对全球气候变暖的原则、目标、重点减排领域和政策安排；2009年，我国在哥本哈根世界气候大会上宣布到2020年中国CO_2排放强度在2005年的基础上下降40%—45%。2014年11月，中美双方共同发表了《中美气候变化联合声明》，中国计划2030年左右CO_2排放量达到峰值并争取早日达峰，

---

① https://baike.baidu.com/item/1973%E5%B9%B4%E7%9F%B3%E6%B2%B9%E5%8D%B1%E6%9C%BA/2623923?fr=aladdin.

② BP世界能源统计年鉴2017.

非化石能源占一次能源消费比重提高到20%左右。2015年11月，习近平在全球气候变化巴黎大会上进一步具体了中国CO_2排放达峰目标，计划2030年单位国内生产总值CO_2排放比2005年下降60%—65%。但是，从当前我国经济发展阶段看，我国能源消费量和CO_2排放量仍将不断上升，在经济增长的刚性需求下我国“节能减排”的压力巨大。

CO_2减排目标及实现路径与社会经济发展密切相关，我国当前所处的经济发展阶段决定了能源消费量的绝对增长，如何实现经济—能源—环境的协调发展？在保障未来经济中高速增长的前提下我国能源的供需状况如何？未来在兼顾减排与经济增长的同时我国能源供需状况如何？未来能源的发展状况对我国经济安全的影响程度有多大？如何在保障经济安全的情况下实现未来我国能源的低碳发展？这一系列问题既是现实问题又是理论问题。

经济预测一般从时间上可划分为超短期预测（小于1个月）、短期预测（小于1年）、中期预测（3—5年）、长期预测（大于5年）。本书选择了未来10年（2018—2028年）作为预测区间，属于长期预测范围。能源系统庞大且复杂，系统本身具有“锁定效应”，决定了经济政策和能源政策对能源系统的影响具有时滞性，即政策的实施要经过较长的一段时间后，其效应才能在能源系统中体现出来。准确的预测是科学决策的前提和关键。长期能源预测关注的是较长时间内的能源供需平衡，体现了对中长期经济发展规划以及能源发展规划的响应，能够为长期能源发展政策提供理论依据，同时也为能源政策的实施提供了时间和空间，保障了能源政策的可操作性。

居安思危，鉴于上述背景，本书欲在借鉴前人研究成果的基础上，预测经济安全视角下未来10年我国能源发展情况，首先预测能源供给和能源需求，在此结果之上，进一步构建能源的经济安全指标体系，预测能源的经济安全状况，为未来10年我国能源低碳发展思路的探究提供数据依据。

1.1.3 研究意义

从我国能源相关理论及能源实践出发，本书的研究意义可以总结为以下三方面：

我国是世界上最大的能源消费国，也是世界上最大的石油进口国，尽管历史上我国尚未受到能源危机的冲击，但是从西方国家的历史看，能源短缺甚至能源危机会严重影响一国的经济发展乃至一国稳定。同时，当下化石能源消费

带来的 CO_2 排放问题已成为全球各国广泛关注的大问题，我国既是能源消费大国也是煤炭消费大国，能源消费带来的 CO_2 排放量全球第一。因此，在这种背景下研究未来10年我国能源的供需状况，对于未来我国能源的稳定合理发展具有重要的意义。

能源系统庞大且复杂，与众多其他系统如经济系统、电力系统、工业系统、农业系统等存在紧密关系，能源系统的变化可谓牵一发而动全身，因此能源系统本身具有极强的“锁定效应”。本书选择了2018—2027年10年作为预测区间，着眼未来10年这样一个中长期区间，根据未来能源发展的状况提出能源发展思路及相关政策建议，使能源政策的实施具有更广泛的时间和空间，做到未雨绸缪，防患于未然，因此中长期能源预测对我国能源发展的实践具有重要的意义。

经济全球化不断深化，经济安全的地位日益凸显，能源作为重要的战略资源对一国的经济安全至关重要。本书从国家经济的视角出发，将能源研究与国家经济安全相结合，拓展了能源经济学的研究范围，丰富了能源经济学内容。同时，本书在预测了未来10年我国能源供需情况的基础上，通过构建能源经济安全指标体系，预测了未来10年我国能源经济安全状况，预警了未来10年我国能源发展态势，对未来我国在平衡能源低碳发展与能源经济安全、国家经济安全关系的基础上合理的发展能源具有重要的指导意义。

1.2 国内外研究综述

本书研究能源的供需预测及能源因素对经济安全的影响，在研究的过程中涉及的文献可以划分为国家经济安全、能源低碳发展与经济增长、能源预测三个方面，下面对这三个方面的文献进行了归类梳理。

1.2.1 国家经济安全研究

研究国家经济安全的文献按内容可划分为五类：一是对国家经济安全指标体系构建以及经济安全状况评价的研究；二是对经济安全外源性风险的研究，即经济开放过程中的一些外部风险如外商直接投资、对外贸易等；三是对如何加强应对经济安全风险的能力的研究，例如国家经济安全战略、制度、法律等；四是研究国家审计对国家经济安全的影响；五是对国家经济安全子系统的研究。关于国家经济安全文献的具体研究内容归纳如下。

其一，关于国家经济安全指标体系构建以及经济安全状况评价的研究。顾海兵（1997）认为经济安全与对外开放密切相关，没有对外开放也就没有经济安全问题，在此基础上构建了包含市场安全、产业安全、金融安全、信息安全四方面的指标体系，将经济安全程度分为很安全（AAA）、相当安全（AA）、比较安全（A）、轻度不安全（B）、中度不安全（C）、严重不安全（D）、危机爆发（E）7个等级。李金华（2001）基于经济安全相当于经济无风险的出发点，根据风险成因构建了经济安全监测警示系统，在突出财政金融风险的前提下按照社会再生产的逻辑联系划分了财经金融风险、产业风险、收入分配风险、市场风险、投资风险、域外风险6个子系统，选取了41个指标。顾海兵、李宏梅等（2006）构建了一个包含常规监测评估系统和突发监测评估系统两部分的国家经济安全监测评估系统。经济安全常规监测评估系统包含安全条件指标系统和安全能力指标系统，其中安全条件是指国家经济安全面临的外部风险，安全能力是指抵御外部风险的能力。经济安全突发监测评估系统则是主要集中在战争、政治、社会稳定和环境领域。顾海兵、刘玮等（2007）从逻辑上将国家经济安全的预警系统分为了国家经济安全警度系统、国家经济安全常规预警指标系统和国家经济安全突发预警指标系统三部分，其中常规预警指标系统包含了同步性、先导性和免疫性三类指标。同步性指标和先导性指标体现的是对国家经济安全产生较大影响的指标，属于安全条件指标，免疫性指标是体现抵御风险能力的指标，属于安全能力指标。年志远、李丹（2008）设计了三层国家经济安全预警指标体系，将国家经济安全预警指数视为顶层，第二层由财金安全预警指数、社会安全预警指数、外经安全预警指数、资源安全预警指数、产业安全预警指数组成，其中与资源安全相关的三层指标包括粮食安全、石油安全、水安全、生产资料安全等，虽然列出了一些三层指标，但是并未具体明确全部三层指标。叶卫平（2010）构建了两级评价指标体系，由3个一级指标和23个二级指标组成，其中，一级指标是基本经济制度安全状况、经济主权安全状况、经济危机风险状况。该文给出了主观赋值法和因子分析法两种确定各指标的权重的方法，但并没有给出各指标的警限。张汉林、魏磊（2011）构建了一个由三层指标构成的开放条件下的中国经济安全量度体系，在此体系中包含9个二级指标，135个三级指标，涉及领域包括粮食、就业、金融、市场、能源资源与环境、文化、信息、人力资本与技术、国际测度。赵蓓文（2012）将外资因素引入国家经济安全研究中，将外资引起国家经济不安全的传导机制划分为核心传导机制和外围传导机制，并据此构建了国家经济安全预警指标体系，该体系包含基础、核心和外围三大类指标。顾海兵、孙挺（2012）构建了包含2个一级指标，7个二级指标，18个三级指标的国家经济安全指标体系，其中一级指标包括经济安全条件和经济安全能力，经济安全条件方面包含财金领域、实体产业领域和战略资源领域3个二级指标，经济安全能力方面包含财金领域、实体产业领域、战略资源领域和宏观稳定领域4个二级指标，并给出了18个三级指标的警限值以及安全类型划分区间，通过构建的指标体系评估了“十二五”期间我国经济安全水平处于基本安全区间。雷家骕（2012）以国民利益为出发点，认为国家经济安全的评价应包含国民经济运行、国民财富分配、国民生活质量三个维度，并对经济安全态势进行了等级划分：安全（AAA）、较安全（AA）、存潜在不安全因素（A）、存明显不安全因素（BBB）、不安全（BB）、危机（B）、严重危机（CCC）。姜茸、钱泓澎（2015）将经济安全风险度量指标分为财政安全风险、金融安全风险、粮食安全风险、能源安全风险、信息安全风险5个方面，在此基础上构建了经济安全风险度量指标体系。其中，采用故障树法分解了国家经济安全所涉及的领域，利用信息熵法，确定了风险度量中各个部分权重分配问题。

其二，关于经济安全外源性风险的研究，主要是指对外开放条件下，外商投资、对外贸易、经济全球化等形势对我国经济安全的影响。李海舰（1997）认为20世纪90年代以来，外商直接投资在我国的投资数量和投资形式上都发生了重大变化，逐渐在我国一些行业和地区形成了控制与准控制的局面，基于此，构建了包括外商投资企业的市场占有率、品牌拥有率、技术控制率和外资控股率四个方面的体系，用以监控外商直接投资对我国经济安全的影响，进而提出应从调整外资配置、降低外资来源国别集中度、限定外资投向的产业条件、实行“一揽子”性最佳组合、加快国内大型集团公司成长五个方面提高国家经济安全。姚立新、张明志（1999）从国际收支、通货膨胀、产业与市场、技术开发和地区经济平衡发展等方面探讨了FDI对我国经济安全的影响机理。李波（2010）分析了我国对外贸易依存度的现状，认为高外贸依存度从两个层面威胁着我国经济安全，一是过高的外贸依存度导致国际收支盈余过多，造成输入性通货膨胀，引起经济震荡，二是对外贸易输出国集中、贸易形式不合理等降低了我国抵御外来经济风险的能力，冲击了国家经济实力。许圣道、王千

(2009) 认为虚拟经济全球化背景下虚拟经济的稳定是整个经济系统稳定的核心，由金融、房地产、无形资产、博彩业、收藏业等领域组成，每一个领域对国家经济安全都产生重大影响，各国政府需在国内加强对虚拟经济的宏观调控，在国外加强国际间虚拟经济领域的协同监管来维护国家经济安全。江涌(2007) 认为经济全球化背景下发达国家是最大的受益者，发达国家凭借其雄厚的经济实力和强大的竞争力能够更好地应对对外开放过程中面临的风险，而发展中国家的经济安全问题却日趋严重，市场竞争两极分化，扩大开放威胁国内宏观稳定等，发展中国家需要不断地提高国家竞争力，增加经济安全合作维护全球化中的国家经济安全。葛冰、郑垂勇（2009）认为经济安全包括金融安全、产业与贸易安全、战略资源安全、经济信息安全四方面，分析了全球化背景下前三方面我国存在的问题：金融安全方面体制性矛盾长期存在，外部面临着国际金融风险的冲击；产业与贸易方面主要是外商直接投资和高外贸依存度对经济安全的威胁；战略资源方面包括一方面是石油等能源资源对外依存度过高，另一方面是粮食、水资源等总量缺乏，在此基础上提出了我国在金融方面要加快改革、加强监管，加大自主创新、促进内需，开发新资源、新技术等政策建议。庄芮（2005）分析了钢铁、矿材等重要原材料进口现状，探讨了这一现状对中国经济安全的影响，认为钢材进口的主因是国内供应的结构性矛盾，总体上不会影响经济安全，铁、锰、铜等金属矿产的进口增加了我国经济安全的潜在风险。

其三，关于加强应对经济安全风险的能力研究。应对经济安全风险的能力是指通过战略制定、法律建设、制度完善等达到维护经济安全的目的。该类研究可以细分为两类，一类是借鉴发达国家的经验探索适合我国的保障经济安全的方法，另一类是根据本国国情提出保障经济安全的建议。

(1) 借鉴国外经验：顾海兵、沈继楼（2007），顾海兵、曹帆（2009），顾海兵、李彬（2009）对美国、日本、印度、俄罗斯的国家经济安全做了研究，分析了各个国家的经济安全观，经济安全的立法状况，对我国的经济安全立法有重要的借鉴意义。徐英倩（2017）分析了美国、俄罗斯、日本的经济安全立法状况，论证了我国经济安全立法的必要性和可行性，同时提出了我国经济安全立法的原则和路径。顾海兵、李彬（2010）对美国、日本、俄罗斯、印度的经济安全战略做了系列的研究，并在此基础上提出了中国国家经济安全战略的形式和战略纲要的可行性框架。认为中国现阶段适合提出预防稳健型的经济安全战略，在战略纲要形式上选择由集中领导下的分散嵌入型向比较完全的分散嵌入型过渡，战略纲要制定以五年为周期最为合适，配合以年度评估。我国近期和远期的战略重点有所不同，贸易、产业、能源、财政等方面当属近期战略重点，而远期战略重点应该放在信息安全上。顾海兵、张一弓（2010）沿着国家发展战略—国家安全战略—国家经济安全战略的演进主线，研究了我国经济安全战略。

（2）基于本国国情：马军等（2002）在我国加入WTO之际，探讨了我国应在遵循WTO自由贸易原则开放市场的同时，完善法律体系，保障国家产业安全和经济安全，提出了健全、完善进口救济的法源依据；发挥行业协会的积极作用；充分利用发展中国家享有的优惠待遇，为产业调整提供舒缓空间三方面的建议。马林、雷家骕（2002）认为国家经济安全问题具有国家性、根本性、广泛性、战略性、整体性、国别性、强调危机管理等七大特征，并基于这七大特征提出了一国维护国家经济安全的机制和框架。温俊萍（2007）认为在发展中国家，制度非均衡是产生国家经济不安全的原因，这种非均衡既表现为国内的非均衡又表现为国际的非均衡，发展中国家维护经济安全需要重构基于全球化背景的制度基础，提高制度竞争力，创新政府安全管理机制以及参与国际经济规则的制定和修改。高昊（2009）对国家经济安全制度分析做了评述，认为国家经济安全具有国别性和历史性，研究和维护国家经济安全都不能脱离现实的经济制度和发展阶段。

其四，关于国家审计对经济安全的影响研究。蔡春（2009）提出了政府审计维护国家经济安全的依据，认为政府审计应从审计的历史层面、理论层面、法律层面、国际经验层面以及现实层面5个方面维护国家经济安全。吴昊洋、刘静（2015）探讨了政府审计与国家经济安全的关系，提出政府审计通过确保国家经济政策的有效性和国家经济信息的安全性来维护国家经济安全，认为应该加强专项审计、绩效审计、领导干部经济责任审计、金融审计等方面强化政府审计监督，维护国家经济安全。

其五，关于国家经济安全子系统的研究。顾海兵、夏梦（2011）基于国家经济安全的视角，界定了金融安全的内涵，将金融安全分为金融安全条件和金融安全能力，在此框架下构建了金融安全指标体系，其中金融安全能力进一步划分为金融制度建设、金融物质基础、金融受力三部分，该体系共包含13个评价指标。顾海兵、张安军（2012）将影响中国经济安全的领域划分为金融、产业、战略资源与社会免疫安全四个子系统，通过网络搜索法、专家评价法和问卷调查法对金融安全在国家经济安全中的地位进行了实证调查研究，金融安全在经济安全中所占比重最大，而对金融安全产生影响的指标按权重大小依次为商业银行资本充足率、商业银行不良贷款率、国债负担率、货币供应量增速、人民币汇率波动幅度与外债负债率。王伯安、张德胜（2010）根据石油供应的经济性、石油消费的经济性、石油供应的可持续性三大准则构建了中国石油经济安全评价指标体系，包括三大系统和19个单项指标，三大系统分别为石油供给保障能力系统、石油使用消耗状况系统和石油供应可持续性系统。丰雷、郭惠宁（2011）在界定土地资源经济安全内涵的基础上构建一个包含5项准则层（数量安全、质量安全、结构安全、效率安全和价格安全）和20项指标的综合评价指标体系，并对上海市1999—2008年的土地资源经济安全情况进行了评价。顾海兵、张安军（2012）在界定区域经济安全内涵的基础上，通过区域分解法评估了全国重点区域对经济安全的影响。

1.2.2 能源消费、CO_2排放与经济增长关系研究

随着国际社会对全球气候变暖问题日益关注，能源消费、CO_2的排放与经济增长之间的关系成为近年来的研究热点。下面将文献分为国内外两大类对其进行整理归纳，其中国外文献中又分为能源消费与经济增长、CO_2排放的关系和可再生能源消费与经济增长的关系两类，前者进一步按研究对象的数量细分为两类。

第一，国外文献。在国外的研究中，部分学者以具体某个国家为对象研究了能源消费、CO_2排放与经济增长的关系。Kolstad C、Krautkraemer（1993）研究了环境、能源消费与经济增长之间的动态联系，发现当能源消费对经济增长产生即时的利益时，环境则会在长期内遭到破坏。Ang（2008）以马来西亚为研究对象，发现1971—1999年马来西亚的能源消费与碳排放存在长期的正相关关系。Ang（2009）运用向量误差修正模型对法国1960—2000年的样本数据做了研究，发现长期和短期结论不一样，从长期看，经济增长到能源消费、经济增长到CO_2排放存在单向因果关系，从短期看，能源消费到经济增长存在因果关系。Soytas、Sari、Ewing（2007）基于美国数据研究发现长期看能源消费是CO_2排放的格兰杰原因，而收入不是CO_2排放的格兰杰原因，基于此，文章

认为减缓经济增长速度并不一定能有效地解决环境污染问题。Soytas、Sari（2009）又对欧盟候选国做了研究，得出长期来看经济增长与CO_2排放不存在因果关系的结论。Ghosh（2010）选取了印度1971—2006年的数据，研究这期间经济增长、能源供应与CO_2排放、投资、就业5个变量的动态关系，得出了与Soytas、Sari（2009）一致的结论，即长期内CO_2排放与经济增长不存在因果关系。Halicoglu（2009）根据土耳其1960—2005年的样本数据，采用边界检验法对能源消费、CO_2排放、对外贸易、收入之间的动态关系做了研究，发现存在两种协整关系，一是CO_2排放与其他三者的协整关系，二是收入与其他三者的协整关系，且收入是影响CO_2排放最显著的因素。

部分学者以多个国家或地区为对象研究了能源消费、CO_2排放与经济增长的关系。Coondoo、Dinda（2002）选取世界部分国家的面板数据研究了环境与GDP之间的因果关系，发现经济增长与环境之间的直接因果关系存在不确定性。Apergishe、Payne（2009）在Ang研究基础上，选取美洲的6个国家，运用面板误差修正模型对能源消费、CO_2排放和经济增长进行了研究，发现长期来看，能源消费是CO_2排放的原因，与经济增长呈倒“U”形曲线关系，能源消费与经济增长在短期存在单向因果关系，长期两者存在双向因果关系。Marrero（2010）以欧洲的24个国家为样本，研究了能源消费影响CO_2排放的机制。

近些年来还有一些学者研究了可再生能源消费与经济增长的关系，得出了迥然不同的观点。Apergishe、Payne（2012）将可再生能源单独的作为生产要素纳入到生产函数中研究了可再生能源消费与经济增长的关系，认为可再生能源消费有利于经济增长；Aslan（2013）得到出完全相反的结论，认为可再生能源消费不利于经济增长；Menegaki（2011）则认为可再生能源消费对经济增长没有显著影响；Apergis、Salim（2015）认为可再生能源消费对经济增长的影响因国家和地区而有所差异。

第二，国内文献。由于经济发展阶段、碳排放未纳入统计等原因，国内关于能源消费、CO_2排放与经济增长关系的研究不仅少而且晚于国外。通过梳理文献，发现国内研究的样本数据包含三类：以多个国家的样本数据为研究对象、以中国的样本数据为研究对象、以中国某省份或多个省份的样本数据为研究对象。

张红、李洋等（2014）基于33个国家GVAR模型对中国经济增长对国际能源消费和排放的动态影响做了研究，研究发现，中国经济增长使得全球能源消费和碳排放小幅上升，并在2年后达到最大，但长期趋近于0；与中国相比，美国经济增长对全球能源消费和碳排放的影响要大的多，约是中国影响程度的7倍，可见美国在碳排放与能源消费的国际传导渠道中占据了主导地位。肖德、张媛（2016）选取了61个国家1990—2011年的面板数据，运用GMM方法研究了经济增长、能源消费与CO_2排放间的动态关系，并比较了不同收入水平国家三者关系的差异性，研究发现，所有国家的经济增长与能源消费、能源消费与CO_2排放之间均存在双向因果关系，经济增长到CO_2排放间存在单向因果关系；对于中等收入国家，三者中的任意两者存在双向因果关系。

巴曙松、吴大义（2008）选取中国1981—2008年的样本数据，构建了CO_2排放成本计算模型，并利用该模型分析了能源消费和煤炭、石油、天然气、电力四种主要能源对产出、投资和就业的影响。胡玉莹（2010）选取中国30个省份2000—2007年的样本数据，运用SBM非期望产出模型进行了碳环境技术效率的计算，并对能源消费、CO_2排放与经济增长的状况进行了评价。张丽峰（2011）采用指标分析法研究了我国改革开放以来能源消费、碳排放与经济增长的关系。胡宗义、刘亦文（2011）运用Toda - Yamamoto检验程序对中国1960—2008年的样本数据做了研究，发现经济增长到CO_2排放和能源消费到CO_2排放存在单向长期格兰杰因果关系，能源消费和经济增长之间存在双向的长期格兰杰因果关系。杨子晖（2011）采用“有向无环图”技术方法考察了中国经济增长、能源消费与CO_2排放三者随时间的变化轨迹。研究发展经济增长促进能源消费，能源消费促进CO_2的排放。武红、古树忠（2013）研究了1953—2010年中国化石能源消费碳排放与经济增长的关系，发现化石能源消费碳排放总量和国内生产总值之间存在长期均衡的协整关系和短期动态调整机制。从碳排放量到经济增长存在单向格兰杰因果关系。姚君（2015）运用单位根、格兰杰因果检验和自向量回归模型，利用我国1953—2007年的样本数据，对我国的能源消费、CO_2排放、经济增长之间的动态关系进行了计量分析，结果表明能源消费、CO_2排放和经济增长之间存在长期均衡关系。从脉冲响应函数和方差分解的结果可以看出能源消费对经济增长作用明显，而经济增长、能源消费对CO_2排放作用明显。

武红等（2011）从近似关系和脱钩关系的角度对河北省1980—2009年的数据进行了研究，发现河北省能源消费总量与碳排放总量的变动趋势近似，就脱钩关系而言，碳排放与经济增长的脱钩弹性指数类型、能源消费与经济增长脱钩弹性指数类型在同年份表现完全一致。王迪、聂锐等（2011），陆敏、赵湘莲（2012）研究了江苏省能源消费结构与碳排放的关系。钟鸣长（2012）参考Apergis与Payne的研究，选取1978—2009年的样本数据，对福建省CO_2排放、能源消费与经济增长的关系进行了探索。郭然然（2015）对北京市能源消费、CO_2排放及经济增长三者的关系进行了实证研究。

1.2.3 能源预测研究

随着能源消费伴随着经济增长迅猛增长，能源消费需求预测问题也逐渐受到各界的关注和重视，目前，关于我国能源消费预测的研究可谓车载斗量。本节根据能源预测对象将文献进行了梳理，分成了两大类：一类是对能源需求量的预测，以预测方法为主线进行整理；第二类是对能源需求结构的预测，以预测方法为主线进行文献梳理。

目前预测能源需求的方法可达上百种，但是被广泛应用的主要有以下几类：时间序列预测法、回归分析法、部门分析法、投入产出法、可计算一般均衡模型、能源技术模型等。时间序列预测法关注能源需求的历史数据及自身发展规律，回归分析法侧重分析影响能源需求的关键因素，部门分析法则从宏观视角出发，重点关注高耗能部门。

Li（2003）构建了一个包含宏观经济、能源和环境三大系统的中国计量经济模型，设置了6种情景，探讨了中国到2030年能源需求及环境排放，认为中国在保持快速增长的同时可能会出现能源安全、CO_2减排等系列问题，提出中国应该提高能源效率、积极发展天然气、可再生能源替代煤炭消费、发展清洁煤技术、建立战略石油储备等建议。Fan（2007）利用中国1997年投入产出表构建中国的能源需求模型，在该模型中，技术、人口、经济和城市化被确定为能源消费的主要驱动力，利用该模型预测了到2020年中国能源需求及CO_2排放，发现即使能源效率得到有效的改善，未来20年中国能源需求和CO_2的排放也会成倍地增长，中国应该主要改善制造业和交通运输部门的能源效率。梁巧梅、魏一鸣（2004）构建了基于投入产出的能源需求和能源强度情景分析模型，首先用情景划分的方法将各因素的影响分离出来，然后运用投入产出方法对能源需求量做了预测。林伯强、蒋竺均（2009）用协整检验分较低、中等、较高三种情景预测了2010年、2015年、2020年、2030年、2040年五个时间点的一次能源需求量；孔锐、储志君（2010）选取1985—2008年我国石油需求量数据建立了灰色预测模型，对我国2009—2013年石油需求量进行了预测，并分析了我国石油发展现状，提出了相关建议，认为我国应做好“两手准备”，一是扩大石油进口来源地和来源国，分散风险；二是选择不同的进口路线和方式。

迄今为止，能源消费结构的预测方法层出不穷，但被广泛应用的能源消费结构的预测方法主要包括宏观经济系统模型、马尔科夫链法、多目标决策法、情景分析法以及灰色理论等。

Kalogirou（2000）介绍了人工神经网络模型在能源各类主题中的应用，并对部门的能源需求进行了预测。Gabriel、Kydes 和 Whitman（2001）综合经济、环境等因素构建了一个大型能源—经济平衡模型——国家能源建模系统（NEMS），并利用 Gauss—Seidel 方法预测并分析了美国一次能源消费结构的变化情况。Nakata（2004）研究了能源经济模型及其应用国家能源政策，可再生能源系统和全球环境的各种问题。经济、人口增长和环境等是影响能源消费结构的重要因素，调整和优化能源消费结构应综合考虑。Tol（2007）建立了一个包含人口、人均收入、经济结构和部门能源强度的宏观模型，预测了 IPCC 各种情景下美国 CO_2 的排放以及相应的能源结构。

陈文颖、吴宗鑫（2002）运用能源—环境耦合的 MARKAL 模型从能源系统工程角度预测了以1995年为基年，5年为一周期，到2050年的能源结构。管卫华、顾朝林（2006）建立中国能源消费结构变化动力模型，对中国能源消费总量、能源消费结构、能源消费结构动力模式进行了预测和分析，发现影响中国未来经济持续增长的石油问题会越来越突出。邱立新、雷仲敏（2006）构建了基于能源—经济—环境协调发展的能源结构优化模型，运用多目标决策方法预测了未来20年各地区能源消费结构。李嘉、张宝生等（2006）建立了能源动力学系统模型，该模型包括六个子系统，分别为石油子系统、煤炭子系统、天然气子系统、水电子系统、核电子系统和新能源子系统，运用该模型预测了不同经济增长速度情景下的能源消费结构。赵柳榕、田立新（2008）用能源结构的 Logistic 模型研究能源结构变化对经济的影响，预测了未来20年能源结构的发展趋势。研究发现，未来20年甚至更长的时期内，煤炭的消费量都将是影响经济增长的主要因素，但是能源结构未来发展的趋势将是以煤炭和石油为主，电力为辅的多种能源协同发展的结构。林伯强、蒋竺均（2009）利用马尔科夫链法预测了2010年、2015年、2020年、2030年、2040年五个时间点的一次能源消费结构。林伯强、姚昕、刘希颖等（2010）构建了能源结构战略调整模型，认为最优一次能源结构应该考虑节能和碳排放约束以及由此造成的经济成本对宏观经济系统包括 GDP 增长、就业、进出口等的影响。柳亚琴、赵国浩（2015）考虑节能减排的约束，分析了能源消费结构演进的内在变动规律，运用基于 OLS 估计的马尔科夫链模型预测了 2020 年中国能源消费结构的变化趋势。

1.2.4 国内外研究现状简要评述

通过上文对经济安全、能源低碳发展以及能源预测三方面相关文献的梳理和分析，发现能源领域是经济安全的重要组成部分，能源在数量上满足经济发展要求以及减缓能源消费带来的温室气体排放问题既是当前能源发展的两大目标又是两大约束。在新的要求和约束下能源发展对经济安全必然产生影响。因此，本书将从经济安全的角度，研究未来 10 年我国能源的供需状况，分析能源发展对我国经济安全的影响，并基于研究结果，提出我国能源未来发展的思路。

1.3 研究目标与内容

1.3.1 研究目标

本书的研究综合运用了能源经济学、环境经济学、低碳经济学、国家经济安全等相关理论，以未来 10 年我国能源的发展为研究对象，对我国能源的供求预测及能源的经济安全预测展开了深入研究。从经济安全的视角出发，为我国能源的低碳发展提供理论指导和决策借鉴，实现我国经济、能源和环境的协调发展是本书研究的目的所在。

1.3.2 研究内容

本书主要预测未来 10 年我国能源在基于当前发展情景及低碳情景下的供给及需求状况，并在此基础之上构建能源的经济安全指标体系，预测两种情景下我国能源的经济安全状况，对未来我国能源的低碳发展提出政策建议。本书主要涉及以下 4 个问题：

（1）我国能源发展现状及影响因素分析。包括能源供给和需求现状、影响能源供给和需求的因素。

（2）未来10年我国能源的供给预测分析。能源供给预测包括能源供给量和能源供给结构两方面。能源供给量的预测分为化石能源和低碳能源的预测，综合能源供给量的预测结果，预测了能源供给结构。

（3）未来10年我国能源的需求预测分析。能源需求预测包括能源需求量和能源需求结构两方面。能源需求量的预测包括惯性外推和低碳约束两种情况，能源需求结构的预测采用了马尔科夫模型预测方法。

（4）未来10年我国能源的经济安全预测分析。能源的经济安全是国家经济安全的一部分，在国家经济安全的理论基础上，构建了能源的经济安全指标体系，选取了石油对外依存度和战略石油储备满足消费的天数两个指标，预测了无约束及低碳约束两种情形下的指标安全度，进而预测了两种情形下能源的经济安全状况，在此基础上提出了相应的政策建议。

1.4 研究方案与方法

1.4.1 研究思路

前文对国家经济安全、能源消费与经济增长关系及能源预测相关文献的梳理和研究，形成了本书的研究思路，即从国家经济安全的视角出发，分析未来我国能源发展及对国家经济安全的影响。本书的研究对象是未来我国能源的发展，包括能源供需发展及能源的经济安全状况。能源量上的供需状况、结构上的供需状况以及能源消费所产生的CO_2排放问题都会对我国经济产生重要的影响，因此研究能源的发展考虑其对国家经济安全的影响是非常必要的。基于此，本书从国家经济安全的内涵出发，分析了影响国家经济安全的能源因素，界定了能源经济安全的内涵，在此基础上构建了能源经济安全指标体系，从而判断能源对国家经济安全的影响程度。能源经济安全的测度是建立在对能源常规预测的基础之上，考虑到近年来国内外对减排的关注度及未来能源绿色消费的发展趋势，本书预测了未来我国能源供给状况、有低碳约束和无约束两种情形的能源需求状况。基于此预测结果，通过构建的能源经济安全指标体系，预测了未来10年我国能源的经济安全状况，并在此基础上提出了相关的政策建议。具体的研究路线如图1-1所示。

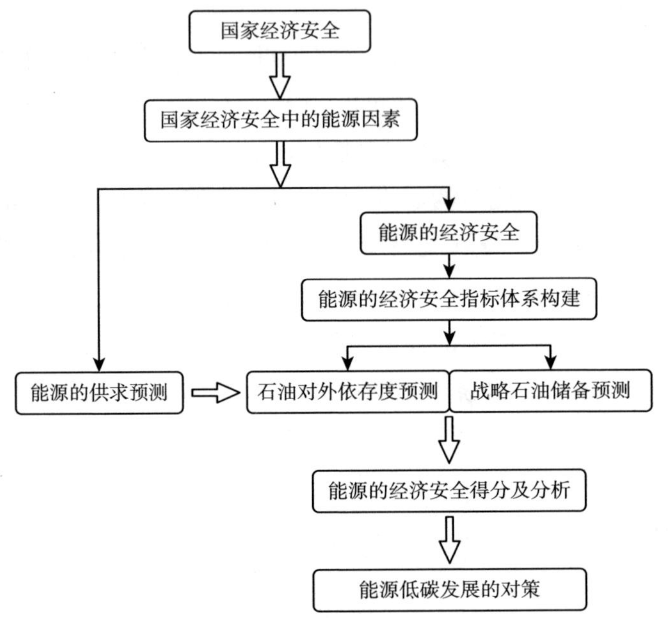

图1-1　技术路线

基于上述研究思路，本书的章节设置分为11章。第1章为绪论，重点梳理了相关文献，对本书框架进行了说明。第2章为国家经济安全与能源经济安全，从国家经济安全的内涵出发界定了能源经济安全的内涵，并对能源安全、能源经济安全及国家经济安全之间的关系和区别做了说明。第3章梳理了能源低碳发展的相关理论。第4章为能源预测模型的介绍，分别介绍了后文中用到的灰色系统模型、趋势外推模型、基于MV法的组合预测模型及马尔科夫链模型。第5章为我国能源发展现状及影响因素分析，对我国能源供给现状及其影响因素、能源需求现状及其影响因素做了梳理。第6章为未来10年我国能源供给（生产）的预测，预测了能源的供给量及供给结构。第7章为未来10年我国能源消费需求的预测，预测了有低碳约束和无约束两种情形下我国能源需求量及需求结构。第8章为我国能源经济安全研究方法，首先根据前面章节的预测结果分析了我国能源供求平衡状况，其次阐述了能源经济安全的研究方法并构建了能源经济安全指标体系。第9章基于能源供求预测结果预测了我国石油对外依存度状况。第10章基于能源供求预测结果预测了我国战略石油储备状况。第11章基于前面两章的预测结果，利用能源经济安全指标体系预测了未来10年我国能源经济安全状况，基于此提出了相关的政策建议。

1.4.2 研究方法

（1）文献研究法。

文献研究法是指围绕所研究的问题对文献进行收集、整理、归纳从而形成对所研究问题的一个全面认识，进而在此基础上进行下一步的研究。本书文献研究方法的使用主要体现在对问题的提出、概念的界定及预测方法的选择上。首先在绪论部分本书通过对中英文文献的梳理，归纳了关于能源问题中外研究成果，并在此基础上提出了本书所要研究的问题；其次对国家经济安全及能源经济安全内涵的界定是基于对众多研究者研究成果的归纳总结；最后在预测未来能源发展时，通过梳理、比较、总结已有研究的预测方法确定了本书的研究方法。

（2）定量分析法。

定量分析法是对所研究的对象进行数量分析、量化研究。本书的定量分析法主要体现在对未来10年我国能源的供给、能源的需求、石油对外依存度状况、战略石油储备的规模及能源经济安全的状况上，归纳起来可以分为两类，一是用不同的预测模型对能源进行常规预测，二是通过构建指标体系预测能源经济安全状况。在能源供求的预测中，主要基于传统能源供需数据的时间序列变化特点，采用了灰色预测和趋势外推法；基于可再生能源供给的特点，采用了国家规划分析与时间序列相结合的预测方法；基于我国能源消费CO_2排放数据特点，采用了根据国家CO_2排放规划逆推法预测低碳约束下我国能源需求量；基于能源消费结构的变动特点，采用了马尔科夫链模型预测了能源消费结构。能源因素对经济安全影响程度的分析，则是通过构建指标体系，将指标预测值代入指标体系预测能源因素对经济安全的影响。

1.4.3 研究创新点及不足

本书的主要创新点主要可以从三个方面总结：视角创新、结构创新和应用创新。

（1）视角创新。本书在经济安全的视角下对未来10年中国能源的低碳发展进行了系统研究，关于经济安全的界定采用了中国人民大学课题组的研究成果，并据此界定了能源经济安全，与能源安全做了区分。能源安全是国家安全的重要组成部分，能源经济安全既是能源安全的重要内容也是国家经济安全的重要研究内容。能源安全的研究始自20世纪70年代，目前这方面的研究成果可谓汗牛充栋，其中对能源安全内涵的界定多集中于“供给安全”和“使用安全”两方面，但是对能源经济安全的研究确鲜有涉及。本书认为能源经济安全属于国家经济安全的子系统，从国家经济安全视角出发，确定了能源经济安全的主体当属石油，界定了能源经济安全的内涵，按照本系统分析法构建了能源经济安全指标体系，利用该指标研究了未来10年能源发展对我国经济安全的影响程度。

（2）结构创新。本书结构包含了预测和预警两大部分，对能源供需的预测属于预测部分，对能源因素对经济安全影响程度的预测属于预警部分，并在预警的基础上提出了对策建议。以往关于能源预测的研究多是对能源供需总量及供需结构等做预测，针对预测结果提出相关对策建议，而本书在对供需量和结构的预测基础上做了进一步的研究，基于预测结果预警了能源经济安全状况，并针对能源经济安全状况旨在未雨绸缪提出针对性的提高能源经济安全状况的政策建议。

（3）应用创新。首先是对未来10年中国能源的供给和需求的预测，在已有研究中多是单一情形预测，或者是假定能源发展按惯性推进，依据能源供需的历史数据做预测，或者是基于不同的低碳视角做低碳发展预测，而本书中设置了有/无CO_2减排控制两种情景，其中有CO_2减排情形是基于我国对外承诺的减排目标，分别对未来10年能源的供需状况做了预测，分析了两种情形下能源供需发展的差异。其次关于能源经济安全状况预警，本书利用能源供需预测数据和能源经济安全指标体系分有规划约束和无规划约束两种情形预测了未来10年能源经济安全状况，结论显示在CO_2减排规划的约束下发展能源更有利于保障国家经济安全。已有研究中关于该方面的研究非常少，本书的研究不仅拓展了能源安全和经济安全的研究范围，同时对我国平衡国家经济安全与能源低碳发展具有重要的现实指导意义。

本书的研究不足主要有两点。一是本书在做能源常规预测时采用的是灰色预测模型、趋势外推模型和组合预测模型，预测结果虽然符合我国经济发展的一般规律，但是由于重点关注的是时间序列数据，默允了假设在未来10年内能源发展遵循过去能源发展的规律，未考虑其他影响因素对能源发展的影响及突发因素的影响，这不免会影响长期预测的预测精度，因此，未来的研究还需进一步对能源预测模型加以完善。二是本书对未来能源发展的分析有余对策不足。本书运用不同的定量、定性分析法对未来我国能源供需发展、能源经济安全状况做了详尽的分析，但是基于此分析结果提出的如何兼顾能源发展与保障国家经济安全的对策建议不充分，对于此的研究还需结合我国的国情探索发展路径，这也是本书未来进一步研究的方向。

第2章

国家经济安全与能源经济安全

2.1　国家经济安全

经济全球化日渐深入，各国尤其是各个大国之间利益相互交织，在这种情形下各大国之间发生“热战”的可能性微乎其微，经济领域成为各国竞争的“新战场”，国家经济安全的地位得到了前所未有的提升。经济安全问题备受各界关注，科学地界定国家经济安全的内涵并选择合适的方法是深入开展研究的前提和基础，本节将从这两方面来阐述，明确国家经济安全的研究思路。

2.1.1　国家经济安全内涵界定

国家安全是社会发展的产物，随着国家的诞生而产生。自从有国家以来，国家安全就备受重视，这是因为国家安全是一个国家存在和发展的前提与基础，关乎统治阶级的政权稳定，国家的兴衰成败、生死存亡。随着人类社会的发展，国家安全的内容也不断地发展变化，不同的历史时期、不同的国家、不同的社会发展阶段都会使国家安全的内容发生变化。

马克思指出：“人们奋斗所争取的一切，都同他们的利益有关。”人类社会越往前发展，经济活动的地位就越重要，经济安全对国家安全的影响就越大。从时间上划分，以冷战结束为界线，经济安全的地位发生了巨大的转变。冷战之前的国家安全观强调以保卫国家领土完整和主权独立的军事安全和政治安全，经济安全未受到足够的重视，冷战结束后，随着世界经济的复苏，经济全球化的推进，各国的经济利益开始错综复杂的交织在一起，形成了共同利益经济体，在“和平”与“发展”的时代主题下，“热战”爆发的可能性越来越小，国家安全的重点开始转移到经济安全上。美国政治学会会长亨廷顿（Sameul Huntington）指出：“在一个主要国家间不大可能发生战争的世界里，经济力量将是决定一国是处于主导或相对优势地位还是从属地位的日益重要的因素。”

无论国家安全还是经济安全都与“安全”密不可分，为了更深入地理解经济安全的科学含义和丰富内涵，本节首先对“安全”的概念略作讨论。

对于“安全”的释义古已有之，古代汉语中用“安”字表达“安全”，与“危”相对，例如《左转·襄公十一年》中的“居安思危”，《易·系辞下》中“是故君子安而不忘危”，《国策·齐策六》中“金国已定，而社稷已安矣”。

在现代汉语中，各类现代汉语词典对“安全”有着类似的解释。《辞海》（光明日报出版社）对“安”的第一个释义：没有事故或危险，对“安全”的解释为“平安；没有危险或不受威胁的”。《汉语大词典》（商务印书馆）对“安”的第四个释义：平安；安全，对“安全”的释义为“没有危险和事故，着重指不受威胁”。《现代汉语大词典》（上海辞书出版社）对“安”的第六个释义与《汉语大词典》中释义相同。

从上述释义看，“安全”是“危险”的反面，是与“没有危险、不受威胁”相联系的，是一种没有危险的客观状态，不以人的主观意志为转移。另外，“安全”只是一种属性，需要依附于实体或主体才能得以反映出来，例如“国家安全”“人的安全”“金融安全”等。因此，对“安全”内涵的理解一定要围绕着主体，脱离了“主体”的理解无异于管中窥豹。因此，从主体视角出发，对“安全”的理解包含两方面内容：一是“危险”的外部指向性，“危险”应该指“主体”外部的危险，“主体”内部的“疾患”对主体而言只能称之为“不健康”而非“不安全”。二是“主体”的内部“免疫性”，“主体”必须具有应对外部危险、免除威胁的能力。主体只有同时具备没有外部危险且具有免除威胁的能力才能说主体是安全的。

基于前文对“安全”的阐释，当“安全”附着于“经济”时便构成了经济安全。学术界对这一问题的研究已有数十年，但对其概念依然存在着不同的认识。维·康·先恰克夫认为“经济安全是指一国在世界经济一体化条件下保持国家经济发展的独立性，所有经济部门稳定运行，公民具有体面的生活水平，社会经济稳定，国家完整，各民族文化具有自己的独特性”，这一概念的解释包罗了从宏观到微观，从经济部门到公民个体，从经济到民族文化。郑汉通认为国家经济安全是指国家经济利益的合理获得和扩展得到有效保护，国民经济可持续发展的基础和环境不受破坏和潜在威胁的一种状态。吕有志认为经济安全是国家的经济发展，经济利益处于不受外国和国际威胁的一种状态。江涌认为国家经济安全指的是一国经济整体免受各种因素尤其是外部因素冲击，或即便遭遇冲击也能保持经济利益不受重大损害的状态。叶卫平认为国家经济安全在内涵上指的是一个国家经济战略处于的无风险或低风险的状态，主要表现为基本经济制度和经济主权没有受到严重损害，导致经济危机的风险处于可控状态。美国国际关系学者罗伯特·吉尔平将经济安全定义为经济竞争力及其带来的相应的国际政治地位和能力。王逸舟认为经济安全是指一个国家经济体系抵御国内外各种干扰、威胁、侵袭的能力，一个国家经济体系得以持续、安全发展的国内、国际环境。

上述众多学者的观点可以概括为三大类：第一类是状态说，认为国家经济安全是国家经济处于“免受威胁”“无风险或低风险”“不受外部因素冲击”的状态，偏重于从国家经济的外部环境去理解经济安全的内涵；第二类是能力说，认为国家经济安全是一种经济“竞争力”、消除威胁的能力，偏重于从国家经济的内部“素质”去理解经济安全；第三类是利益防范说，认为国家经济安全就是防止国民经济利益受损。本书认为，对国家经济安全的界定必须从“安全”的概念入手，围绕着“国家经济”的主体，立足于当前的时代环境，从“外部着眼、内部着手”，既要关注国家经济运行的外部环境中存在的风险，又要关注一国经济抵御外部风险的能力，这两方面相辅相成，缺少对任何一方面的判断都不足以说明一国经济是否安全。好比两者对垒，彼之矛攻吾之盾，自身的安全状况不仅要看盾的坚硬情况，还要看攻己之盾的锋利状况，两者的相对状况决定了吾身的安全状况。基于上述理解，可以将国家经济安全的内涵界定为：通过加强自身机制建设，使我国经济具备抵御外来风险冲击的能力，以保证我国的经济在面临外在因素冲击时能继续稳定运行、健康发展。①

该内涵包含了两方面的内容，一方面是一国经济运行所面临的外部风险冲击，侧重于外部条件，故称之为国家经济安全条件，另一方面是一国经济抵御外部风险冲击的能力，强调的是一国经济的内部特征，故称之为国家经济安全能力，二者相依相伴，构成了国家经济安全研究的两个方面。

2.1.2　国家经济安全指标体系②

界定了国家经济安全的内涵，还需对国家经济安全状态进行度量。赵英在国内率先构建了国家经济安全指标体系，将国家经济安全的研究从定性的讨论提高到了定量的研究水平。随后众多专家都从不同的视角出发构建了国家经济安全指标体系，此部分在文献综述中已论述过，不再赘述。本书从界定的国家经济安全内涵出发，构建了一个包含三级指标的经济安全指标体系。具体指标

① 笔者自 2015 年起连续 3 年参与博士生导师顾海兵教授的课题“中国经济安全年度报告”，并参与编写了 2015 年度、2016 年度、2017 年度《中国经济安全年度报告：监测与预警》，由中国人民大学出版社出版。笔者还在攻读博士期间发表了数篇基于对经济安全概念界定的相关学术论文。

② 本部分是“中国经济安全年度报告”研究课题的部分成果，作者参与课题情况参见脚注①。

体系如表2－1所示。

表2－1　国家经济安全指标体系

	关键领域	权重	指标	权重	下警限	上警限
经济安全条件	财政金融	30%	外债负债率	18%	5%	25%
			短期外债占外债中的比重	12%		80%
	实体产业	50%	七大关键产业中外资加权市场占有率	5%	10%	30%
			中国专利在国际专利中的比重	10%	15%	
			贸易依存度	20%	10%	50%
			出口集中度	15%		40%
	战略资源	20%	能源加权对外依存度	6%		20%
			石油对外依存度	14%		50%
经济安全能力	财政金融	22%	商业银行不良贷款率	11%		4%
			商业银行资本充足率	7%	12%	20%
			国债负担率	4%	15%	45%
	实体产业	44%	中国500强企业研发投入占比	26%	1.5%	
			国际竞争力指数	18%	103.2	
	战略资源	17%	国家石油战略储备满足消费的天数	10%	7天	60天
			人均粮食产量	7%	350公斤	
	宏观稳定	17%	CPI	5%	2	5
			城乡居民收入比	4%		2.5
			GDP增长率	8%	7%	10%

资料来源：顾海兵．中国经济安全年度报告：监测预警2014［M］．北京：中国人民大学出版社，2014.

关于上述指标的选取及权重的确定是通过以下四个步骤完成的：

第一：建立指标池。首先筛选并整理出经济安全领域专家的著作及文献，然后从中统计出涉及的经济安全指标，确立初选指标池。由于不同国家、不同社会发展阶段国家经济安全的内涵会有所差异，同时考虑到时效性，因此在文献和专著的选择上更偏重于2006—2010年的国内文献。

第二：筛选关键指标。面对大量的初选指标，我们从社会热度和专家认可度两个维度对其进行了筛选。社会热度在一定程度上能够反映指标的重要程度，我们用百度引擎搜索指标，用搜索结果的数量体现指标的社会热度，根据搜索结果数量由高到低对指标进行打分。专家认可度反映了指标的专业性，我们通过中国期刊网搜索经济安全领域的期刊，利用中国人民大学图书馆数据库搜索经济安全领域专著，然后统计期刊和专著中指标出现的频次，根据频次由高到低对指标打分。最后我们将这两种统计方法根据专家意见赋予相应的权重，得到初选指标的综合得分，根据得分筛选出关键指标。

第三：确定最终指标。筛选关键指标后，根据研究者对经济安全的认识对其调整，确定最终指标，这一步体现了研究者的研究思路。

第四：确定指标权重和警限。确定最终指标后，采用文献统计法、问卷调查法和专家打分法确定了各指标权重和警限。

上述构建的指标体系为量化我国经济安全状况提供了科学、有效的工具，但是这套指标并非没有缺陷，一是在构建该指标体系时并未将我国的大国经济的特征考虑进去，二是国家经济安全的内涵是与时俱进的，具有鲜明的时代性，随着社会经济的迅速发展与变化，衡量国家经济安全的指标势必应有动态的调整。鉴于此，顾海兵、张敏（2017）筛选了 2010—2016 年的文献，基于上述的指标体系做了几处调整：一是考虑到品牌因素对人们消费行为的影响越来越大，品牌力越来越成为不可忽视的产业竞争力，故在经济安全条件下的实体产业领域增加了“品牌外产比”指标，权重、上下警限设定依次为 10%、5%、20%；二是原先指标体系中“能源加权对外依存度”和“石油对外依存度”指标存在一定程度的重复，故将“能源加权对外依存度指标”替换成了“粮食对外依存度指标”，权重设定为 6%，由于粮食对外依存度越低越好，故对下警限没有设置，上警限设定为 5%。

构建国家经济安全指标体系后还需选取合适的方法获得指标值，根据指标值计算指标的安全得分，最后通过安全区间判断指标安全类型，从而判断国家经济安全状态。

关于各指标得分的计算均是采用插值法。所谓插值法是指利用函数在某区间内若干点的函数值，做出适当的特定函数，这种方法是一种近似取值法，假设在这段区间内函数值是均等变化的，因此便可根据函数区间的端点值及区间内点近似获得区间内点对应的函数值，这种方法在实践中被广泛用来计算各种数值。具体的计算步骤为：假设函数定义域区间端点分别为x_1和x_2，假设x_2大于x_1则定义域区间可写为［x_1，x_2］，定义域端点值对应的函数值分别为y_1和y_2，从定义域内任取一点 x，设其对应的函数值为 y，则 y 的求解公式可以写为：

$$y = y_1 + \frac{(x - x_1)(y_2 - y_1)}{x_2 - x_1}$$

安全区间的划分采用文献统计法、问卷调查法和专家打分法（见表 2－2）。

表 2－2　　指标安全区间

安全得分	0—20	20—40	40—60	60—80	80—100
安全类型	极不安全	不安全	轻度不安全	基本安全	安全

资料来源：同表 2－1。

至此国家经济安全指标评价体系构建的研究思路介绍完毕，这一研究思路对后文进行深入研究具有重要的借鉴意义。

2.2　能源安全与能源经济安全

能源安全是国家安全的重要组成部分，能源经济安全是能源安全的重要内容。本节从能源安全入手，界定了能源经济安全的研究对象，并概括了能源低碳发展对能源经济安全的影响。

2.2.1　能源安全

随着 20 世纪 70 年代罗马俱乐部《增长的极限》一书的出版，资源和能源问题引起了全球的关注。20 世纪 70 年代石油危机爆发，能源安全成了各国各界关注与研究的重点、热点并持续至今。

由于能源安全的动态性和特殊性，行为主体基于不同立场，在不同时间段对能源安全的界定不尽相同。第一次石油危机给西方工业化国家造成了巨大的经济损失，以美国为首的西方发达国家“俱乐部”国际能源署（IEA），正式提出了“国家能源安全”概念，将其定义为“以支付得起的价格不中断地获得能源资源的能力”。经济合作与发展组织（OECD）认同 IEA 对能源安全的定义。历经 30 年的演进，进入 21 世纪后能源安全的概念在广度与深度上都有了新的拓展。美国《国家能源政策》在 IEA 定义的能源安全内涵的基础上进行了拓展，认为能源安全是“可靠的、支付得起的、环境友好的能源供给”。亚太能源研究中心用“4A”概念总结了能源安全的内涵，即可利用性——地质因素；可得性——地缘政治因素；可负担能力——经济因素；可接受能力——环境和社会因素。Kruyt（2009）认同亚太能源研究中心提出的能源安全“4A”概念，认为这是现阶段能源安全内涵包含的四大要素，并根据重要程度从高到低依次进行了排序：能源的可利用性、能源的可得性、能源的可负担能力、环境的可持续性。从能源安全的内涵的演进看，20 世纪 70 年代有代表性的能源安全的概念如 IEA 的定义的，强调的是能源的供给安全，包括数量充足和价格合理两个维度，而进入 21 世纪以后，能源安全的内涵得到延伸和拓展，不仅重视能源的供给安全，也开始关注能源的使用安全，关注给环境带来的生态压力。另外，能源安全关注的能源品种上也从以往只关注石油供应安全延伸至关注石油、天然气、煤炭、可再生能源等的供应安全。综上所述，现有大部分国内外的研究对能源安全概念内涵理解可以从两个方面去把握。一是能源供给安全是能源安全的核心与基础。在工业文明中，对于能源消费和进口大国而言，能源供应长时间的中断不仅影响到一国的能源安全、经济安全甚至影响到一国的国家安全，供应的短期中断也会给经济带来无法预知的损失。确保能源能够持续的以合理的价格获得是能源消费大国的“生存”问题，确保能源供给安全既要确保能源运输安全又要确保能源的价格安全。二是能源使用安全是能源安全的拓展。化石能源的大量消费引起全球 CO_2 排放迅猛增加，带来的后果就是全球气候变暖，地球极端气候变化频繁发生，给人类造成巨大的生命和财产损失。另外化石能源的大量消费增加了二氧化硫等大气和环境污染物，造成严重的环境污染，使人类的生态环境变得岌岌可危。能源使用安全是能源消费国的“可持续发展”问题。

尽管国内外的很多研究都将能源使用安全纳入到了能源安全的内涵，但是本书认为，能源安全的内涵应该在至少两个框架下去探讨。一是在“安全”的内涵下探讨，前文已经对“安全”做了详细的分析，“安全”是主体面临的外部威胁及抵御威胁的能力综合作用后的状态，“能源安全”的主体是“能源”，那么能源安全的内涵应该从一国能源所面临的外部风险及抵御外部风险的能力两方面去理解；二是在“国家安全”的框架探讨，能源安全是国家安全的重要组成部分，国家安全讨论的是国家之间的关系，那么对能源安全的探讨应该是具有外部传导性的，不能将国内能源相关的问题统统纳入能源安全的内涵。因此本书对能源安全内涵的理解不同于前文综述中对能源安全内涵的理解，本书认为能源使用安全属于能源环境问题，是国内可持续发展问题，在当前不具有内外风险相互传导性，不应该将能源使用安全纳入能源安全的内涵中去。

能源是一种特殊的商品，不仅具有商品属性也具有政治属性，在国家安全的框架下理解能源安全，能源安全可以分为能源经济安全和能源非经济安全，在下文中将对能源经济安全做深入的探讨。

2.2.2　能源经济安全

探究能源经济安全，沿着经济安全的研究思路去分析。经济安全的研究方法可以从三个层面去考虑。其一是大系统分析法，将国家安全视为大系统，由经济安全、政治安全和文化安全构成，从国家安全大系统出发对经济安全做出判断；其二是本系统分析法，将国家经济安全视为一个系统，包含经济安全条件和经济安全能力两个方面，通过研究这两个方面判断经济安全状况；其三是子系统分析法，将国家经济安全视为一个系统，根据不同的划分标准划分成多个子系统，通过对子系统的研究判断经济安全状况，例如根据时间、国别、领域、区域等标准划分成不同的子系统。

显然能源的经济安全属于经济安全的研究范畴，属于经济安全的子系统。因此此处的“能源”不再是普通意义上的能源，而是经济安全视角下的能源。理解并具体化经济安全视角下的能源可以从三个方面着手分析。第一，从能源安全着手分析。1974年国际能源署正式提出国家能源安全概念，明确地提出以“稳定石油供应和石油价格为中心”；中国社会科学院研究生院院长黄晓勇在《中国能源安全》一书中写道，“关于中国能源安全的定义，鉴于石油在能源中的重要地位和中国能源资源禀赋的特点及目前石油过高的对外依存度，狭义上可以等同于石油安全……”；李果仁、刘亦红在《中国能源安全报告》中提到“从长远和全球的观点来看，所谓能源问题，就是石油问题”，可见，无论国内外石油是能源安全的核心问题。第二，从经济安全着手分析。目前对经济安全的定量研究大部分都是通过指标分析法，在构建的经济安全指标体系中，大部分研究者将石油纳入了经济安全研究框架。例如张汉林采用石油价格和石油短缺作为经济安全的三级指标反映国家经济安全。余根钱将经济安全分解为六类，将石油安全纳入矿产资源类，选取了石油进口依存度指标衡量。顾海兵构建了一个包含三级指标的国家经济安全指标体系，选取了石油对外依存度和战略石油储备满足消费的天数两个指标反映战略资源领域对经济安全的影响。可见，不同研究者虽然选取了不同的指标，但均将石油纳入了经济安全研究框架。第三，从能源本身着手分析。从前两点可以看出石油在经济安全中的突出地位是达成了共识的，那么再从石油本身看石油在当今时代的重要性。石油被称为“工业的血液”，是国民经济各行各业的原材料和动力源，石油价格关乎各行各业价格，是当今全球交通运输体系的基础，也是国防军事建设不可或缺的原材料。从能源消费结构看，石油是世界上最重要的燃料，根据 2017 年《BP 世界能源统计年鉴》，2016 年石油占世界能源消费的 1/3 以上。从石油对经济的影响看，20 世纪 70 年代的第一次石油危机使得美国 GDP 增长下降了 4.7%，欧洲的增长下降了 2.5%，日本下降了 7%。[①] 国内外许多研究也表明，有史以来的历次石油价格大幅上涨均伴有宏观经济不同程度的衰退。李卓、邢宏洋（2011）用新凯恩斯菲利普斯曲线研究了国际油价波动与我国通胀的关系，发现国际油价上涨 10 个百分点，以总价格衡量的通货膨胀就会上升 1.4 个百分点，而以居民消费价格指数衡量的通货膨胀则会上涨 3 个百分点。从石油对世界各国的重要性看，近 30 多年来，因石油问题引发了多次战争，众所周知的有 1973 年第四次中东战争、1979—1980 年的两伊战争、1990 年的海湾战争、2003 年的伊拉克战争，这些惨烈的战争也从侧面证明了石油对世界各国的重要性。当然，我们也必须看到石油的重要性也在逐渐下降，随着科学技术的发展，石油的开采技术和利用技术都在快速进步，使得石油作为耗竭性资源在供应问题上有所缓解，例如美国页岩油技术大规模利用后，使美国从几十年来的石油进口大国变为了石油净出口国；另外，随着天然气、可再生能源的迅猛发展，石油在世界能源消费结构中的比重也在逐年下降，根据 2017 年《BP 世界能源统计年鉴》，石油市场份额已经经历了从 1999—2014 年连续 15 年下滑。尽管石油的重要性有所下降，但是从当前国内外形势看，在可预见的未来，石油的“能源霸主”地位依然不可动摇。综上，经济安全视角下的能源主体当属石油。

确定了能源经济安全主体——石油，结合前文对经济安全界定的探讨，能源的经济安全可以从以下两个方面理解。一方面是经济安全视角下的石油所面临的外部风险，另一方面是经济安全视角下的石油在面临外部冲击时应对风险的能力。

① https：//baike. baidu. com/item/1973% E5% B9% B4% E7% 9F% B3% E6% B2% B9% E5% 8D% B1% E6% 9C% BA/2623923？ fr = aladdin.

2.2.3 能源低碳发展与能源经济安全的关系

人类发展史上经历了三个能源时代：薪柴时代、煤炭时代和石油时代，煤炭时代和石油时代可以统称为化石能源时代，化石能源的开发和利用大大地推动了人类工业文明的发展。工业迅猛发展带来的是经济的蓬勃发展，经济的蓬勃发展反过来带动了工业更快的发展，工业的发展离不开能源的大量投入。粗放的能源利用方式和大量的能源消耗使得全球 CO_2 排放迅猛增加，温室效应使得地球多处频发极端气候灾害。能源低碳转型成为当下世界各国共同的课题。

我国目前处于工业化中后期，经济发展阶段决定了未来较长的一段时间内我国的经济增长与能源消费是呈正相关关系，在当前的能源消费结构下意味着 CO_2 的排放也会随之增加。2014 年中美双方共同发表了《中美气候变化联合声明》，中国承诺 CO_2 排放在 2030 年达到峰值并尽早达峰。这不仅仅是国际承诺，也体现着我国的大国责任。减排是人类可持续发展的内在要求，需要世界各国共同努力，减排的一条主要途径就是能源的低碳发展。

能源低碳发展的最根本目标和路径是由化石能源时代迈入非化石能源时代，但是这一个渐进的过程并非一蹴而就，有一个相当漫长的过渡阶段。就目前能源发展现状而言，能源低碳发展的路径要经过两个阶段：

第一阶段调整化石能源消费结构，非化石能源作为补充能源大力发展。能源低碳发展即在能源的开发、利用过程中减少 CO_2 的排放。当前除水电外的其他可再生能源的开发利用技术尚不成熟，短期内无法达到大规模商业应用的条件，调整能源消费结构是当下减少碳排放的主要途径。从化石能源的 CO_2 排放情况看，煤炭、石油、天然气 CO_2 排放系数依次降低，因此，应该减少煤炭的使用，增加石油尤其是天然气的消费比重。对于可再生能源的发展应该积极的给予支持鼓励。

第二阶段非化石能源逐步替代化石能源成为主导能源。能源低碳发展的最终目标是由化石能源时代转向非化石能源时代。随着可再生能源技术的发展、能源基础设施的不断完善，非化石能源逐步替代化石能源成为主导能源。

根据世界银行数据，2013 年我国 CO_2 排放量达到 102.5 亿吨，占全球 CO_2 排放量的 28.6%，而中国 GDP 仅占世界 GDP 的 12.5%。从当前我国的发展阶段以及能源消费需求现状看，发展低碳能源势在必行。

能源的低碳发展对我国能源的经济安全的影响可以从两个层面来看：

长远看来能源低碳发展能够从根本上保障我国能源的经济安全状况。根据前文对能源的经济安全内涵的界定，石油带来的外部风险以及石油体系的内部抗风险能力决定了能源的经济安全状况。从长期角度看，化石能源消费向非化石能源消费转型是必然趋势，当能源消费转向非化石能源时代，石油将走下历史舞台的中心位置，我国不再需要大量的进口石油甚至国内石油生产尚有盈余，石油带来的外部风险也将不复存在。

但就当前能源现状看，虽然可再生能源的发展潜力巨大，但未来 10 年由于受技术、体制等因素的制约，其发展空间很有限。我国水电资源丰富，但是水力发电受资源量的限制，未来发展空间较小，根据中国产业信息网数据，2014 年底水电经济可开发量、技术可开发量和水力资源理论蕴藏量仅分别为 4 亿千瓦、5. 4 亿千瓦和 6 亿千瓦。根据“十三五”规划，到 2020 年常规水电装机容量仅为 3. 47 亿千瓦，6 年仅增长 24%。因此未来 10 年我国能源低碳发展的方向是调整化石能源消费结构，即降低煤炭的消费比重，提高石油和天然气比重。我国天然气消费比重较低，增长较慢，2003 年我国天然气在能源消费中仅占 2. 4%，到 2015 年占比仅为 5. 9%。因此，未来 10 年，尽管天然气是化石能源中碳排放系数最低的能源品种，但是既要满足我国能源的消费需求又要达到减排的目的，煤炭消费的减少更可能寻求的是石油的替代，这会进一步增加我国的石油需求，引起石油大量的进口，从而弱化我国能源的经济安全状况。

2. 3　能源预测与能源经济安全预测

2. 3. 1　预测

预测是一种研究过程，是对事物的内在联系与外在联系的延续与突变进行综合研究的过程。任何科学的定义都是由一般性和特殊性即母体和种差两部分组成的，对于“预测”的定义其母体就是研究过程，种差就是综合研究对象的内在联系、外在联系的延续和突变。

对于预测的理解可以从其中心内涵和基本特征去把握。预测的中心内涵就是预测的目标和手段，预测的基本特征顾海兵（1990）总结了 5 个：

（1）预测是一种提前量的研究。预测一般指时间上提前，预测研究先行于事物的发生，以预测问题为参照系，预测将要发生的事情。

（2）预测是一种永远有误差的研究。对于预测而言误差是永远客观存在的，这是由人们不可能对现实中的社会经济关系完全认识造成的。误差可以分为系统误差和非系统误差，系统误差一般指比较大的、不可容许的误差，非系统误差一般指有限的、可容许的误差。

（3）预测是一种空间上可扩张与缩小的研究。扩张是指预测的研究对象十分广泛，研究面很宽，缩小是指预测又可以细分到各种领域的预测，例如经济预测和非经济预测。

（4）预测是一种可测性的增量研究。可测是指可量化，增量是指在现实存量基础上的变化量，这是因为未来是在现实基础上的发展和变化。

（5）预测是一种艺术性色彩很浓的研究，经验直觉的影响和作用很大且不可取消。预测大致上等同于人为的操作，具有“黑箱”特性，它需要直觉、经验和灵感，是艺术与科学的结合。

根据预测的基本特征即自身特点，我们可以将预测分为5类：

（1）根据时间划分，预测可以分为超长期预测（大于10年，甚至可超过30年）、长期预测（大于5年）、中期预测（3—5年）、短期预测（小于1年），超短期预测（小于1个月）。

（2）从空间上划分，可分为空间范围大小和空间性质不同，前者有宏观预测、中观预测、微观预测、超宏观预测，后者如分为经济预测和非经济预测。

（3）根据增量特点，可以分为点预测与区间预测、质的预测与量的预测。

（4）根据误差大小和处理方式划分，可分为确定性预测与随机性预测。

（5）根据预测艺术性强弱划分，可非为直观预测、半直观预测、数学性预测。

2.3.2 能源预测与能源经济安全预测的异同

能源预测＝能源＋预测，即应用于能源领域的预测。可见能源预测拆成了“能源”和“预测”两部分，其主体是“能源”，落脚点是“预测”，预测的中心内涵是两点：预测什么和如何预测。关于“预测什么”，对于能源预测而言，预测的对象就是能源相关的事物，例如能源供给、能源消费、能源结构、能源强度、能源形势、能源战略、能源政策等。关于“如何预测”，这是预测方法和手段问题，取决于预测对象的特点。同理，能源经济安全预测 = 能源经济安全 + 预测，即应用于能源经济安全领域的预测。将能源经济安全预测拆成了“能源经济安全”和“预测”两部分，主体是“能源经济安全”，落脚点是“预测”。根据预测的中心内涵，能源经济安全预测的对象是能源经济安全相关的事物，在前文中已经对能源经济安全的研究对象进行了界定（即石油），那么能源经济安全的预测手段和方法就可以限定在根据石油及石油数据的特点去选择。

综上，能源预测和能源经济安全预测的异同可以简言概之，相同之处是落脚点均为“预测”，不同点可以从“总—分”两方面区分。总体上可从三个维度比较：

时间上，能源预测的研究早于能源的经济安全预测的研究。“能源”是一个比较古老的话题，但是能源成为各界的研究重点和热点却是始于 20 世纪 70 年代的第一次石油危机。尽管早在 1865 年英国经济学家威廉·杰文斯就意识到煤炭的枯竭会阻碍英国的繁荣发展，但是直到第一次石油危机各国各界才开始重视化石能源的短缺和有限性问题，随后能源预测也成为热点问题，目的在于通过对能源的预测更有效地利用能源。而能源的经济安全预测研究是随着经济安全研究的兴起而兴起。随着经济全球化进程不断推进，20 世纪 90 年代经济安全问题成为研究热点并持续至今，众多的经济安全问题研究都将能源视为对国家经济安全有着重大影响的因素之一。

研究范围上，能源预测的研究范围比能源的经济安全研究范围大。能源预测包括对各能源品种的需求、供给等短期、中期和长期的预测，而能源的经济安全预测是对与经济安全有着重大影响的能源品种的需求、供给等的预测。

方法论上，能源预测是能源的经济安全预测的基础。能源的经济安全预测需要通过能源预测得到相关预测值，在此基础上进一步判断能源的经济安全状况。

分解开看，根据前文对能源预测和能源经济安全预测的拆分，看出两者“主体不同”，“预测”的中心内涵不同。能源预测的主体是“能源”，是与能源相关的一切事物，其发展变化只与能源时代的转换相关且是渐进的、缓慢的，与国别无关。从薪柴时代进入到煤炭时代，能源的研究范畴会逐渐将薪柴剔除，而从煤炭时代进入到石油时代，煤炭和石油在很长时间以来及在未来的很长时间内仍是能源的研究对象，只是石油的关注度会高于煤炭而已。它与国别无关，在经济全球化的时代，能源的利用与发展问题绝非是一国之内的问题，而是在世界能源发展的大背景下发展本国能源。能源经济安全预测的主体是“能源经济安全”，能源经济安全的研究对象因国而异，对于我国而言，将之界定为石油，前文已详细阐述，而对于石油生产国或者能源生产大国而言，其能源经济安全的研究对象势必有所不同。

从“预测”的中心内涵看，“预测什么”的不同即研究对象不同，上文已阐述，由于预测对象不同，“如何预测”必然有所不同。

第3章

能源低碳发展分析相关理论基础

3.1　能源经济学概述

随着社会经济、科学技术的快速发展，能源问题也日益复杂。自然科学范畴的能源科学和能源工程的理论与方法已经不足以应对当今的能源挑战，社会科学范畴的能源经济学应运而生。能源经济学是应用经济学范畴的，是将经济学理论、经济学思维运用到能源领域。本节将首先沿着时间轴梳理能源经济学的发展历程，然后运用文献梳理法明确能源经济学的研究对象，最后介绍能源经济学的研究方法。

3.1.1　能源经济学发展简史

能源经济学的发展是随着现实能源问题不断出现以及能源地位不断提升而发展兴盛的，是一门新兴学科，属于经济学的一个分支，其研究对象是能源的经济活动，林伯强（2008）认为能源经济学的形成与发展大致经历了三个阶段。

能源经济学的发展与现实能源的开发利用息息相关。在生产力低下的时代，能源消耗极为有限，人们对能源的认知尚处于“取之不尽，用之不竭”的状态，因此鲜有对能源的关注。到 18 世纪 60 年代，机器代替了手工劳动，生产力有了极大的提高，能源消费尤其是煤炭的消费迅速增长，煤炭的开发和利用开始成为研究的重点。1865 年英国经济学家威廉·杰文斯出版了《煤的问题》，这是最早的能源经济学专著，书中详细论述了煤炭的情况和特点，并认识到煤炭的有限性终将阻碍英国经济的繁荣发展。

第一次工业革命时期，世界人口大幅增加、经济飞速增长，能源需求也大幅增加。到了 19 世纪 60 年代后期，伴随着各种新技术的发明与应用，人类进入了电气化时代，电器开始取代人力和简单的机器，电器的规模化应用使生产力得到了空前的提高。先进的技术和机器被应用于各个领域包括能源工程领域，这使得煤炭开发、利用效率大大提高，同时石油产业也开始蓬勃兴起。但能源的大规模、高速度的开发利用，使资源短缺、环境污染、生态破坏等一系列问题随之而来，有先见的学者开始研究能源的这一系列问题，其中 1931 年 Hotelling 发表的《可耗尽资源的经济学》就是基于当时时代背景的经典篇章，被公认为资源经济学产生的标志。

从第二次工业革命到20世纪70年代之前，尽管经济有了空前的发展，但是经济的总体规模和数量还是较小，相比较而言，能源供应和能源生产都是非常充足的，因此能源一直被作为取之不尽、用之不竭的资源并未引起应有的重视，此时的能源经济学研究的范围也就局限于能源的充分开发和利用。

20世纪70年代，中东战争引发了第一次石油危机，这次石油危机给西方发达国家造成了巨大的经济损失，各国开始纷纷重视能源的供应问题，能源经济研究开始暴发。在这个阶段，能源经济的研究按照研究对象可以分为两个时期：20世纪70—80年代初，研究的重点在石油短缺和石油价格上；20世纪80年代至今，则偏重于能源可持续发展研究，综合考虑经济、能源和环境的协调发展。

3.1.2 能源经济学研究对象

科学地定义能源经济学是明确能源经济学研究对象的前提。目前国内外学者对能源经济学的定义尚未有一个统一的认识，综合各家观点，目前对能源经济学的定义可归纳为三类：一是基于微观视角，认为能源经济学研究的是能源商品问题，内容包括厂商、消费者、市场等微观元素，这一类观点以《新帕尔格雷夫经济学大辞典》中对能源经济学的定义为代表；二是基于宏观视角，认为能源经济学关注的是能源的供需及公共政策等，例如《麦克米伦能源百科全书》对能源经济学的定义；三是直接借鉴经济学的定义，经济学研究的是稀缺资源的配置问题，将此概念平移到能源经济学即将“稀缺资源”锁定为“能源资源”，则能源经济学即研究能源资源的配置问题。周东在其《能源经济学》一书中，将能源经济学定义为是以经济学理论为基础，研究能源利用与经济关系、能源资源的配置、社会生产与消费过程中的能源转化、效率以及能源政策和能源安全的一门学科。林伯强综合了各家观点后认为能源经济学是利用经济学的理论及方法，研究能源在开发、利用过程中的各种经济现象及其演变规律的一门经济学学科。

从上文对能源经济学定义的综述中可以看出，部分学者已经将能源经济学的研究对象或者研究范围包含在了定义中。能源经济学的研究对象并非是静止的、不变的，而是随着社会经济的发展而扩大、变化。不同的学者由于其时代背景、专业领域、立场、所在国国情等不同而对能源经济学研究内容的界定、侧重点会有所不同，本书研究的是中国的能源发展，因此下文从国内专家的视角概述能源经济学的研究对象。

魏一鸣等认为能源经济学的主要研究对象包含 7 个方面：能源供给和能源需求、能源效率与节能、能源市场与碳市场、气候变化与环境变化、能源建模与系统开发、能源公平与能源贫困；林伯强从能源经济学的应用性出发认为能源经济研究的核心内容是能源经济在环境和资源双重约束下的可持续发展问题，归纳为 8 个方面：能源和经济增长的关系、能源供求平衡、能源投资、能源效率和节能、能源替代、能源市场、能源利用的环境问题、能源政策研究；周东针对我国能源发展现状，将能源经济学的主要研究内容划分成 7 个方面：能源与经济增长关系、能源与环境污染关系、能源的优化配置、节能与循环经济、能源价格和税收、能源的内部替代和外部替代、能源的国际贸易和作为金融产品的石油。

综上，不同学者基于不同的视角对能源经济学的研究有不同的理解，能源经济学研究范畴在不断扩大，从能源理论到能源应用，从微观到宏观，从能源内涵到能源外延，能源经济学的研究正在日益丰富。

3.1.3 能源经济学研究方法

研究方法是与研究对象相匹配的，任何一门学科的研究方法都是动态的、与时俱进的，随着研究范围的扩展不断丰富。科学的研究方法是科学地开展问题研究的前提和工具。从能源经济学的发展史看，其内容在不断充实，研究重点随着时代的变迁不断变化，研究方法自然也随着这些变化而变化。由于能源经济学研究范围涉猎广泛，每一方面的研究内容都会涉及很多具体的研究方法和手段，因此本节先从开展能源经济学研究的原则出发进行概述，然后再对众多具体的研究方法进行归纳总结。

能源经济学是一门应用性极强的学科，这是它与生俱来的特征，能源经济学的诞生就是为了解决现实中能源给社会经济带来的挑战。因此，对能源经济学的研究不仅要考虑其系统性、动态性，其应用性也不可忽略。对能源经济学的研究要把握以下几个原则：

从系统性出发，空间上看要遵循宏观、中观、微观分析相结合的原则，宏观是从总量上研究能源经济学，对其有一个整体的判断，中观是从产业层面去研究能源经济学，微观是从企业、要素等层面分析，宏观、中观、微观相结合的分析方法可以全面把握能源经济问题；时间上看要遵循历史和逻辑分析相结合的原则，历史分析是通过研究事物过去的发展来研究当下事物的发展，总结事物发展的规律，而逻辑分析是在对历史分析的基础上对事物的发展规律进行判断，历史分析是逻辑分析的基础，事物现在及未来的状态都包含着历史的基因，能源经济学的研究在这一方面体现得尤为明显，能源经济学研究中一个重要的内容就是“预测”，例如能源需求、能源供给、能源效率等，而这些研究对象的一个主要特征就是渐进性的变化且缓慢，历史数据的分析对于当前或者未来的判断具有极其重要的作用。

从动态性出发，应要遵循静态和动态分析相结合的原则。静态分析是指抽象掉时间因素，分析研究对象的均衡状态及要达到均衡状态所需具备的条件，动态分析则是将时间因素考虑在内，分析研究对象变动的实际过程。

从应用性出发，应遵循理论与经验分析相结合的原则。理论分析是研究能源经济学的基础，能源经济学的研究应该以经济学、统计学、资源经济学等为理论基础，联系能源经济实际问题，对能源经济学展开深入研究。

遵循上述原则，开展能源经济学研究的具体方法需要视具体的研究对象而定，具体问题及涉及的数据可获得性等因素都影响着具体研究方法的选择。从当前能源经济学的大多数研究看，能源经济学研究所涉及的具体方法大致可以归纳为两类：实证研究法、实验研究法。

实证研究法大多是依据基本的经济学原理或者实践经验，通过收集相关的数据，开展计量或者统计分析，包括回归分析法、投入产出分析、增长核算分析、统计分析、时间序列分析等；实验研究法则是根据相关的经济学理论建立均衡方程，通过改变外生变量对模型系统进行模拟，得到结论，能源系统建模研究就属于这一类，这种研究工作量大，周期长，往往不是个人研究者可以完成，往往需要一个团队合作完成。

3.2 低碳经济理论

低碳经济相关理论包含众多，包括可持续发展理论、生态经济理论、绿色经济理论、循环经济理论等，本节根据本书涉及的相关理论，从低碳经济的概念入手，着重介绍了可持续发展理论。

3.2.1　低碳经济概念

为应对气候变化的环境问题，2003 年英国颁布了《我们能源的未来——创建低碳经济》，首次提出了低碳经济的概念，但并未给出低碳经济的内涵。随着全球气候变化问题日益严重，低碳经济引起了各国各界的广泛关注，国内外学者对此做了大量的研究。英国环境专家鲁宾斯德认为低碳经济是一种新兴的经济发展模式，发展低碳经济的关键在于以市场机制为基础，实现制度的创新与完善，积极发展新型节能技术，推进国家经济由高能耗、高碳排转向低能耗、低碳排的发展方式。庄贵阳（2005）、邢继俊和赵刚（2007）认为低碳经济要通过市场竞争和政策引导，促进能源技术创新和制度创新，实现能源结构优化、CO_2减排和经济的可持续发展，构建低能耗、低污染的发展模式。鲍健强等（2008）认为低碳经济是通过提高能源利用效率、调整能源消费结构实现社会发展与生态保护并进的经济发展模式。谢来辉（2009）认为低碳经济的目的是解除碳锁定。《2009—2010 年中国人类发展报告》提到，低碳经济是一种可以最大限度提高碳生产能力，尽可能地提高人类发展水平，减缓气候变化的负面影响，同时兼顾代际公平，从而使社会经济沿着可持续发展的路径前进的经济模式。

可以看出，各界对低碳经济的内涵尚未达成一致的认识，但均包含了经济增长和减排两个方面，因此低碳经济的本质是追求在温室气体排放减少前提下的经济的稳定增长，实现人与自然生态的和谐可持续发展。

关于低碳经济的特征学者也进行了广泛的研究，其中国务院发展研究中心应对气候变化课题组（2009）发表的《当前发展低碳经济的重点与政策建议》，对低碳经济的特征做了概括：

（1）经济性。低碳经济是一种经济发展模式，属于市场经济范畴，按照市场经济规则追求经济利益最大化。发展低碳经济不仅不是要降低人民的生活水平和福利水平，而是要引导人们的生活水平和福利水平达到一个更高的层次，这需要技术的支撑。

（2）技术性。低碳经济是通过技术进步提高能源使用效率从而降低温室气体的排放。发展低碳经济不是强制性地降低能源消费数量、控制 CO_2 排放，而是在技术进步的基础上实现低碳目标。

（3）目标性。根据科学研究，将温室气体浓度控制在一个合理的目标范围内，使之不会影响人类的生存和发展。

3.2.2 可持续发展理论

人类从农业生产时代走向并逐渐深入工业时代，经济蓬勃发展的同时自然环境受到了强烈的冲击，随着污染日益严重，生态日益恶化，人们开始关注经济增长与资源环境的协调发展。可持续发展概念最初是在1972年联合国人类环境研讨会上正式提出，随后并没有引起太多的关注，直至1987年，世界环境与发展委员会在对世界重大经济、社会、资源和环境进行调查的基础上发布了《我们共同的未来》专题报告，在报告中正式使用了“可持续发展”概念，并将其定义为：“既可以满足当代人的需求，又不对后代人满足其需要的能力构成危害的发展”，该报告发布后“可持续发展”概念引起了广泛的关注。1989年第十五届联合国环境署理事会通过了《关于可持续发展的声明》，将可持续发展的内涵概括为经济可持续发展、社会可持续发展和生态可持续发展三个方面。

经济可持续发展是核心。经济是社会发展的物质基础，脱离了经济发展谈其他犹如水中看花。在当今全球化的时代，经济实力已经成为一国综合实力的体现。传统的经济发展观念强调经济数量、经济规模的增长，往往只注重国内生产总值（GDP）、人均国民生产总值等指标，但是新时代背景下，传统的经济发展观念开始转向经济数量和质量并重的新的经济发展观念，除了关注经济数量增长，还重视教育、医疗、环境、机会均等质量增长。

社会可持续发展是最终落脚点。社会的可持续发展为人类生存提供美好的社会环境，经济的发展、文明的提高都是致力于打造一个能保障人们平等、自由、民主、公平的社会环境，促进人类社会的全面进步。

生态可持续发展是基础。生态可持续发展包含资源和环境两个方面的可持续发展，人类的现代产出都需要从大自然中寻求原始生产资料，而人类的这种从自然中攫取、改造自然的行为对生态环境造成了破坏，被破坏的生态环境通过降低自然的原始产出（包括干净的水、空气等）制约人类的行为，这就形成了一种负反馈循环。失去了生态的可持续发展，人类不仅无法获取生产必需的原始生产资料，甚至连生存环境都变得不再适宜人类生存，因此，生态的可持续发展是可持续发展的前提和基础。

3.3　能源—经济—环境（3E）系统

3.3.1　3E 系统的形成

3E 系统是由能源（Energy）、经济（Economy）、环境（Environment）三个子系统有机组合成的系统，旨在研究能源—经济—环境的协调发展。一个协调发展的 3E 系统具有系统性、动态性和自组织性特征。所谓系统性是指 3E 系统不仅仅是能源、经济和环境三个子系统的简单相加，而是相互作用、有机构成，任一子系统的发展制约并受制于其他子系统的发展，3E 系统的整体功能超过各个子系统的功能之和；所谓动态性是指 3E 系统在各种经济规律的作用下不断地从低级向高级进化，从混乱向协调运动；所谓自组织性是指 3E 系统的各子系统具有相互协调的能力，推动 3E 系统向协调有序的方向发展。

3E 系统的形成经历了“1E—2E—3E”的过程，这一过程的演进与能源现实密不可分，与人们对能源认识程度的深入息息相关，是伴随着能源经济学的发展而形成的。“1E”是指“能源”，20 世纪 70 年代之前，人们对能源的认识普遍停留在“能源是可以从大自然中源源不断地获取、取之不尽用之不竭”的层面，因此能源的研究范围的和重点也就停留在如何大规模的开发利用能源，关注的是纯粹的能源问题，例如能源工程、能源技术。20 世纪 70 年代石油危机的暴发，西方一些发达国家的经济因此蒙受了巨大的损失，这一事件深刻地影响了人们对能源的认识，能源的可耗竭性、能源短缺替代了以前“能源取之不尽用之不竭”的认知，能源的研究范围和重点转移到了能源短缺尤其是石油短缺对经济造成的影响上，“能源—经济”2E 系统形成。全球经济的快速发展伴随着能源的巨大消耗，能源的勘探、开采，化石能源使用过程中 CO_2 的巨量排放给生态环境带来了不可忽视的破坏，且呈现日益恶化的趋势。在这种情况下，20 世纪 80 年代人们对能源的研究开始扩展到对“能源—经济—环境”协调发展的关注，3E 系统形成。目前，对 3E 系统的研究已成为学术界的前沿课题。

3.3.2　3E 系统中子系统的相互关系

能源系统、经济系统、环境系统是 3E 系统中的三个子系统，这三个子系统两两相互作用，共同影响着3E系统发挥作用。

（1）能源与经济。

20世纪70年代的第一次石油危机使“能源—经济”这一主题引起了世界范围内的广泛关注，众多专家、学者对能源和经济的关系做了深入的研究，这部分在第1章的综述部分已做过详细的梳理，不再赘述。在此只对3E系统框架中“能源—经济”的关系加以说明。

人类社会的发展史也可以说是一部能源利用的演进史。能源是经济发展不可或缺的要素，化石能源的使用极大地促进了社会经济的发展，对人类社会的工业文明和现代文明起了巨大的推进作用。但同时也必须意识到，正是经济发展对能源的依赖性，能源的可耗竭特征会使能源成为经济发展的阻碍。

能源与经济相互依存、相互促进。能源不仅为社会经济提供了源动力，也是国民经济各行各业的原材料，经济的快速发展离不开能源的支持。从历史的角度看，化石能源的大规模使用伴随着经济的飞速发展；反过来经济的发展也促进了能源的发展，经济增长可以有更多的资金投入能源工程、能源技术等领域，促进能源大规模开发利用。

能源制约经济的发展。化石能源数量的有限性与经济增长需求的无限性是一对天然的矛盾。随着经济不断增长，对能源的需求也不断增长，而能源的数量却在不断下降，一方面能源价格的上升制约了经济增长，能源的短缺会给经济造成极大的损失，另一方面能源利用过程中带来的环境污染、生态破坏也会制约经济的增长。

（2）环境与经济。

环境有自然环境和社会环境，本书所指是自然环境。根据环境的定义，大气、水、海洋、土地、矿藏等都是自然环境，可见环境与人类的生存息息相关，不仅是经济发展的物质基础，也是人类生存发展的前提条件。

环境保护与经济发展既相互促进又相互制约。经济发展需要从环境中获取生产要素，丰富的自然资源，良好的生态环境能够给经济的可持续发展提供更大的空间；另外，长期看来环境保护有助于优化经济结构，倒逼经济转型，助推经济发展方式升级；反过来，经济发展能为环境保护提供物质条件和技术支持。环境保护和经济发展又相互制约，经济发展一方面从环境中获得所需的物质要素，另一方面向环境中排放废气、废料，这两者均会对环境造成破坏；人类对生存环境的要求是有一定标准的，可以用环境的可承载量衡量，超出环境的可承载量生存环境就会日益恶化对人类的生存产生威胁，因此环境的可承载量会限制经济的发展。

（3）能源与环境。

能源的开发和利用会对环境产生一定的破坏作用，环境的可承载量制约着能源的开发和利用。化石能源的勘探和开采过程往往会破坏地质结构、地表植被等，对环境造成破坏，化石能源的消费会造成环境污染尤其是大气污染。从能源消费造成的污染范围看，可以分为两类：一是地区性的污染，例如粉尘、固体废物等对地区造成污染。二是全球性污染，主要体现在大气污染上，例如 CO_2 的排放引起的温室效应。环境同时制约着能源的开发和利用，影响着能源需求方式，包括能源品种、能源利用方式等。

3.3.3　3E 系统的反馈关系

在 3E 系统中，能源是物质基础，环境提供空间支持，经济是核心目标。实现经济在能源和环境双重约束下的可持续增长是研究 3E 系统协调发展的目的所在。3E 系统是由能源、经济、环境三个子系统有机组成的复合系统，三个子系统相互影响、密不可分。具体来说，它们之间存在着三种反馈关系：

第一种是正反馈关系，能源、经济、环境三者之间相互促进，协调发展（见图 3－1）。经济发展促进科技发展，提高能源利用效率，有效地改善环境生态问题，能源消费方式的变化和环境保护促进经济结构调整和经济增长。

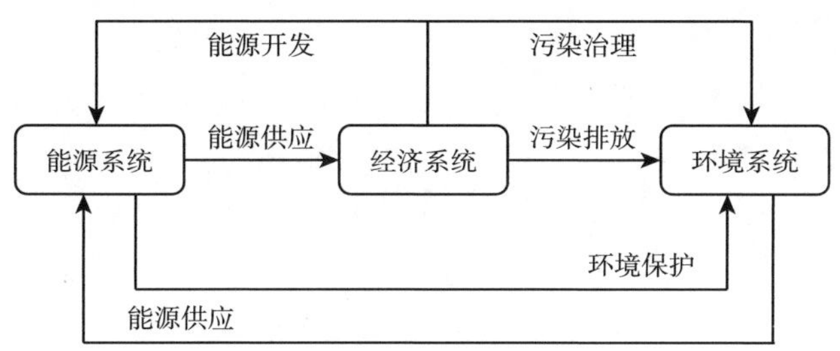

图 3－1　3E 系统正反馈关系

第二种是负反馈关系，能源、经济、环境三者之间恶性循环（见图 3－2）。从 3E 系统的核心目标出发，经济增长速度过快，能源的需求量迅猛增长，使得能源过度开发，同时能源消费排放的废料、CO_2 等破坏生态环境，环境承载力下降，能源和环境反过来制约经济的发展。

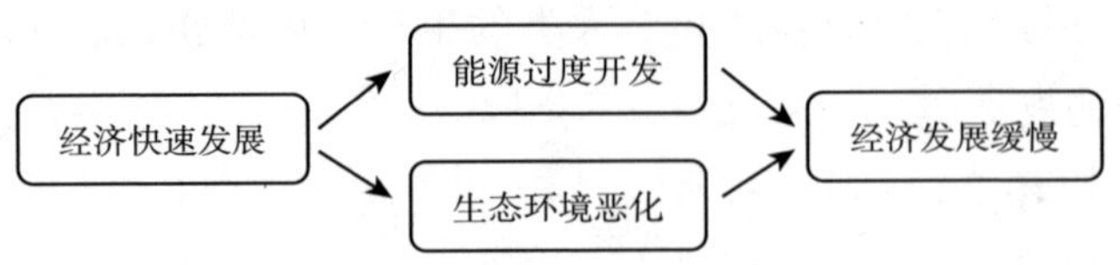

图3－2　3E系统负反馈关系

第三种是零反馈关系。当经济发展到一定程度，工业比重很小，经济不再是能源依赖型，经济的发展对能源的需求就会很小，经济活动对环境的影响也会很小，基本上可以忽略环境和能源对经济的制约作用。

第4章

能源预测模型

4.1　灰色系统预测模型

灰色系统理论是20世纪80年代初由邓聚龙教授创立的，该理论以“部分信息一致，部分信息未知”的“少数据”“贫信息”为研究对象，着重研究概率统计、模糊数学难以解决的“少数据”“贫信息”不确定性问题，依据信息覆盖，通过序列算子的作用探索运动的现实规律。灰色系统预测是灰色系统理论主要内容的重要组成部分。灰色系统预测是基于灰色预测模型（GM）做出的定量预测，按照功能和特征可以分为数列预测、区间预测、灾变预测、波形预测、系统预测等几种类型。灰色预测系列模型是灰色预测理论的基本模型，包括GM（1，1）模型、离散GM模型、分数阶GM模型、Verhulst模型、GM(r,h)模型等，其中GM(1,1)模型应用最为广泛。

刘思峰等基于GM(1,1)模型的原始形式和均值形式及其求解的两种不同路径将GM(1,1)模型划分了四种基本形式：均值GM(1,1)模型、原始差分GM(1,1)模型、均值差分GM(1,1)模型和离散GM(1,1)模型。其又通过对齐次指数序列、非指数增长序列和震荡序列模拟分析发现均值GM(1,1)模型预测非指数增长序列精准度最高。鉴于本书的研究对象，以下对GM(1,1)模型作详细的介绍。

设序列 $X^{(0)}=[x^{(0)}(1),x^{(0)}(2),\cdots,x^{(0)}(n)]$，其中 $x^{(0)}(k)\geqslant 0$，$k=1,2,\cdots,n$；$X^{(1)}$ 是 $X^{(0)}$ 的一次累加序列：

$X^{(1)}=[x^{(1)}(1),x^{(1)}(2),\cdots,x^{(1)}(n)]$，其中 $x^{(1)}(k)=\sum_{1}^{k}x^{(0)}(i),k=1,2,\cdots,n$，称

$$x^{(0)}(k)+a\,x^{(1)}(k)=b \tag{式4-1}$$

为GM(1,1)的原始形式。

设 $X^{(0)}$，$X^{(1)}$ 如上定义，$Z^{(1)}=[z^{(1)}(2),z^{(1)}(3),\cdots,z^{(1)}(n)]$，其中

$$z^{(1)}(k)=0.5[x^{(1)}(k)+x^{(1)}(k-1)],\ k=2,3,\cdots,n, \tag{式4-2}$$

称

$$x^{(0)}(k)+a\,z^{(1)}(k)=b \tag{式4-3}$$

为GM(1,1)模型的均值形式。

（式4-2）中的参数向量 $\hat{a}=(a,b)^{T}$ 可以用最小二乘法估计式确定：

$$\hat{a}=(B^{T}B)^{-1}B^{T}Y \qquad (式4-4)$$

其中Y，B分别为

$$Y=\begin{bmatrix} x^{(0)}(2) \\ x^{(0)}(3) \\ \vdots \\ x^{(0)}(4) \end{bmatrix},B=\begin{bmatrix} -z^{(1)}(2) & 1 \\ -z^{(1)}(3) & 1 \\ \vdots & \vdots \\ -z^{(1)}(4) & 1 \end{bmatrix}$$

称

$$\frac{dx^{(1)}}{dt}+ax^{(1)}=b \qquad (式4-5)$$

为均值GM(1,1)模型的白化方程。

利用线性代数知识对上述白化方程求解，得

$$\hat{x}^{(1)}(t)=\left[x^{(0)}(1)-\frac{b}{a}\right]e^{-a(t-1)}+\frac{b}{a} \qquad (式4-6)$$

因此

$$\hat{x}^{(1)}(k)=\left[x^{(0)}(1)-\frac{b}{a}\right]e^{-a(k-1)}+\frac{b}{a},k=1,2,3\cdots,n \qquad (式4-7)$$

对（式4-6）进行累减还原得

$$\hat{x}^{(0)}(k)=(1-e^{a})\left[x^{(0)}(1)-\frac{b}{a}\right]e^{-a(k-1)},k=1,2,3\cdots,n \qquad (式4-8)$$

其中，上述模型中的参数 $-a$ 为发展系数，反映 $\hat{x}^{(1)}$ 及 $\hat{x}^{(0)}$ 的发展态势，b称为灰色作用量，该量是从背景值中挖掘出来的数据，反映数据变化的关系。

获得预测值后还需对该模型的适应性做检验，对于灰色预测模型而言，后验差比值小于0.5视为模型预测效果较好。

设 δ_1 为绝对误差，δ_2 为相对误差，

$$\delta_1=实际值-预测值，\delta_2=\left|\frac{\delta_1}{实际值}\right|$$

根据相对误差可以判断模型的预测精度。

设后验差为C，

$$C=\frac{S_1}{S_2} \qquad (式4-9)$$

其中 S_1 为残差标准差，残差为实际值与预测值之间的差值，S_2 为实际值标准差。

4.2　趋势外推预测模型

趋势外推预测法最早是由莱恩（Rhyne）用于科技预测，目前已广泛应用于科技、经济、社会等各个领域的预测，是进行中长期预测的主要方法。趋势外推预测法是根据预测对象的历史数据找出其发展规律，并利用此规律对其未来值进行预测。这种方法是建立在事物的未来发展趋势是过去和现在连续发展的结果的假设之上。该假设是从大量的事实中抽象出来，认为事物的发展变化过程一般是渐进式的，而不是突变式的，因此决定事物过去发展的因素也同样对事物未来的发展起作用。基于此，我们可以依据事物的历史数据推断其未来的发展状况。

莱恩将趋势外推预测法总结了六个步骤：（1）选择预测对象（参数）；（2）收集相关数据；（3）拟合曲线；（4）趋势外推；（5）预测说明；（6）研究预测结果在制定规划和决策中的应用。

趋势外推预测模型又可以根据不同的拟合曲线划分为线性模型、指数模型、多项式模型、对数模型等。结合下文用到的预测模型，此处仅对线性模型、指数模型和多项式模型作介绍。

4.2.1　线性模型

预测对象的历史数据具有线性变动趋势，可以拟合成一条直线，我们称之为线性模型，是趋势外推中最常用的一种方法。

线性预测模型的表达式为：

$$\hat{y} = a + bt \quad （式 4-10）$$

其中，$\hat{y}$表示预测值，a，b 为参数，t 为时间序列。

线性模型的参数可以用最小平方法来估计，最小平方法即指实际值与预测值之间的误差平方和最小。

$$误差平方和\ Q = \sum (y_t - \hat{y}_t)^2 = \sum (y_t - a - bt)^2 \quad （式 4-11）$$

根据极值原理，要使得 Q 最小，就要使得函数 Q 关于参数 a，b 的偏导数为 0，即满足以下式：

$$\frac{\partial Q}{\partial a} = -2\sum (y_t - a - bt) = 0 \quad （式 4-12）$$

$$\frac{\partial Q}{\partial b} = -2\sum(y_t - a - bt)t = 0 \qquad (式4-13)$$

整理上面两式得到标准方程组：

$$\begin{cases}\sum y_t = na + b\sum t \\ \sum ty_t = a\sum t + b\sum t^2\end{cases} \qquad (式4-14)$$

其中 n 为时间序列的项数。

求解方程组得到参数的估计值$\hat{a}$，$\hat{b}$：

$$\begin{cases}\hat{a} = \dfrac{\sum y_t}{n} \\ \hat{b} = \dfrac{\sum ty_t}{\sum t^2}\end{cases} \qquad (式4-15)$$

4.2.2 指数模型

预测对象的历史数据随时间按指数规律增长，可以拟合成一条指数曲线，我们称之为指数模型，该模型在实际中具有广泛的应用。

指数预测模型的表达式为：

$$\hat{y_t} = ab^t \qquad (式4-16)$$

其中，$\hat{y_t}$表示 t 期预测值，a，b 为参数，t 为时间序列。

指数模型的参数求解可以先将指数模型划为对数直线模型，用最小平方法求解出变换后新序列中的参数值，再根据新序列参数值求解指数模型参数。具体步骤如下。

对（式4-16）两边取对数，化为对数直线模型：

$$lg\hat{y_t} = lga + tlgb \qquad (式4-17)$$

根据最小平方法原理，可得标准方程组为：①

$$\begin{cases}\sum lgy_t = nlga + lgb \cdot \sum t \\ \sum tlgy_t = lga\sum t + lgb\sum t^2\end{cases} \qquad (式4-18)$$

求解方程组得到参数的估计值 $lg\hat{a}$，$lg\hat{b}$：

① 具体求解过程参照线性模型中的方法。

$$\begin{cases} \lg\hat{a} = \dfrac{\sum \lg y_t}{n} \\ \lg\hat{b} = \dfrac{\sum t\lg y_t}{\sum t^2} \end{cases} \quad \text{（式 4－19）}$$

通过求解（式 4－19）的反对数可得到指数模型参数 a，b 值。

4.2.3　多项式模型

预测对象的历史数据随时间呈现不同的曲线变动趋势，可以用多项式函数拟合，这种模型我们称之为多项式模型，该模型在实际中具有广泛的应用。

多项式预测模型的表达式为：

$$\hat{y}_t = a + bt + ct^2 + dt^3 + et^4 + \cdots \quad \text{（式 4－20）}$$

其中，$\hat{y}_t$ 表示 t 期预测值，a，b，c，d，e 等为参数，t 为时间序列。

多项式模型参数的求解可以用最小平方法求。我们以三次抛物线预测模型的参数估计为例。

构建一个三次抛物线预测模型：

$$\hat{y}_t = a + bt + ct^2 + dt^3$$

根据最小平方法原理，令 $\frac{\partial Q}{\partial a} = \frac{\partial Q}{\partial b} = \frac{\partial Q}{\partial c} = \frac{\partial Q}{\partial d} = 0$，得到标准方程组：

$$\begin{cases} \sum y_t = na + b\sum t + c\sum t^2 + d\sum t^3 \\ \sum ty_t = a\sum t + b\sum t^2 + c\sum t^3 + d\sum t^4 \\ \sum t^2 y_t = a\sum t^2 + b\sum t^3 + c\sum t^4 + d\sum t^5 \\ \sum t^3 y_t = a\sum t^3 + b\sum t^4 + c\sum t^5 + d\sum t^6 \end{cases} \quad \text{（式 4－21）}$$

根据（式 4－21）方程组可求得参数 a，b，c，d 的估计值。

4.3　基于 MV 法的组合预测模型

组合预测模型是将不同单一模型进行不同的组合构成的模型，这种预测方法能够规避单一预测模型的缺陷，集结不同单一预测模型的有效信息，从而可以提高预测精度。基于 MV 法的组合预测模型是指利用方差—协方差（MV）

法对单一预测模型赋予不同的权重，构建的一个新的预测模型，预测精度高的单一预测模型获得的权重也会高。基本原理如下：

设$\hat{y_1}$，$\hat{y_2}$是关于 y 的两个无偏预测值，y_c加权平均的组合预测值，预测误差分别为 e_1，e_2和 e_c。用 ω_1和 ω_2表示这两种预测方法权重系数，且 $\omega_1 + \omega_2 = 1$，则

$$y_c = \omega_1 \hat{y_1} + \omega_2 \hat{y_2} \quad \text{（式 4－22）}$$

组合预测模型的误差式为：

$$e_c = \omega_1 e_1 + \omega_2 e_2 \quad \text{（式 4－23）}$$

得到 y_c的方差为：

$$Var(e_c) = \omega_1^2 Var(e_1) + \omega_2^2 Var(e_2) + 2\omega_1 \omega_2 cov(e_1, e_2) \quad \text{（式 4－24）}$$

关于 ω_1对上式求极小值：

$$\omega_1 = \frac{Var(e_2) - cov(e_1, e_2)}{Var(e_1) + Var(e_2) - 2cov(e_1, e_2)} \quad \text{（式 4－25）}$$

$\omega_2 = 1 - w_1$，用 δ_{ii}表示各自预测误差的方差，用 δ_{ij}表示预测误差的协方差。求得两个预测方法的权重系数为：

$$\omega_1 = \frac{\delta_{22} - \delta_{12}}{\delta_{11} + \delta_{22} - 2\delta_{12}} \quad \text{（式 4－26）}$$

$$\omega_2 = \frac{\delta_{11} - \delta_{12}}{\delta_{11} + \delta_{22} - 2\delta_{12}}$$

e_1，e_2相互独立，故协方差 $\delta_{i2} = 0$，因此（式 4－26）可以写成：

$$\omega_1 = \frac{\delta_{22}}{\delta_{11} + \delta_{22}} \quad \text{（式 4－27）}$$

$$\omega_2 = \frac{\delta_{11}}{\delta_{11} + \delta_{22}}$$

求出 ω_1和 ω_2，根据（式 4－27）即可构建组合预测模型。

4.4 马尔科夫链模型

马尔科夫链（Markov Chain）是指具有马尔科夫性质的随机过程，该过程具有“无后效性”的特点，即未来状态与过去的状态无关，只与现在的状态有关。马尔科夫链预测就是根据现在的状态和变化趋势预测未来的状态。马尔科

夫链的预测模型可以表示如下：

（1）马尔科夫链。

设 X_t（t 为非负整数）是一个随机过程，I 为随机过程的状态空间，且任意的 i_0，i_1，…，i_t，$i_{t+1} \in I$ 及 $P\{X_0 = i_0, X_1 = i_1, \cdots, X_t = i_t\} > 0$，都有 $P\{X_{t+1} = i_{t+1} | X_0 = i_0, X_1 = i_1, \cdots, X_t = i_t\} = P\{X_{t+1} = i_{t+1} | X_t = i_t\}$，则称随机序列 X_t 为马尔科夫链。当 t 表示时间时，则表示随机过程 t + 1 时刻的状态只与 t 时刻的状态有关，与 t 之前的时刻、之前的状态无关。

（2）转移矩阵。

研究对象有 n 种状态，且每一时刻只能处于一种状态，当研究对象处于某一时刻的某一状态时，可以随机地向不同的状态变化，这种不同状态之间的变化关系可以用“状态转移概率”描述。

对于马尔科夫链 $\{X_t, t = 0, 1, 2\cdots\}$，$\forall i, j \in I$，设 n 时刻 X(n) 的状态为 i，则称 $P\{X(n) = i\}$ 为马尔科夫链的状态概率，可记为 $P_i(n)$。当马尔科夫链在 n 时刻的状态为 i，在 n + 1 时刻的状态为 j，记马尔科夫链从时刻 n 下 i 状态转移到时刻 n + 1 下状态 j 的概率为 $P_{ij}(n)$，成为马尔科夫链的一步转移概率。其中，$P_{ij}(n) = P\{X_{n+1} = j | X_n = i\}$，显然 $P_{ij}(n) \geqslant 0$；$\sum_{j \in I} P_{ij}(n) = 1$。

如果马尔科夫链的转移概率与所处时刻无关，与只与状态 i，j 有关，即 $P_{ij}(n) = P_{ij}$，则称随机序列 $\{X_t, t = 0, 1, 2\cdots\}$ 为齐次马尔科夫链。

对于马尔科夫链 $\{X_t, t = 0, 1, 2\cdots\}$，$\forall i, j \in I$，设 n 时刻 X(n) 的状态为 i，经过 s 步转移到状态 j 的概率称为 s 步转移概率，记为$P_{ij}^{(s)}$。

状态转移矩阵是由状态转移概率组成的矩阵，用来描述研究对象的状态转移过程。其中一步转移概率组成的是一步状态转移矩阵，多步转移概率组成的是多步状态转移矩阵，分别表示出一步状态转移矩阵和多步状态转移矩阵：

一步状态转移矩阵：

$$P = (P_{ij}) = \begin{bmatrix} P_{11} & P_{12} & \cdots & P_{1n} \\ P_{21} & P_{22} & \cdots & P_{2n} \\ \vdots & \vdots & \vdots & \vdots \\ P_{n1} & P_{n2} & \cdots & P_{nn} \end{bmatrix} \tag{式 4-28}$$

多步状态转移矩阵：

$$P^{(s)}=\begin{bmatrix} P_{11}^{(s)} & P_{12}^{(s)} & \cdots & P_{1n}^{(s)} \\ P_{21}^{(s)} & P_{22}^{(s)} & \cdots & P_{2n}^{(s)} \\ \vdots & \vdots & \vdots & \vdots \\ P_{n1}^{(s)} & P_{n2}^{(s)} & \cdots & P_{nn}^{(s)} \end{bmatrix} \quad \text{（式4-29）}$$

（3）马尔科夫链预测模型。

研究对象在转移状态矩阵的作用下从初始状态变化到最终状态。多步转移概率$P_{ij}^{(s)}$是指研究对象从状态i经过s步转移到状态j，它与中间s-1步转移经过的状态无关。根据查普曼—柯尔莫哥洛夫方程中$P^{(s)}$与P的关系：

$P^{(s)}=P^{(s-1)}\cdot P=P^{(s-2)}\cdot P\cdot P=P^{S}$

可知研究对象从状态Ω_i转移到状态Ω_j的公式可以写成：

$\Omega(t)=\Omega(t-1)\cdot P$

由递推关系得到：

$\Omega(1)=\Omega(0)\cdot P$

$\Omega(2)=\Omega(1)\cdot P=\Omega(0)\cdot P^2$

……

$\Omega(t)=\Omega(t-1)\cdot P=\Omega(0)\cdot P^n$

其中，$\Omega(t)$表示研究对象在t时刻的状态向量，P为一步转移概率矩阵。

第5章

我国能源发展现状及影响因素分析

5.1　我国能源生产现状

我国能源资源禀赋的定位是“富煤、贫油、少气”，这一“先天”条件很大程度上决定了我国能源生产现状。本节按照“整—分”的思路，先从整体上对我国能源生产总量及结构进行了分析，然后分别对原油、煤炭、天然气及非水电清洁能源四类能源从省份和划分东、中、西部地区几个角度进行了区域差异状况的分析。

5.1.1　我国能源生产总量及结构

根据《中国统计年鉴 2017》得到 1978—2016 年我国能源生产总量及结构数据（见表 5－1）。

表 5－1　　1978—2016 年能源生产结构

年份	能源生产总量（万吨标准煤）	煤炭（%）	石油（%）	天然气（%）	清洁能源（%）
1978	62770	70.3	23.7	2.9	3.1
1980	63735	69.4	23.8	3.0	3.8
1985	85546	72.8	20.9	2.0	4.3
1990	103922	74.2	19.0	2.0	4.8
1991	104844	74.1	19.2	2.0	4.7
1992	107256	74.3	18.9	2.0	4.8
1993	111059	74.0	18.7	2.0	5.3
1994	118729	74.6	17.6	1.9	5.9
1995	129034	75.3	16.6	1.9	6.2
1996	133032	75.0	16.9	2.0	6.1
1997	133460	74.3	17.2	2.1	6.5
1998	129834	73.3	17.7	2.2	6.8
1999	131935	73.9	17.3	2.5	6.3
2000	138570	72.9	16.8	2.6	7.7
2001	147425	72.6	15.9	2.7	8.8
2002	156277	73.1	15.3	2.8	8.8
2003	178299	75.7	13.6	2.6	8.1

续表

年份	能源生产总量（万吨标准煤）	煤炭（%）	石油（%）	天然气（%）	清洁能源（%）
2004	206108	76.7	12.2	2.7	8.4
2005	229037	77.4	11.3	2.9	8.4
2006	244763	77.5	10.8	3.2	8.5
2007	264173	77.8	10.1	3.5	8.6
2008	277419	76.8	9.8	3.9	9.5
2009	286092	76.8	9.4	4.0	9.8
2010	312125	76.2	9.3	4.1	10.4
2011	340178	77.8	8.5	4.1	9.6
2012	351041	76.2	8.5	4.1	11.2
2013	358784	75.4	8.4	4.4	11.8
2014	361866	73.6	8.4	4.7	13.3
2015	362000	72.1	8.5	4.8	14.5
2016	346000	69.6	8.2	5.3	16.9

资料来源：《中国统计年鉴2017》。

从表5－1看，我国能源生产总量总体上呈现上升趋势，从1978年62770万吨标准煤增产至2016年的346000万吨标准煤，年均增长率约4.6%。在这期间有两个年份能源生产总量出现了下降，1998年能源生产量从1997年的133460万吨标准煤下降至1998年的129834万吨标准煤，比1997年下降了约2.7%；2016年能源生产总量从2015年的362000万吨标准煤下降至2016年的346000万吨标准煤，比2015年下降了4.4%，降幅达到1.6亿吨标准煤，这主要是由于2016年煤炭和石油产量都出现了较大的跌幅，煤炭产量下降约2亿吨标准煤，比2015年下降约7.7%，石油产量下降与2398万吨标准煤，比2015年下降约7.8%。

从能源生产量结构看，煤炭在供给结构中一直“一枝独大”，石油、天然气及清洁能源生产量较小，其中天然气生产量最小，石油生产量从“第二”的位置一路降至“第三”，而清洁能源生产量则从“第三”的位置一路升至“第二”。

从煤炭生产量发展历程看，1978—2016年煤炭占能源生产总量的平均比重约为74.5%，绝大部分年份占比超过70%。整体上呈现出震荡上升再下降的趋势，1978—2011 年煤炭生产占比从 70.3% 震荡上升至 2011 年的 77.8%，2011—2016 年煤炭生产占比从 77.8% 一路降至 69.6%。煤炭生产占比大主要与我国“富煤、贫油、少气”的能源禀赋有关。

从石油生产量发展历程看，1978—2016 年石油占能源生产总量的比重呈现快速下降的趋势，比重从 1978 年的 23.7% 降至 2016 年的 8.2%，其中 1990—1998 年在 18% 附近反复震荡，1998 年之后快速下降，其中 1998—2007 年下降速度较快，平均每年下降约 0.8 个百分点，2008 年降至 10% 以下，下降速度开始放缓，2007—2016 年约下降了 1.9 个百分点。石油生产占比出现大幅下降主要是我国能源生产总量在快速增长，而由于资源禀赋及技术条件等因素制约石油生产能力提升速度较慢，石油生产总量较为稳定。

从天然气生产量发展历程看，1978—2016 年天然气占能源生产总量的比重呈现缓慢上升的趋势，比重从 1978 年的 2.9% 升至 2016 年的 5.3%，其中 1978—2003 年呈现震荡缓慢上升趋势，绝大部分年份维持在 2%—3% 的区间，2003—2016 年则平稳上升，其中 2010—2012 年连续三年维持在 4.1%。尽管天然气生产占比较小，但是从发展趋势看，由于能源生产总量在快速增长，天然气生产总量是在稳步提升的。

从清洁能源生产量发展历程看，1978—2016 年清洁占生产总量的比重呈现较快的震荡上升趋势，比重从 1978 年的 3.1% 升至 2016 年的 16.9%，除个别年份生产占比出现下降外绝大多数年份均呈现逐年上升的趋势，其中 2002—2003 年生产占比从 8.8% 陡然降至 8.1%，之后逐年上升，2007 年升至 8.6%，到 2008 年升至 9.5%。从占比增幅看，近年来增幅在增大，1978—2016 年平均每年增长约 0.46 个百分点，而 2012—2016 年 5 年的平均增幅约为 1.14 个百分点，2016 年增长了 2.4 个百分点。在我国能源生产总量快速增长的前提下，清洁能源生产占比也在快速增长，可见我国清洁能源生产总量在快速增长。

5.1.2　原油生产的区域差异状况

在分能源品种介绍其区域差异状况之前有必要对数据的选取做一下说明。首先关于数据选取，本书数据均来自《中国能源统计年鉴》，由于成文之时，只出版到《中国能源统计年鉴 2016》，收集的是 2015 年的数据，故本节采用了对 2015 年的数据作分析，为了说明各省份生产情况是否存在较大的年度差异，本书又选取了 2011—2015 年 5 年累计能源消费量。对这两个数据进行对比分析后发现具有高度的一致性，则说明每年能源生产的发展各省份的相对情况也是具有高度一致性的。首先看2015年各省份原油生产情况（见图5－1）。

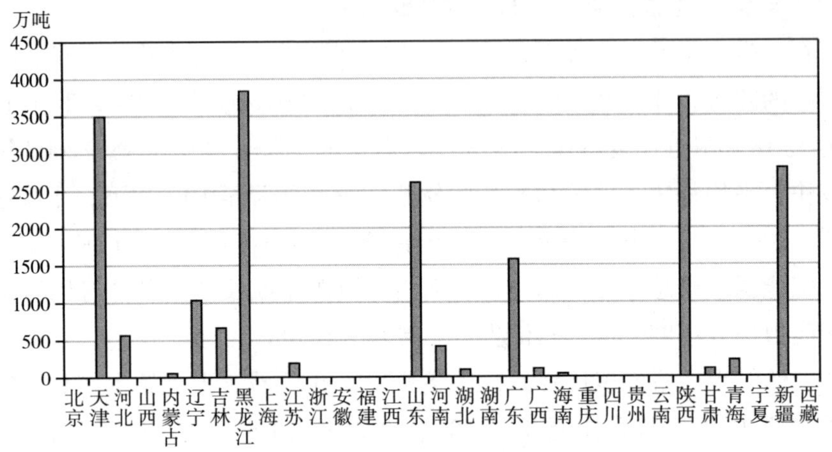

图5－1　2015年各省份原油生产量

资料来源：根据《中国能源统计年鉴2016》整理。

从图5－1看，我国各省份原油生产情况极不均衡。2015年产量超过1000万吨的仅有7个，其中超过3000万吨的有3个，黑龙江原油产量最高，达到约3839万吨，陕西产量约为3737万吨，位居全国第二，天津产量为3497万吨，位居第三，其次为新疆和山东，均超过了2500万吨，依次为2795万吨和2608万吨，位居第六位和第七位的分别为广东和辽宁，产量分别为1245万吨和1022万吨。原油产量为0的省份有11个，分别为北京、浙江、福建、山西、安徽、江西、湖南、重庆、贵州、云南、西藏。

再看2011—2015年各省份累计原油生产量情况。

从图5－2看，2011—2015年累计原油产量各省份极不均衡，超过5000万吨产量的有7个，按产量由高到低依次为黑龙江、陕西、天津、新疆、山东、广东、辽宁，其中黑龙江产量最高约为19847万吨。累计产量为0的省份有11个，分别为北京、浙江、福建、山西、安徽、江西、湖南、重庆、贵州、云南、西藏。比较图5－1和图5－2，发现单独年份数据和5年累计年份数据各省份原油产量分布情况表现出了高度的一致性，说明每年各省份的原油产量相对生产情况几乎不变。因此在下文按从经济角度划分的东、中、西部地区分析原油产量分布情况时只考察了2015年份数据。从原油产量省份分布情况的单

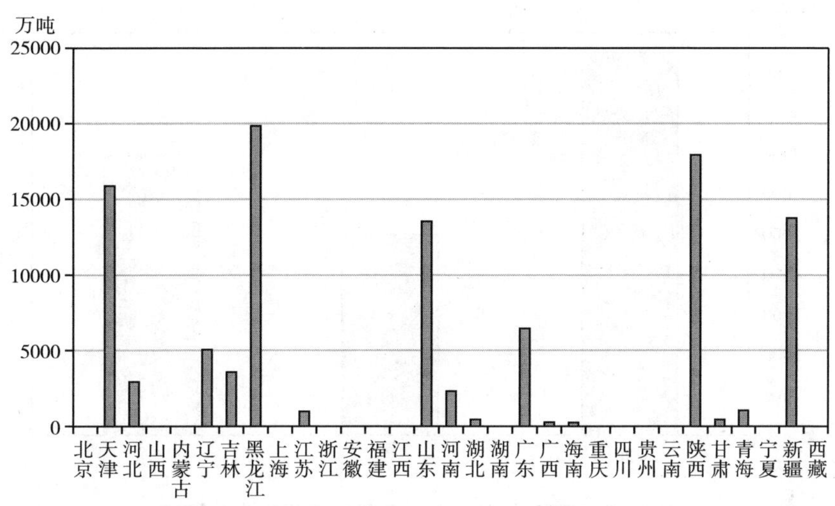

图 5－2　2011—2015 年各省份累计原油生产量

资料来源：根据《中国能源统计年鉴 2016》整理。

独年份数据不仅可以考察短期内过去原油产量分布情况也可据此预判短期内未来原油产量的省份分布情况。

从经济角度划分的三大经济带原油生产的区域差异状况。根据经济发展状况及地理位置因素国家统计局 2013 年对全国各省份划分了三大地带：东部地区、中部地区、西部地区，其中东部地区包含了 11 个省（市），分别为北京、天津、河北、上海、广东、江苏、浙江、辽宁、山东、福建、海南，国土面积 105.7 万平方千米，中部地区包含 8 个省，分别为黑龙江、吉林、山西、安徽、河南、江西、湖北、湖南，国土面积 163.5 万平方千米，西部地区包含 12 个省（区、市），分别为广西、云南、四川、重庆、西藏、新疆、青海、甘肃、宁夏、贵州、内蒙古、陕西，国土面积为 683.4 万平方千米。本书根据各省份的原油生产情况对东、中、西部地区的原油生产进行了统计，得到了各地区的原油生产情况。

从图 5－3 看，东部地区原油产量最高，其次为西部地区，中部地区原油产量最低。2015 年东部地区原油产量达到约 9522 万吨，西部地区约为 6947 万吨，中部地区约为 4987 万吨。这一分布结果与东、中、西地区的划分有关，东部地区包括了原油产量超过 1000 万吨的 4 个大省，而中部地区虽然包含了原油产量最大的省份黑龙江，但同时也包含了 4 个原油产量为 0 的省份。

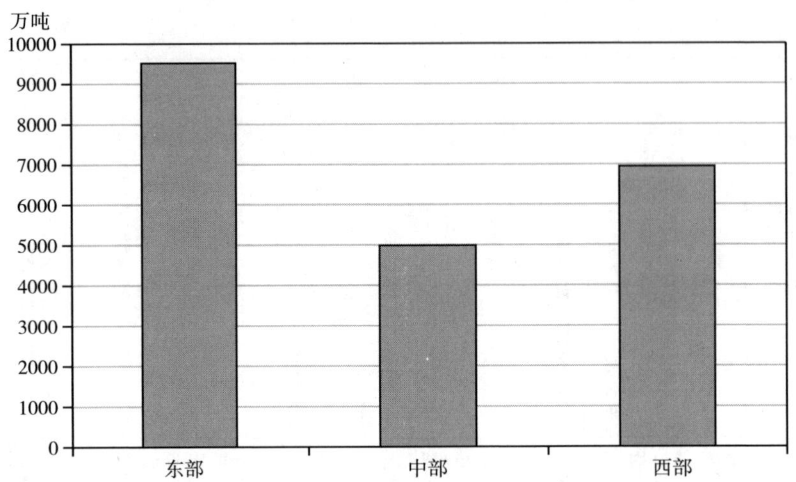

图5-3 2015年东、中、西部地区原油生产情况

资料来源：根据《中国能源统计年鉴2016》整理。

5.1.3 煤炭生产的区域差异状况

再看原煤产量的区域差异状况。首先看2015年各省份的煤炭生产量情况（见图5-4）。

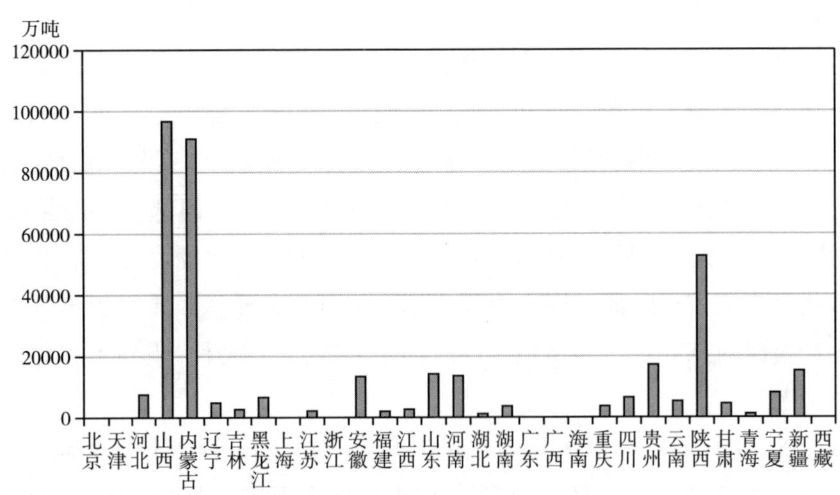

图5-4 2015年各省份煤炭生产情况

资料来源：根据《中国能源统计年鉴2016》整理。

从图5-4看，我国各省份煤炭生产情况并不均衡。2015年山西、内蒙古和陕西 3 个省份的原煤产量远远高于其他省份，其中山西产量最高，达到约 96680 万吨，内蒙古次之，产量约为 90957 万吨，陕西位居第三产量约为 52576 万吨，贵州、新疆、山东、河南、安徽依次位列其后，产量在 13000 万—18000 万吨之间，其他省份原煤产量均较低，其中有 6 个省份原煤产量为 0，分别是天津、上海、浙江、广东、海南、西藏。

再看 2011—2015 年各省份累计原煤生产量情况（见图 5－5）。

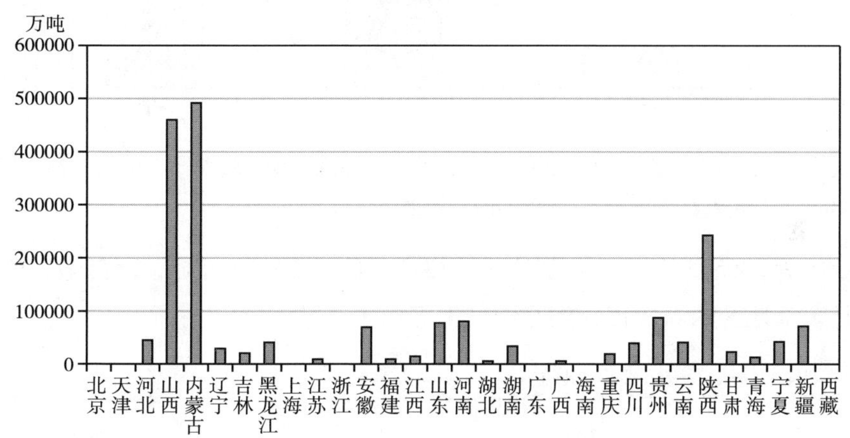

图 5－5　2011—2015 年各省份累计煤炭生产情况

资料来源：根据《中国能源统计年鉴 2016》整理。

从图 5－5 看，2011—2015 年各省份累计原煤生产量分布情况并不均衡，内蒙古、山西、陕西三省（区）原煤产量遥遥领先其他省份，其中内蒙古 5 年累计产量约为 491555 万吨位居第一，山西和陕西 5 年累计产量分别为 460201 万吨和 243028 万吨，产量位居第四至第八的省份依次为贵州、河南、山东、新疆、安徽，5 年累计产量为 0 的省份有 5 个，分别是天津、上海、广东、海南、西藏。比较图5－4和图 5－5，发现单独年份数据和 5 年累计年份数据各省份原油产量分布情况表现出了较高的一致性，尽管有些省份在图 5－5 和图 5－6 中的排名发生了变化，如河南省、山东省，但是变动较小，不影响原煤产量整体分布情况。在下文按从经济角度划分的东、中、西部地区分析原油产量分布情况时只考察 2015 年份数据。

最后看 2015 年东、中、西部地区原煤生产情况。

从图 5－6 看，我国西部地区原煤产量最高，其次是中部地区，东部地区原煤产量最低，其中西部地区 2015 年原煤产量约为 204730 万吨，中部地区原

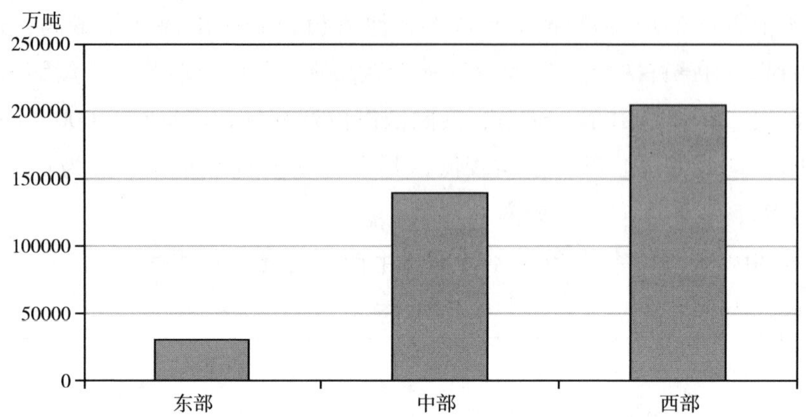

图5－6　2015年东、中、西部煤炭生产情况

资料来源：根据《中国能源统计年鉴2016》整理。

煤产量约为139555万吨，东部地区原煤产量约为30370万吨，西部地区原煤产量约是东部地区的6.7倍，约是中部地区的1.5倍。

5.1.4　天然气生产的区域差异状况

看天然气产量的区域差异状况。首先看2015年各省份的天然气生产量情况，如图5－7所示。

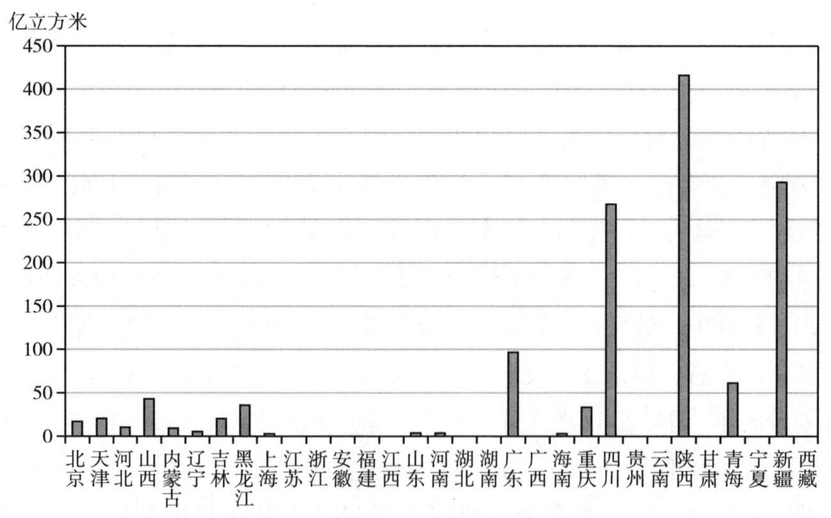

图5－7　2015年各省份天然气生产情况

资料来源：根据《中国能源统计年鉴2016》整理。

从图 5－7 看，我国各省份天然气生产情况极不均衡。2015 年产量超过 50 亿立方米的仅有 5 个，其中陕西省产量最高，达到约 416 亿立方米，天然气产量在 250 亿—300 亿立方米之间有 2 个，分别为新疆和四川，新疆产量约为 293 亿立方米，位居全国第二，四川产量为 267 亿立方米，位居第三，其次为广东和青海，均超过了 50 亿立方米。天然气产量为 0 的省份有 7 个，分别为浙江、安徽、福建、湖南、云南、宁夏、西藏。

再看 2011—2015 年各省份累计天然气产量情况，如图 5－8 所示。

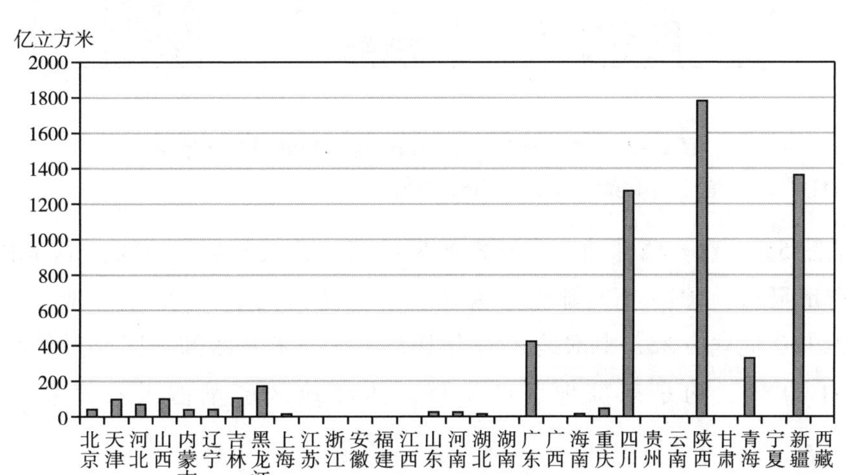

图 5－8　各省份 2011—2015 年累计天然气生产情况

资料来源：根据《中国能源统计年鉴 2016》整理。

从图 5－8 看，2011—2015 年累计天然气产量各省份极不均衡，超过 200 亿立方米产量的有 5 个，按产量由高到低依次为陕西、新疆、四川、广东、青海，其中陕西产量最高约为 1781 亿立方米，约是青海产量的 5.4 倍。累计产量为 0 的省份有 5 个，分别为浙江、福建、安徽、湖南、西藏，与单独考察 2014 年份的数据比产量为 0 的省份少了宁夏，这是因为 2011 年和 2012 年宁夏产量均约为 3 亿立方米，而 2013 年、2014 年、2015 年年度产量均为 0。比较图 5－7和图 5－8，发现单独年份数据和 5 年累计年份数据各省份天然气产量分布情况表现出了高度的一致性，说明每年各省份的天然气产量相对生产情况几乎不变。因此在下文按从经济角度划分的东、中、西部地区分析天然气产量分布情况时只考察 2015 年份数据。

最后看 2015 年东、中、西部地区天然气产量情况，如图 5－9 所示。

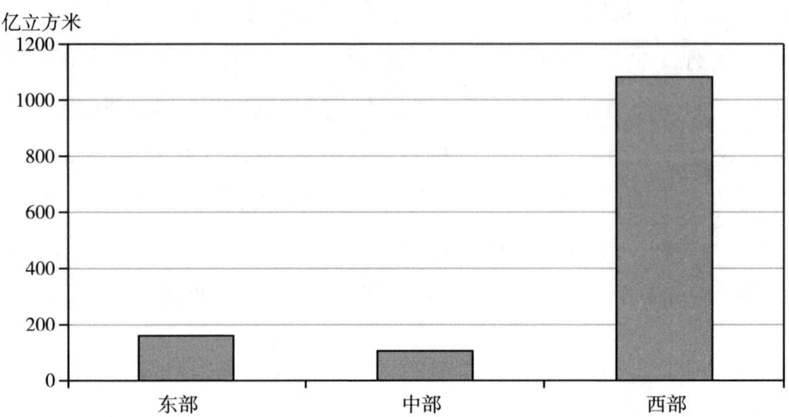

图5－9　2015年东、中、西部地区天然气生产情况

资料来源：根据《中国能源统计年鉴2016》整理。

从图5－9看，西部地区天然气产量最高，其次为东部地区，中部地区天然气产量最低。2015年西部地区天然气产量达到约1081亿立方米，东部地区约为160亿立方米，中部地区约为105亿立方米，西部地区产量约是中部地区的10倍，约是东部地区的7倍，西部地区产量占天然气总产量的约80%。

5.1.5　清洁能源生产的区域差异状况

清洁能源是指对环境友好的能源，在使用过程中不排放污染物，包括核能和可再生能源，可再生能源包括水力发电、风能、太阳能、生物能等。本节根据我国对清洁能源的大规模开发利用时间及数据的可获得性上将清洁能源分为了水电和非水电清洁能源两类分别加以分析区域差异状况。首先看水电生产的区域差异情况。

（1）水电生产的区域差异状况。

根据《中国能源统计年鉴2016》数据，首先看2015年我国水电各省份发电情况，如图5－10所示。

从图5－10看，我国各省份水力发电情况极不均衡。2014年水力发电超过500亿千瓦时的省份仅有6个，其中四川省水力发电量最大，约为2668亿千瓦时，云南省水力发电量约为2178亿千瓦时，位居第二，湖北省发电量约为1328亿千瓦时，位列第三，随后按发电量由高到低依次为贵州、广西和湖南，

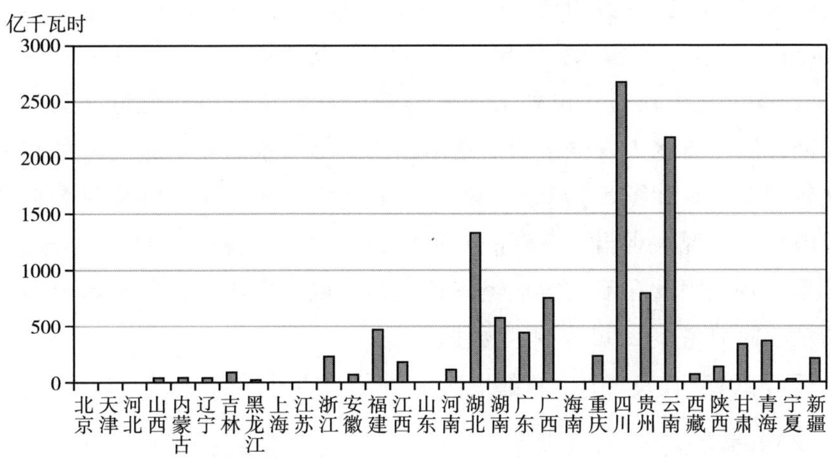

图 5－10　2015 年各省份水力发电情况

资料来源：根据《中国能源统计年鉴 2016》整理。

四川省水力发电量约是湖南的 4.7 倍。水力发电量不足 10 亿千瓦时的有 5 个省份，按发电量由高到低依次为河北、北京、山东、天津、上海，其中上海水力发电量为 0。

再看 2011—2015 年我国各省份累计水力发电量情况，如图 5－11 所示。

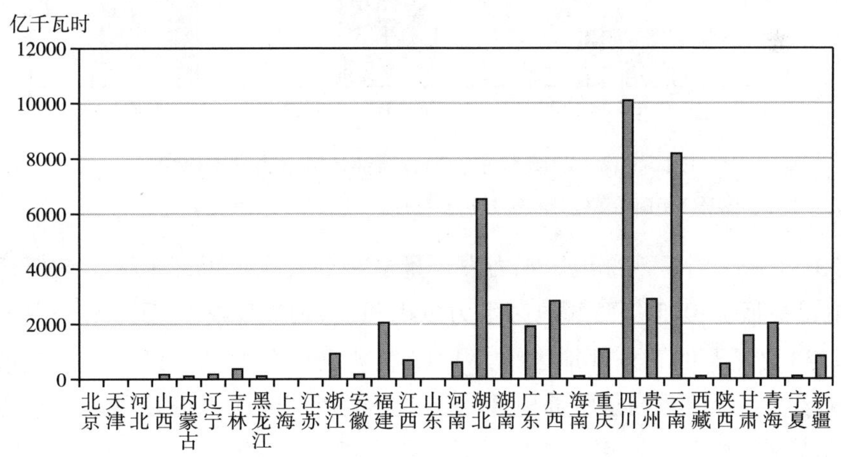

图 5－11　2011—2015 年各省份累计水力发电情况

资料来源：根据《中国能源统计年鉴 2016》整理。

从图 5－11 看，2011—2015 年我国各省份累计水力发电情况极不均衡。水力发电超过2000亿千瓦时的省份仅有6个，其中四川省水力发电量最大，约为10086亿千瓦时，云南省水力发电量约为8167亿千瓦时，位居第二，湖北省发电量约为6521亿千瓦时，位列第三，随后按发电量由高到低依次为贵州、广西和湖南，四川省水力发电量约是湖南的3.8倍。水力发电量为0的仅有上海市。比较图5－10和图5－11，发现单独年份数据和5年累计年份数据各省份水力发电分布情况表现出了高度的一致性，说明每年各省份的水力发电量相对情况几乎不变。因此在下文按从经济角度划分的东、中、西部地区分析水力发电分布情况时只考察2015年年度数据。

最后看2015年东、中、西部地区水力发电情况，如图5－12所示。

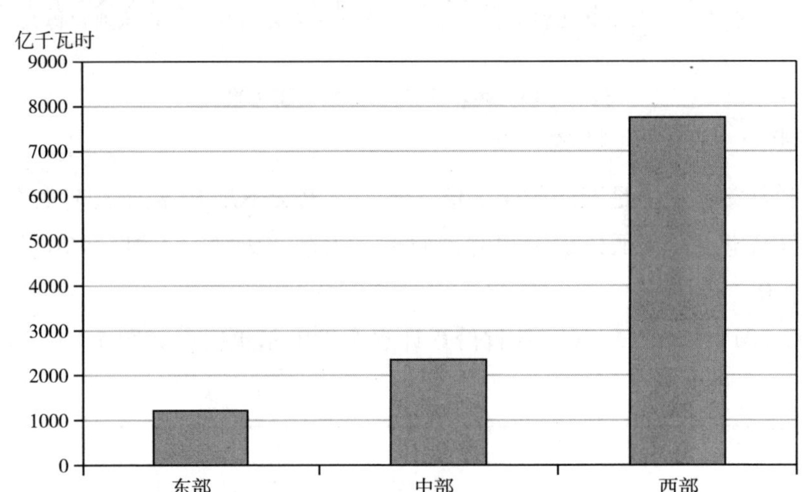

图5－12　2015年东、中、西部地区水力发电情况

资料来源：根据《中国能源统计年鉴2016》整理。

从图5－12看，西部地区水力发电量最高，其次为中部地区，东部地区水力发电量最低。2015年西部地区水力发电量达到约7749亿千瓦时，中部地区约为2343亿千瓦时，东部地区约为1212亿千瓦时，西部地区水力发电量约是东部地区的6.4倍，约是中部地区的3.3倍，西部地区水力发电量占水力发电总量的约69%。

（2）非水电清洁能源生产的区域差异状况。

《中国能源统计年鉴》中对分地区的水力发电、火力发电总量数据进行了统计，由于我国的发电类型主要由火电、水电、风电、核电，根据北极星火力发电网讯，2016年我国全部类型发电中，火电、水电、风电、核电占比分别为

74.4%、17.8%、4.1%、3.6%。[①] 因此本节用发电总量数据减去火力、水力发电数据作为非水电清洁能源发电数据。

首先看 2015 年我国各省份非水电清洁能源发电情况，如图 5－13 所示。

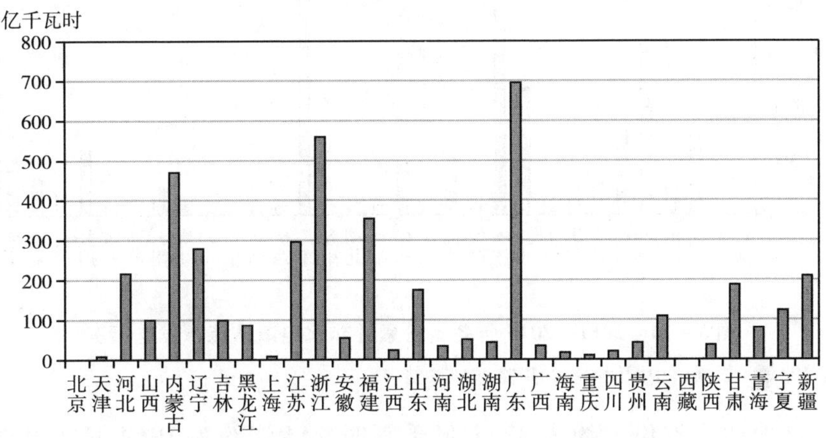

图 5－13　2015 年各省份非水电清洁能源发电情况

资料来源：根据《中国能源统计年鉴 2016》整理。

从图 5－13 看，我国各省份非水电清洁能源发电情况分布并不均衡。2015 年非水电清洁能源发电超过 400 亿千瓦时的省份仅有 3 个，其中广东省发电量最大，约为 695 亿千瓦时，浙江发电量约为 560 亿千瓦时，位居第二，内蒙古发电量约为 471 亿千瓦时，位列第三，发电量在 100 亿—400 亿千瓦时之间的省份有 8 个，按发电量由高到低依次为福建、江苏、辽宁、河北、新疆、甘肃、山东、云南。非水电清洁能源发电量小于 10 亿千瓦时的省份有 5 个，按发电量由高到低依次为海南、天津、上海、西藏、北京，其中北京非水电清洁能源发电量仅有 3.23 亿千瓦时。

再看 2011—2015 年各省份累计非水电清洁能源发电量情况，如图 5－14 所示。

从图 5－14 看，各省份 2011—2015 年非水电清洁能源累计发电情况分布不均衡，5 年累计非水电清洁能源发电量超过 1500 亿千瓦时的只有 3 个省份，按发电量由高到低依次为广东、浙江和内蒙古，其中广东省发电量

① 2017 年中国各发电类型发电量、占比及同比增速分析，http：//news.bjx.com.cn/html/20170616/831634.shtml。

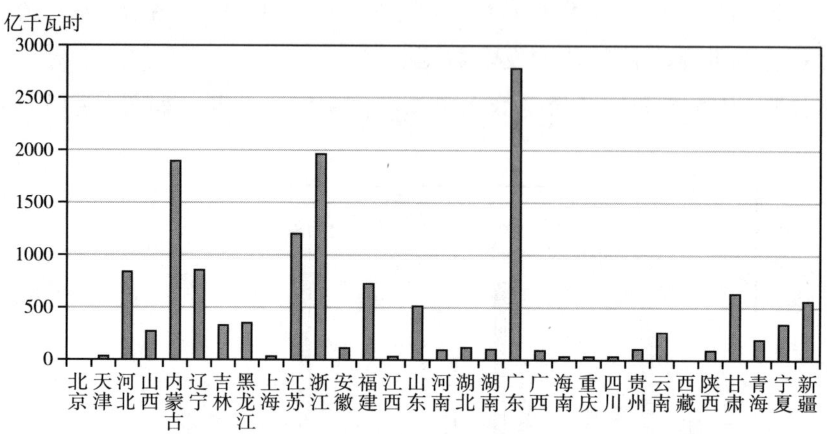

图5－14　2011—2015年各省份累计非水电清洁能源发电情况

资料来源：根据《中国能源统计年鉴2016》整理。

远高于其他两个省份，约为2781亿千瓦时，浙江约为1964亿千瓦时，内蒙古发电量约为1895亿千瓦时，位居第四的是江苏省，发电量约为1203亿千瓦时，发电量最少的是西藏，5年累计发电量仅约14亿千瓦时。比较图5－13和图5－14，我们发现单独年份数据和5年累计年份数据各省份非水电清洁能源发电量分布情况表现出了高度的一致性，说明每年各省份的非水电清洁能源发电量相对生产情况几乎不变。因此非水电清洁能源发电量省份分布情况的单独年份数据与非水电清洁能源发电量省份分布情况的5年累计数据都可以考察短期内过去非水电清洁能源发电量分布情况，也可据此预判短期内未来非水电清洁能源发电量的省份分布情况。因此在下文按从经济角度划分的东、中、西部地区分析水力发电分布情况时只考察了2015年份数据。

最后看东、中、西部地区非水电清洁能源发电情况，如图5－15所示。

从图5－15看，非水电清洁能源发电量东部最高，西部次之，中部最少，其中东部地区发电量约为2609亿千瓦时，西部地区发电量约为1327亿千瓦时，中部地区发电量约为489亿千瓦时，东部地区发电量约是中部地区的5.3倍，约是西部地区的2倍，东部地区非水电清洁能源发电量约占非水电清洁能源总发电量的59%。

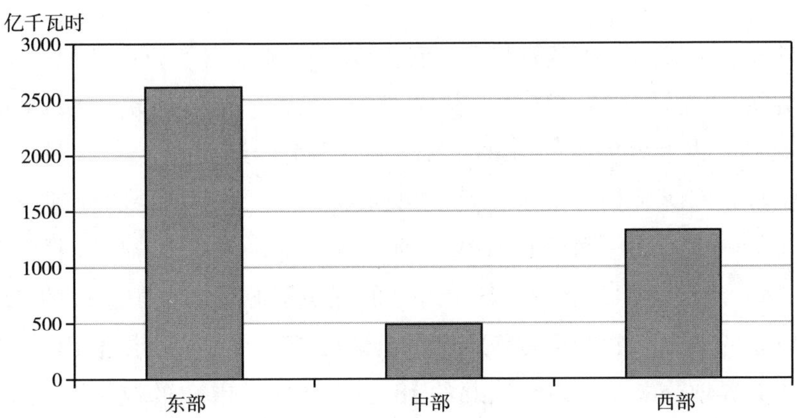

图 5－15　2015 年东、中、西部地区非水电清洁能源发电情况

资料来源：根据《中国能源统计年鉴 2016》整理。

5.2　我国能源生产影响因素分析

能源生产过程是人类对大自然改造利用的过程，能源生产随着人类文明的推进而发展。影响能源生产的因素有很多，但是按照能源生产发展的时间轴看，影响能源生产的关键因素有三个：资源禀赋、技术进步和能源政策。资源禀赋是能源生产的物质基础，是能源勘探、开采的“标的物”，是能源生产的第一个环节，技术进步使得能源生产大规模发展，是解决化石能源可耗竭性与人类需求无限性的最重要的手段，能源政策是应对能源生产深入地大规模发展起来后给社会带来的挑战的重要的手段。虽然，上述三个因素在能源生产的发展史上出现的时间和重要性不同，但是能源生产发展至今，三个因素已经互相交织共同决定着能源生产的未来。

5.2.1　资源禀赋

资源禀赋是能源生产的源头和物质基础，在很大程度上决定了能源生产和供给结构。根据我国矿产资源储量探明情况，我国是“富煤、贫油、少气”，这种资源禀赋结构直接导致了长期以来我国能源生产中煤炭“一枝独大”的生产格局，改革开放以来煤炭在生产结构中绝大部分年份都占到了 70% 以上。近年来我国风能、太阳能等新能源发展迅速，与我国丰富的新能源资源状况密不可分。

首先看我国矿产资源禀赋状况。我国煤炭资源丰富、分布面积广泛。根据《BP世界能源统计年鉴2017》，截至2016年底，我国煤炭探明储量[①]约为2440.1亿吨，占世界煤炭总储量的21.4%，是世界最大的煤炭储量国家。我国煤炭储量分布广泛又相对集中，呈现出西多东少、北多南少的地理分布特征。在大兴安岭—太行山—雪峰山一线以西的晋、陕、内蒙古、宁、甘、青、新、川、渝、黔、滇、藏12个省（区、市）的煤炭资源量占全国总量的82.6%[②]；而该线以东的20个省（区、市）仅占全国的17.4%[③]。以昆仑山—秦岭—大别山一线为界划分南北，该线以北的18个省（区、市）的煤炭资源量与该线以南的煤炭资源量比例约为8.6：1。[④] 而从我国煤炭消费格局看，大兴安岭—太行山—雪峰山一线以西的12个省（区、市）煤炭消费仅占全国消费量的38.1%[⑤]，昆仑山—秦岭—大别山以北的18个省能源消费量占全国煤炭总消费量的73.7%[⑥]，煤炭资源与煤炭消费的逆向不均衡分布使得长期以来我国煤炭都需要北煤南运、西煤东调。我国石油探明储量较少，占世界比重较低，在全国分布相对集中。根据《BP世界能源统计年鉴2017》，截至2016年年底，我国石油探明储量约为35亿吨，仅占世界石油探明储量的1.5%。根据《中国环境统计年鉴2016》，2015年年底我国石油基础储量为349610万吨，其中海域石油储量为60533万吨，占石油探明总储量的17.3%，陆上石油储量分布相对集中。从省份看，新疆、黑龙江、陕西、山东、河北、甘肃石油储量丰富，这6个省份石油储量约占陆上石油储量的77.6%[⑦]，从东、中、西部三大经济带看，西部地区石油储量最高，约占陆上石油储量的50%[⑧]，东部地区次之，中部地区石油储量最低。我国天然气储量并不丰富，分布相对集中。根据《BP世界能源统计年鉴2017》，截至2016年底，我国天然气探明储量约为5.4万亿立方米，占世界天然气探明储量的2.9%。根据《中国环境统计年鉴2016》，2015年年底我国天然气基础储量为51939.5亿立方米，其中海域天然气基础储量为

① 2017年《BP世界能源统计年鉴》对探明储量的释义为：通过地质与工程信息以合理的确定性表明，在现有的经济与作业条件下，将来可从已知储层采出的煤炭量。

②③⑤⑥ 根据《中国环境统计年鉴2016》计算得出，仅为2015年数据。

④ 18个省（区、市）分别为京、津、冀、辽、吉、黑、鲁、苏、皖、沪、豫、晋、陕、内蒙古、宁、甘、青、新，数据是笔者根据《中国环境统计年鉴2016》计算得出。

⑦⑧ 根据《中国环境统计年鉴2016》计算得出。

5103 亿立方米，占天然气探明总储量的 9.8%，陆上天然气储量分布相对集中。从省份看，四川、新疆、内蒙古、陕西、重庆、青海、黑龙江天然气储量较为丰富，这 7 个省份天然气探明储量约占陆上天然气探明储量的 93.8%，从东、中、西部三大经济带看，天然气探明储量更为集中，主要分布在西部地区，西部地区 12 个省、市、自治区天然气储量约占陆上天然气储量的 92.2%，中部地区约占 5.4%，东部地区仅占 2.4%。

再看我国新能源资源禀赋状况，虽然近年来我国新能源的发展势头迅猛，但主要还集中在风能和太阳能方面，已形成了一定的规模，因此，在此着重阐述风能和太阳能的资源禀赋状况。2014 年底，中国气象局风能太阳能资源中心公布了《全国风能资源评估成果（2014）》，评估结果显示：我国陆地 70 米高度风功率达到 150 瓦/平方米以上的风能资源技术可开发量为 102 亿千瓦，风功率密度达到 200 瓦/平方米以上的风能资源技术可开发量为 50 亿千瓦；80 米高度风功率密度达到 150 瓦/平方米以上的风能资源技术可开发量为 72 亿千瓦，风功率密度达到 200 瓦/平方米以上的风能资源技术可开发量为 75 亿千瓦。主要分布在东北、华北、西北地区，这“三北”地区风能资源量占到全国 90% 以上。海上风电资源主要分布在东南沿海，在近海 100 米高度内，水深 5—25 米范围内的风电技术可开发量达到约 1.9 亿千瓦，水深 25—50 米范围内的风电技术可开发量约为 3.2 亿千瓦。我国太阳能资源丰富，总体呈现“高原大于平原、西部干燥区大于东部湿润区”的特点，其中，青藏高原资源最为丰富，年总辐射量超过 1800 千瓦时/平方米，部分地区甚至超过 2000 千瓦时/平方米。根据太阳总辐射量进行区划，可分为最丰富区（A）、很丰富区（B）、较丰富区（C）、一般区（D）四个等级，我国青藏高原及内蒙古西部是“最丰富区”，面积占全国陆地面积的 19.7%；以内蒙古高原至川西南一线为界，其以西、以北的广大地区是资源“很丰富区”，占全国陆地面积的 46.2%；东部的大部分地区属于“较丰富区”，占全国陆地面积的 30.4%；四川盆地属于“一般区”，占全国陆地面积的 3.7%。

5.2.2　技术进步

能源行业既是资本密集型也是技术密集型，技术进步对能源生产有着重要的影响。能源技术进步使能源开采能力增强，开采成本下降，能源生产和利用效率提高。在资源有限的情况下，能源技术进步能够有效地增加能源供给，缓解能源供需矛盾。Bretschger（2005）研究了技术进步对克服能源不足的有效性，认为技术进步能很大程度上缓解能源供给不足的问题。胡见义，郭彬程（2011）认为技术进步加快了新能源对化石能源的替代，是能源供给由高碳走向低碳的有效途径。能源技术进步对能源供给的影响主要体现在“开源”上，即增加能源生产能力。增加能源生产能力的途径有两种：一是技术进步作用于能源生产产业链环节，提高能源的勘探、开采、运输、利用等效率，增加能源生产能力；二是通过技术进步开发新的能源品种，效率更高的新品种替代老品种，例如随着煤炭技术的进步，人类从薪柴时代进入煤炭时代；或者新品种的发现和利用对老品种形成有效的补充，优化能源供给结构，例如随着石油、天然气、新能源等技术的进步，原有的单一的煤炭供给格局转变成了煤炭、石油、天然气、新能源共同供给格局。对于第一种途径技术进步对能源生产能力提高的重要作用，国内外不少事实都已充分证明。例如国内煤炭技术的进步对我国煤炭生产的影响就是巨大的，伴随着煤炭技术的进步，我国煤炭开采完成了从人力、畜力落煤—炮采工艺—综采综掘—综合机械化开采—智能化开采的转变，大大提高了我国的煤炭生产能力。我国煤炭生产量从新中国成立初期的 3432 万吨增长到当下约 40 亿吨的产量。同时，煤炭生产的行业格局也得到了优化调整。20 世纪 80 年代，我国大小煤矿数量多达 8 万多处，且以小煤矿为主，1980 年煤炭产量却仅有 4.4 亿吨标准煤，随着技术的进步，煤炭生产的行业格局逐步优化，煤矿数量不断减少，主要是小煤矿数量的减少，大型煤矿数量比重不断上升，煤炭产量快速增长，2000 年我国煤矿数量降到了 8 万多处，煤炭产量增长到近 10 亿吨标准煤。近年来在技术进步和去产能政策的双重推动下，煤炭产业进一步升级，大型现代化煤矿数量不断增加，小型煤矿进一步减少，至 2015 年全国煤矿数量减少到 1.08 万处，大型煤矿数量占到 9.7%，而产量却占煤炭总产量的 68%。根据发改委数据显示，2016 年我国煤炭行业进一步调整，一年时间煤矿数量下降 2000 多处，至 2017 年全国煤矿数量约为 8000 处，其中大型现代化煤炭已成为主体，产量约占总产量的 80%。[①] 国外看，美国的页岩气革命和页岩油革命都是在技术的推动下成功的实施，大大地增加了能源生产能力。1973 年美国的常规天然气产量达到顶峰，迫使美国将油

① 濮洪九老先生，说出了中国煤炭行业的真相，太精彩了！http：//www.sohu.com/a/190445686_99921104。

气勘探的方向由陆地转向海域，经过几十年的非常规天然气的开采实验，技术不断进步和突破，2006 年以来美国天然气产量大幅度提高，2009 年美国超越俄罗斯成为全球最大的天然气生产国。同样，随着页岩油技术的不断进步和推进，美国原油产量大幅度提高，2015 年年底美国解除了原油出口禁令，成功地从石油净进口国转变为石油净出口国，且石油出口量在不断增长。第二种途径技术进步对能源生产的影响是巨大的，是颠覆性的，这种技术进步往往伴随着能源时代的更替。能源发展史上，煤炭勘探、开采、利用技术的进步使人类从能源薪柴时代进入能源煤炭时代，煤炭的使用大大促进了社会生产力的发展，伴随着石油勘探、开采、利用技术的进步，人类从煤炭时代逐渐进入到石油时代，能源生产格局开始由石油主导。到今天，在面对化石能源枯竭及碳排放的双重约束下，人类开始通过技术寻求太阳能、风能、生物质能等可再生能源、清洁能源的使用，随着可再生能源技术的快速发展，可再生能源的供给能力也大大提高。

5.2.3 能源政策

能源政策是国家政策体系的重要组成部分，是围绕能源问题制定的一系列方针和策略，对能源生产有着重要的影响，一国的能源政策在很大程度上是一国能源发展的“指挥棒”，影响着能源未来的发展方向。从时间轴看，新中国成立以来我国能源政策的演变可以归纳为三个时期，每一个时期的能源政策都对我国的能源生产产生了很大的影响。

第一时期是新中国成立初期至 20 世纪 80 年代，这个时期我国能源政策秉承“自力更生、自给自足”，在这一方针指导下，我国能源开发迅速发展起来，能源生产量得到了极大的提高，1950 年，我国能源生产总量仅有 0.3 亿吨标准煤，其中煤炭产量占了 96.7%，原油仅占 0.9%，到了 1980 年，我国能源生产量增长至 6.4 亿吨标准煤，煤炭产量占 69.4%，原油占 23.8%。[①] 第二时期是 1981—2005 年，我国实行多元互补的能源发展战略，能源政策围绕着经济建设制定，促进能源生产布局向能源丰富的大省倾斜，在山西、内蒙古、新疆等地建设了一大批能源生产基地。为了促进能源健康发展，20 世纪 90 年代，我国还加强了能源发展建设，出台了多条相关的法律法规。在这一时期我国形成了

① 王衍行，汪海波，樊柳言．中国能源政策的演变及趋势［J］．理论学刊，2012（9）：70—73.

煤炭为主，石油、天然气、电力互为补充的能源生产结构。第三时期是2006年之后，我国开始注重能源节约和能源效率，在这一方针战略指导下，出台了多项法律、法规，大大促进了我国可再生能源的发展。

另外，宏观政策中与能源相关的政策对能源生产也会产生较大的影响。如2015年底我国提出供给侧结构性改革，其重要任务之一就是“去产能”，受该政策的影响，2016年我国一次能源产量下降至34.6亿吨标准煤，同比下降4.2%，2016年我国原煤产量从2015年的37.5亿吨下降至34.1亿吨，同比下降9.0%。

5.3 我国能源消费现状

改革开放以来，我国经济取得了举世瞩目的成就，同时也伴随着能源消费的快速增长。根据《中国统计年鉴》数据，1978年我国一次能源消费总量约为5.71亿吨标准煤，到2016年这一数据达到了43.6亿吨标准煤，年均增长率达到5.35%。本节从两个方面阐述我国能源消费现状：一是我国能源消费结构的现状，二是我国能源消费的区域差异状况。

5.3.1 我国能源消费结构状况

首先看1978—2016年我国一次能源消费结构，根据《中国统计年鉴2017》得到表5-2。

表5-2　1978—2016年我国一次能源消费结构　单位:%

年份	煤炭	石油	天然气	清洁能源
1978	70.7	22.7	3.2	3.4
1980	72.2	20.7	3.1	4.0
1985	75.8	17.1	2.2	4.9
1990	76.2	16.6	2.1	5.1
1991	76.1	17.1	2.0	4.8
1992	75.7	17.5	1.9	4.9
1993	74.7	18.2	1.9	5.2
1994	75.0	17.4	1.9	5.7
1995	74.6	17.5	1.8	6.1

续表

年份	煤炭	石油	天然气	清洁能源
1996	73.5	18.7	1.8	6.0
1997	71.4	20.4	1.8	6.4
1998	70.9	20.8	1.8	6.5
1999	70.6	21.5	2.0	5.9
2000	68.5	22.0	2.2	7.3
2001	68.0	21.2	2.4	8.4
2002	68.5	21.0	2.3	8.2
2003	70.2	20.1	2.3	7.4
2004	70.2	19.9	2.3	7.6
2005	72.4	17.8	2.4	7.4
2006	72.4	17.5	2.7	7.4
2007	72.5	17.0	3.0	7.5
2008	71.5	16.7	3.4	8.4
2009	71.6	16.4	3.5	8.5
2010	69.2	17.4	4.0	9.4
2011	70.2	16.8	4.6	8.4
2012	68.5	17.0	4.8	9.7
2013	67.4	17.1	5.3	10.2
2014	65.6	17.4	5.7	11.3
2015	64.0	18.1	5.9	12.0
2016	62.0	18.3	6.4	13.3

资料来源：《中国统计年鉴 2017》。

从表 5－2 看，改革开放以来我国一次能源的消费格局一直都是煤炭“一支独大”，石油远远落后于煤炭却又稳居第二，天然气和清洁能源规模较小。从各能源的发展趋势看，煤炭消费占比呈现下降趋势，石油消费占比呈现区间震荡趋势，天然气消费占比呈现先下降后上升的趋势，清洁能源消费占比呈现震荡上升趋势。

从煤炭消费的发展历程看，大部分年份，我国煤炭消费占比保持在 70%以上，近 5 年才稳定在 70%以下。改革开放以来，我国煤炭消费占比经历了上升—下降—上升—下降的反复震荡下降过程，这表明我国对煤炭消费的高度依赖性。1978—1990 年煤炭消费占比上升，从 1978 年的 70.7%升至 1990

年的76.2%，达到历史峰值；之后1991—2001年开始下降，从1991年的76.1%降至2001年的68%，中间个别年份出现反复；2002—2016年是先上升后下降，从2002年的68.5%上升至2007年72.5%，随后降至2016年的62%。

从石油消费的发展历程看，改革开放以来我国石油消费占比经历的是一个区间小幅震荡的过程，从历年消费占比的平均数看，我国石油消费占比围绕着18%上下变动。1978—1990年我国石油消费占比从22.7%降至16.6%；1991—2000年呈现震荡上升的趋势，从1991年的17.2%增至2000年的22.0%；2001—2009年呈现下降趋势，从2001年的21.2%降至2009年的16.4%；2011—2016年呈现逐年上升趋势，从2011年的16.8%上升至2016年的18.3%。

从天然气的发展历程看，改革开放以来我国天然气消费占比经历了先下降后上升的过程，上升阶段增速缓慢。1978—1998年我国天然气消费占比先下降后平稳，1978年我国天然气消费占比为3.2%，到了1991年这一数据降至2.0%，1992—1994年的3年稳定在1.9%，1995—1998年的4年稳定在1.8%；1999—2004年出现反复震荡，先是从1999年的2.0%上升至2001年的2.4%，2002—2004年稳定在2.3%。2005—2016年天然气消费占比逐年缓慢增长，从2005年的2.4%增长2016年的6.4%。

从清洁能源的发展历程看，改革开放以来我国清洁能源消费占比有了明显的提高，但是期间也经历了反复震荡。1978—1990年我国清洁能源消费占比从3.4%上升至5.1%，1991—1995年呈现震荡上升，从4.8%增至6.1%，1996—2000年呈现震荡上升，从6.0%上升至7.3%，2001—2005年呈现震荡下降，从8.4%降至7.4%，2006—2010年呈现震荡上升，从7.4%升至9.4%，2011—2016年呈现逐年增长，从8.4%增至13.3%。

我国当前经济发展处于“新常态”阶段，经济增速逐渐由高速增长向中高速转换，经济结构也不断优化，第三产业增加值占比不断增大，目前已经超过第二产业增加值占比，但是在我国庞大的经济体量基础下，加上第二产业能源消费强度较大，未来我国能源消费依然会不断增加。考虑到我国资源禀赋及技术条件，未来短期内我国一次能源消费结构的格局不会有大的变化，但是会不断优化。

5.3.2　我国能源消费的区域差异状况

我国幅员辽阔、地大物博，960 万平方千米的陆地面积，东西距离约 5200 千米，跨经度 60 多度，跨 5 个时区，南北距离约 5500 千米，跨越纬度 60 多度。如此广袤的领土上，不同地域由于自然条件、资源禀赋、经济发展水平等因素必然导致能源消费需求各异。本节从省份及三大经济带两个角度分析我国能源消费的差异状况。

首先看从行政角度划分的各省份的能源消费量。文中数据均来自《中国能源统计年鉴》，由于成文之时，只出版到《中国能源统计年鉴 2016》，收集的是 2015 年的数据，故本节采用了对 2015 年的数据作分析，为了说明历年各省份能源消费情况是否存在差异，本书又选取了 2011—2015 年 5 年累计能源消费量。由于《中国能源统计年鉴》分地区数据中没有统计西藏自治区和港、澳、台的能源消费情况，故本书只取了下列 30 个省（区、市）的能源消费数据，如图5 –16所示。

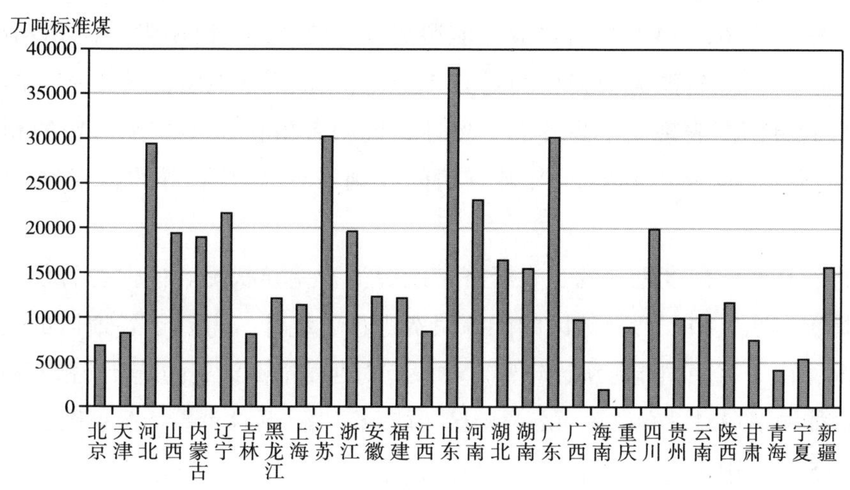

图 5 –16　2015 年各省份能源消费量

资料来源：《中国能源统计年鉴 2016》。

从图 5 –16 看，我国各省份能源消费差异较大，2015 年能源消费最大的省份是山东省，能源消费量达到 37945 万吨标准煤，江苏、广东、河北能源消费量都较大，均接近 3 亿吨标准煤。海南能源消费量最小，仅有 1938 万吨标准煤，山东省能源消费约是海南省的 20 倍。

再看30个省（区、市）2011—2015年5年累计能源消费情况（图5－17）。

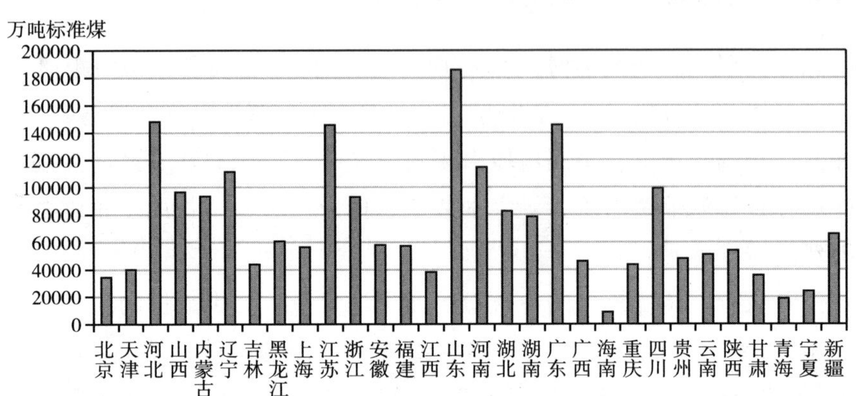

图5－17　2011—2015年各省份累计能源消费量

资料来源：2013—2016年《中国能源统计年鉴》。

从图5－17看，5年期累计能源消费量最大的省份是山东省，能源消费量达到185845万吨标准煤，年均消费量约为37169万吨标准煤，其次是河北、江苏和广东，均超过14亿吨标准煤。能源消费量最少的是海南省，仅有8767万吨标准煤，山东省能源消费量约是其21余倍。从图5－16、图5－17的比较与分析看，两图表现出了高度的一致性，说明各省份每年能源消费的相对状况变化不大，据此可判断，未来短期内我国省份能源消费的格局变化不会太大。

再看从经济角度划分的三大经济带能源消费差异状况。根据各省份的能源消费情况对东、中、西部地区的能源消费进行了统计，得到了各地区的能源消费情况，由于《中国能源统计年鉴》中没有对西藏能源消费的统计，故在统计西部地区能源消费时没有核算西藏自治区的能源消费。具体消费情况见图5－18。

图5－18中进行了两种类型的统计，黑色柱状图表示仅对2015年的能源消费数据进行统计，灰色柱状图表示对2011—2015年5年的累计能源消费数据进行统计，进行两种数据的统计是为了说明各地区每年能源的消费情况是否存在较大差异。从图5－18看，灰色柱状图与黑色柱状图表现出了较强的一致性，均是东部地区能源消费遥遥领先，中部和西部能源消费基本相当且远少于东部地区的能源消费。2015年我国东部地区能源消费量达到209615万吨标准煤，中部地区消费能源115485万吨标准煤，西部地区消费能源122244万吨标准煤。

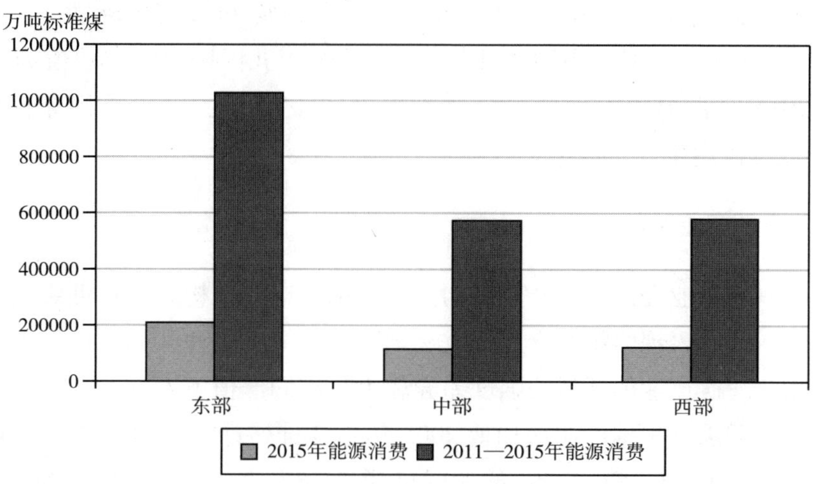

图 5－18　我国东、中、西部地方能源消费情况

从累计数据看，东部地区 5 年累计消费能源 1027173 万吨标准煤，中部地区 5 年累计消费能源 573529 万吨标准煤，西部地区累计消费能源 579571 万吨标准煤。总体上看中、西部地区能源消费大致相当，东部地区能源消费约是中、西部地区能源消费的 1.8 倍。

5.4　我国能源消费需求影响因素分析

国家经济的发展离不开能源，能源不仅是各行各业的源动力，也是很多行业的原材料，影响能源消费需求的因素多种多样，本节主要从以下几个方面阐述能源消费需求的影响因素。

5.4.1　经济增长

我国是世界上最大的发展中国家，经济发展与能源消费具有正向关系。能源的消费并非是能源直接投入到生产中去，大部分是要将能源转化为光、电、热等被使用，还有一部分是作为生产原料被投入使用。经济发展使得国家物质繁荣，居民收入水平及生活水平提高，更多的物质产出需要更多的源动力以及生产要素，居民收入的提高会增加对物质的需求以及对生活质量的要求，必然伴随着能源消费的增加。根据《中国能源统计年鉴》，1980 年我国能源消费总量为5.86亿吨标准煤，2016年我国能源消费量达到43.6亿吨标准煤，年均增长率约为5.6%。根据《中国统计年鉴》，1978年我国国内生产总值为3678.7亿元，2015年我国国内生产总值为685505.8亿元，去掉价格因素，1979—2015年我国国内生产总值年均增速为9.7%。

5.4.2 产业结构

根据现代产业经济学的产业结构演进理论，产业结构具有从低级向高级变化的趋势，通常表现为第一产业比重逐渐减少，第二产业和第三产业比重依次增加。由于三次产业能源消费强度差异较大，相同产值下不同的产业结构必然会影响能源需求。根据产业增加值2005年不变价格计算，2014年我国第一产业能源强度为0.18，第二产业能源强度为1.46，第三产业能源强度为0.29，2005—2014年我国第一产业能源强度平均值为0.22，我国第二产业能源强度平均值为1.67，我国第三产业能源强度平均值为0.34。可见，我国第二产业能源强度远高于第一产业和第二产业能源强度，产业结构的变动势必会影响我国能源消费需求。改革开放以来，我国产业结构确实发生了较大的变动，呈现出第一产业比重逐渐下降，第二产业比重先震荡下降后震荡上升再震荡下降，第三产业比重逐渐上升的趋势，我国第一产业比重从1978年的27.7%升至1982年的32.8%然后降至2016年的8.6%，第二产业比重1978年为47.7%，2016年为39.8%，第一次降至40%以下，第三产业比重从1978年的24.6%上升至2016年的51.6%。从2013年我国第三产业比重开始超过第二产业比重，产业结构的演进有助于我国能源消费需求的降低。

5.4.3 技术进步

能源的发展史也可谓是技术的进步史，随着技术的不断进步，能源的开发和利用方式也不断改变，技术进步是解决能源消费需求与经济发展平衡的重要措施。技术进步影响能源消费需求的路径有两条，一是技术进步从根本上改变能源使用品种，人类史上能源发展经历了薪柴时代—煤炭时代—石油时代，煤炭开采利用技术发展起来后，煤炭逐渐成为主导能源，随着石油开采利用技术发展，石油逐渐替代煤炭成为主导能源，当前全球很多国家正在致力于新能源技术和新能源的发展，未来随着新能源技术的发展、成熟，新能源会逐渐在能源消费中起到重要的作用，能有效缓解甚至解决化石能源的有限性与能源需求的无限性之间的矛盾。二是技术进步可以改变能源品种的利用方式，提高能源使用效率，降低能源强度，从而在其他条件不变的前提下降低能源消费需求。

5.4.4　人口与城市化水平

能源消费包括生产能源消费和生活能源消费，根据中国统计年鉴数据，我国生活能源消费约占能源消费总量的11%，2011—2015 年生活能源消费年均增长率约为 3.3%，2015 年生活能源消费量达到 50099 万吨标准煤。人口规模及城乡人口结构是影响生活能源消费的重要因素。随着经济的发展，生活水平不断提高，人均生活能源消费也随之提高，人口规模越大，生活能源消费需求就越大。其中城镇人口人均生活能源消费要高于乡村人口生活能源消费，根据中国统计年鉴数据，1983 年我国人均生活能源消费为 106.6 千克标准煤/人，2014 年增长到 347 千克标准煤/人。城乡人均生活能源消费差距在逐渐缩小，但是城镇人口人均生活能源消费依然高于乡村人口人均生活能源消费，城镇人均生活能源消费从 1983 年的 283 千克标准煤增长到 2014 年的 364 千克标准煤，乡村人均生活能源消费从 1983 年 59 千克标准煤增长到 2014 年的 325 千克标准煤。我国城镇化进程尚在继续推进中，随着人口城镇化程度的提高，生活能源消费也会继续增长。

5.4.5　能源价格

按照西方经济学的需求理论，在其他条件不变的前提下，商品价格与需求量呈反向变动关系，这一理论同样适用于能源商品。能源是一种特殊的商品，能源价格并非完全市场化，石油、天然气、电力等价格都受到政府的管制，但是能源价格的变动依然会影响能源的消费需求。能源作为国民生活各行各业的上游生产要素，价格的上涨和下降都会通过成本传导到下游产品的价格，从而引起下游商品需求的变动，进而影响能源消费需求。同时，被直接使用的能源比如居民天然气、电力等，其价格的变动也会影响其需求量。

5.4.6　宏观政策

除了经济、技术等因素外，政策也是影响能源消费需求的一个重要因素，宏观政策可以分为两类，一类是能源政策，包括法律条文、发展规划等，能源政策可以直接影响消费需求，比如 1997 年全国人大通过的《中华人民共和国节约能源法》，2016年7月全国人大又对该法进行了修改，自该法实施以来大大地推动了能源技术进步，提高了能源利用效率，对能源消费产生了重要的影响；2004年《能源中长期发展规划纲要（2004—2020）》的出台，《乘用车燃料消耗量限值》政策的实施以及家用电器能源标准的硬约束等都对我国能源节能降耗起到了重要的作用。第二类是非能源政策，这类政策通过影响其他因素间接影响我国能源消费需求，如经济政策促进经济发展带动能源消费，“二孩政策”增加社会人口带动能源消费等。

第6章

未来10年我国能源供给（生产）预测分析

6.1　化石能源生产总量 GM（1，1）模型预测

化石能源包括煤炭、石油和天然气，基于化石能源“富煤、贫油、少气”的资源禀赋，长期以来我国一次能源生产结构中原煤产量高居 70% 以上，2007 年占比一度达到 77.8%，为 1980 年以来的历史高点，而原油产量占比呈现下降的趋势，从 1980 年的 23.8% 降至 2016 年的 8.3%，天然气产量占比一直处于低位缓慢增长，1980 年天然气产量占比为 3%，2016 年涨至 5.1%。本节用 GM(1,1)模型分别预测了煤炭、石油、天然气未来 10 年的生产量。

6.1.1　煤炭生产量 GM(1,1)模型预测

选取 1980—2016 年我国原煤产量数据作为原始数据序列，按照 4.1 节介绍的 GM(1,1)模型，建立灰色预测模型，预测 2017—2028 年我国原煤生产量。首先对数据进行处理：选取原始序列 $X^{(0)}$ 即 1980—2016 年我国原煤产量，对 $X^{(0)}$ 进行一次累加得到序列 $X^{(1)}$，根据（式 4－2）计算得到序列 $Z^{(1)}$，将 $X^{(0)}$，$X^{(1)}$，$Z^{(1)}$ 三个序列列表如表 6－1 所示。

表 6－1　原煤产量 GM(1,1)预测模型 $X^{(0)}$，$X^{(1)}$，$Z^{(1)}$ 序列

单位：万吨标准煤

原始序列 $X^{(0)}$	一次累加序列 $X^{(1)}$	序列 $Z^{(1)}$
44232	44232	
44385	88617	66425
47613	136230	112424
51029	187259	161745
56367	243627	215443
62277	305904	274765
63802	369706	337805
66259	435965	402835
70031	505995	470980
75315	581310	543653
77110	658420	619865
77689	736109	697265

续表

原始序列 $X^{(0)}$	一次累加序列 $X^{(1)}$	序列 $Z^{(1)}$
79691	815801	775955
82184	897984	856892
88572	986556	942270
97163	1083719	1035137
99774	1183493	1133606
99161	1282654	1233073
95168	1377822	1330238
97500	1475322	1426572
101018	1576339	1525831
107031	1683370	1629855
114238	1797608	1740489
134972	1932581	1865095
158085	2090666	2011623
177275	2267940	2179303
189691	2457632	2362786
205527	2663158	2560395
213058	2876216	2769687
219719	3095935	2986075
237839	3333774	3214854
264658	3598432	3466103
267493	3865926	3732179
270523	4136449	4001187
266333	4402782	4269615
260986	4663768	4533275
237497	4901265	4782516

根据（式4-1）构造矩阵Y、B，计算得参数a、b的值：

$$\hat{a} = \begin{bmatrix} a \\ b \end{bmatrix} = \begin{bmatrix} -0.053878 \\ 41726.55321 \end{bmatrix}$$

根据（式4-7）可得$\hat{x}^{(1)}(k)$的预测模型：

$$\hat{x}^{(1)}(k) = 818693.14e^{0.053878(k-1)} - 774461.05 \quad (式6-1)$$

根据（式4-8）对$\hat{x}^{(1)}(k)$进行累减还原得到$\hat{x}^{(0)}(k)$的预测模型：

$$\hat{x}^{(0)}(k)=42942.479e^{0.053878(k-1)} \quad (式6-2)$$

用（式 6－2）计算得到 1980—2016 年我国原煤生产量的预测值，并根据（式 4－9）计算得到 1980—2016 年原煤产量的绝对误差和相对误差（见表 6－2）。

表 6－2　1980—2016 年我国原煤产量的 GM(1,1) 模型预测　单位：万吨标准煤

年份	实际值①	预测值	绝对误差	相对误差
1980	44232	44232	0	
1981	44385	45320	－934	2. 10%
1982	47613	47828	－216	0. 45%
1983	51029	50476	553	1. 08%
1984	56367	53270	3097	5. 49%
1985	62277	56219	6059	9. 73%
1986	63802	59331	4471	7. 01%
1987	66259	62615	3644	5. 50%
1988	70031	66081	3949	5. 64%
1989	75315	69739	5575	7. 40%
1990	77110	73600	3510	4. 55%
1991	77689	77674	15	0. 02%
1992	79691	81974	－2283	2. 86%
1993	82184	86512	－4328	5. 27%
1994	88572	91300	－2729	3. 08%
1995	97163	96355	808	0. 83%
1996	99774	101688	－1914	1. 92%
1997	99161	107317	－8157	8. 23%
1998	95168	113258	－18090	19. 01%
1999	97500	119528	－22028	22. 59%
2000	101018	126144	－25127	24. 87%
2001	107031	133127	－26096	24. 38%
2002	114238	140496	－26258	22. 99%

① 原煤产量实际值 1980—2015 年数据是根据《中国能源统计年鉴 2016》中发电煤耗计算法下的能源生产总量及原煤所占比重计算得来，2016 年数据是根据《2016 年国民经济和社会发展统计公报》中数据得到。

续表

年份	实际值	预测值	绝对误差	相对误差
2003	134972	148274	-13301	9.85%
2004	158085	156482	1603	1.01%
2005	177275	165144	12131	6.84%
2006	189691	174285	15406	8.12%
2007	205527	183933	21593	10.51%
2008	213058	194115	18943	8.89%
2009	219719	204860	14858	6.76%
2010	237839	216201	21639	9.10%
2011	264658	228169	36490	13.79%
2012	267493	240799	26694	9.98%
2013	270523	254129	16394	6.06%
2014	266333	268196	-1863	0.70%
2015	260986	283043	-22057	8.45%
2016	237497	297811	-61214	25.77%

资料来源：《中国能源统计年鉴2016》《2016年国民经济和社会发展统计公报》。

根据表6-2中对1980—2016年的我国煤炭生产量的预测值检验该模型的预测效果。首先从预测精度看，1980—2016年的平均相对误差为8.63%，预测精度达到91.37%。再利用后验差检验，后验差等于残差标准差与实际值标准差的比值，其值越小越好，通常认为当后验差小于0.5时，该模型的预测效果较好。用S_1表示残差标准差，计算得到$S_1=17763$，用S_2表示实际值标准差，计算得到$S_2=76122$，用C表示后验差，计算得到$C=S_1/S_2=0.23$，符合灰色预测模型后验差的要求，可见所构建的灰色预测模型效果较好，因此可利用该模型预测2017—2028年我国原煤生产量，预测结果如表6-3所示。

表6-3　2017—2028年我国原煤产量GM(1,1)模型预测　单位：万吨标准煤

年份	预测值
2017	315246
2018	332697
2019	351114
2020	370550
2021	391062

续表

年份	预测值
2022	412710
2023	435556
2024	459667
2025	485112
2026	511966
2027	540306
2028	570215

从表 6－2 看，2017 年我国原煤产量将达到 315246 万吨标准煤，2028 年我国原煤产量将会达到 570215 万吨标准煤，约是 2016 年我国原煤产量的 2.5 倍，2017—2028 年我国原煤产量平均增长率为 5.5%。

6.1.2　原油生产量 GM(1,1) 模型预测

选取 1980—2016 年我国原油产量数据作为原始数据序列，按照 4.1 节介绍的 GM(1,1) 模型，建立灰色预测模型，预测 2017—2028 年我国原油生产量。

首先对数据进行处理：选取原始序列 $X^{(0)}$ 即 1980—2016 年我国原油产量，对 $X^{(0)}$ 进行一次累加得到序列 $X^{(1)}$，根据（式 4－2）计算得到序列 $Z^{(1)}$，将 $X^{(0)}$，$X^{(1)}$，$Z^{(1)}$ 三个序列列表如表 6－4 所示。

表 6－4　原油产量 GM(1,1) 预测模型 $X^{(0)}$，$X^{(1)}$，$Z^{(1)}$ 序列　　单位：万吨标准煤

原始序列 $X^{(0)}$	一次累加序列 $X^{(1)}$	序列 $Z^{(1)}$
15169	15169	
14479	29648	22408
14558	44206	36927
15181	59386	51796
16350	75736	67561
17879	93615	84675
18682	112297	102956
19166	131463	121880
19543	151006	141235

续表

原始序列 $X^{(0)}$	一次累加序列 $X^{(1)}$	序列 $Z^{(1)}$
19616	170623	160814
19745	190368	180495
20130	210498	200433
20271	230769	220633
20768	251537	241153
20896	272434	261985
21420	293853	283143
22482	316336	305094
22955	339291	327813
22981	362271	350781
22825	385096	373684
23280	408376	396736
23441	431816	420096
23910	455727	443772
24249	479975	467851
25145	505121	492548
25881	531002	518061
26434	557436	544219
26681	584118	570777
27187	611305	597711
26893	638197	624751
29028	667225	652711
28915	696140	681683
29838	725979	711059
30138	756116	741048
30397	786513	771315
30725	817239	801876
28605	845844	831541

注：为了方便不同能源品种产量之间的比较及下文能源供给结构的预测，此处将原油换算成万吨标准煤单位。

根据（式 4 -4）构造矩阵 Y、B，计算得参数 a、b 的值：

$$\hat{a}=\begin{bmatrix}a\\b\end{bmatrix}=\begin{bmatrix}-0.018697\\15905.27453\end{bmatrix}$$

根据（式 4－7）可得$\hat{x}^{(1)}(k)$的预测模型：

$$\hat{x}^{(1)}(k)=865833.65e^{0.018697(k-1)}-850664.72 \qquad (式6-3)$$

根据（式 4－8）对$\hat{x}^{(1)}(k)$进行累减还原得到$\hat{x}^{(0)}(k)$的预测模型：

$$\hat{x}^{(0)}(k)=16038.488e^{0.018697(k-1)} \qquad (式6-4)$$

用（式 6－4）计算得到 1980—2016 年我国原油生产量的预测值，并根据（式 4－9）计算得到 1980—2016 年原油产量的绝对误差和相对误差（见表 6－5）。

表 6－5　1980—2016 年我国原油产量的 GM(1,1)模型预测　单位：万吨标准煤

年份	实际值①	预测值	绝对误差	相对误差
1980	15169	15169	0	
1981	14479	16341	－1862	12.86%
1982	14558	16650	－2092	14.37%
1983	15181	16964	－1783	11.75%
1984	16350	17284	－934	5.72%
1985	17879	17610	269	1.50%
1986	18682	17943	740	3.96%
1987	19166	18281	885	4.62%
1988	19543	18626	917	4.69%
1989	19616	18978	639	3.26%
1990	19745	19336	409	2.07%
1991	20130	19701	429	2.13%
1992	20271	20073	199	0.98%
1993	20768	20452	316	1.52%
1994	20896	20838	59	0.28%

① 原油产量实际值 1980—2015 年数据是根据《中国能源统计年鉴 2016》中发电煤耗计算法下的能源生产总量及原油所占比重计算得来，2016 年数据是根据 2016 年国民经济和社会发展统计公报中数据得到。

续表

年份	实际值	预测值	绝对误差	相对误差
1995	21420	21231	189	0.88%
1996	22482	21632	851	3.78%
1997	22955	22040	915	3.99%
1998	22981	22456	525	2.28%
1999	22825	22880	-55	0.24%
2000	23280	23311	-32	0.14%
2001	23441	23751	-311	1.33%
2002	23910	24200	-289	1.21%
2003	24249	24656	-408	1.68%
2004	25145	25122	24	0.09%
2005	25881	25596	285	1.10%
2006	26434	26079	356	1.34%
2007	26681	26571	110	0.41%
2008	27187	27073	115	0.42%
2009	26893	27584	-691	2.57%
2010	29028	28104	924	3.18%
2011	28915	28635	281	0.97%
2012	29838	29175	664	2.22%
2013	30138	29726	412	1.37%
2014	30397	30287	110	0.36%
2015	30725	30858	-133	0.43%
2016	28605	31441	-2835	9.91%

资料来源：《中国能源统计年鉴2016》《2016年国民经济和社会发展统计公报》。

根据表6-5中1980—2016年的我国原油生产量的预测值检验该模型的预测效果。首先从预测精度看，1980—2016年的平均相对误差为3.05%，预测精度达到96.95%。再利用后验差检验，后验差等于残差标准差与实际值标准差的比值，其值越小越好，通常认为当后验差小于0.5时，该模型的预测效果较好。用S_1表示残差标准差，计算得到$S_1=863$，用S_2表示实际值标准差，计算

得到 $S_2=4707$，用 C 表示后验差，计算得到 $C=S_1/S_2=0.18$，符合灰色预测模型后验差的要求，可见所构建的灰色预测模型效果较好，因此可利用该模型预测 2017—2028 年我国原油生产量，预测结果如表 6－6 所示。

表 6－6　　2017—2028 年我国原油产量 GM(1,1) 模型预测　　单位：万吨标准煤

年份	预测值
2017	32034
2018	32639
2019	33255
2020	33882
2021	34522
2022	35173
2023	35837
2024	36513
2025	37203
2026	37905
2027	38620
2028	39349

从表 6－6 看，2017 年我国原油产量将会达到 32034 万吨标准煤，2028 年我国原油产量将会达到 39349 万吨标准煤，约是 2016 年我国原油产量的 1.4 倍，2017—2028 年我国原油生产量平均增长率约为 1.9%。

6.1.3　天然气生产量 GM(1,1) 模型预测

选取 2006—2016 年我国天然气产量数据作为原始数据序列[①]，按照 4.1 节介绍的 GM(1,1) 模型，建立灰色预测模型，预测 2017—2028 年我国天然气生

① 本书以 1980—2016 年数据作为原始序列构建了天然气生产量 GM(1,1) 预测模型，检验模型效果，后验差为 0.27，平均相对误差达到 25.6%；以 2000—2016 年数据作为原始序列构建了天然气生产量 GM(1,1) 预测模型，检验模型效果，后验差为 0.21，平均相对误差达到 12.26%，故最终选用 2006—2016 年数据作为原始序列构建天然气生产量 GM(1,1) 预测模型。

产量。

首先对数据进行处理：选取原始序列 $X^{(0)}$ 即1980—2016年我国天然气产量，对 $X^{(0)}$ 进行一次累加得到序列 $X^{(1)}$，根据（式4－2）计算得到序列 $Z^{(1)}$，将 $X^{(0)}$，$X^{(1)}$，$Z^{(1)}$ 三个序列列表如表6－7所示。

表6－7　天然气产量GM(1,1)预测模型 $X^{(0)}$，$X^{(1)}$，$Z^{(1)}$ 序列

单位：万吨标准煤

原始序列 $X^{(0)}$	一次累加序列 $X^{(1)}$	序列 $Z^{(1)}$
7832	7832	12455
9246	17078	22488
10819	27898	33620
11444	39342	45740
12797	52139	59112
13947	66086	73282
14393	80479	88372
15786	96265	104769
17008	113273	121948
17351	130624	139447
17646	148269	12455

注：为了方便不同能源品种产量之间的比较及下文能源供给结构的预测，此处将天然气换算成万吨标准煤单位。

根据（式4－4）构造矩阵Y、B，计算得参数a、b的值：

$$\hat{a}=\begin{bmatrix}a\\b\end{bmatrix}=\begin{bmatrix}-0.066755\\9362.61891\end{bmatrix}$$

根据（式4－7）可得 $\hat{x}^{(1)}(k)$ 的预测模型：

$$\hat{x}^{(1)}(k)=148085.88e^{0.066755(k-1)}-140253.47 \qquad (式6－5)$$

根据（式4－8）对 $\hat{x}^{(1)}(k)$ 进行累减还原得到 $\hat{x}^{(0)}(k)$ 的预测模型：

$$\hat{x}^{(0)}(k)=9562.740e^{0.066755(k-1)} \qquad (式6－6)$$

根据（式6－6）得到2006—2016年我国天然气生产量的预测值，见表6－8。

表6－8　　2006—2016年我国天然气产量的GM(1,1)模型预测　　单位：万吨标准煤

年份	实际值①	预测值	绝对误差	相对误差
2006	7832	7832	0	0.00%
2007	9246	10223	－977	10.57%
2008	10819	10929	－109	1.01%
2009	11444	11683	－239	2.09%
2010	12797	12490	308	2.40%
2011	13947	13352	596	4.27%
2012	14393	14273	119	0.83%
2013	15786	15259	528	3.34%
2014	17008	16312	695	4.09%
2015	17351	17438	－87	0.50%
2016	17646	18642	－996	5.65%

资料来源：《中国能源统计年鉴2016》《2016年国民经济和社会发展统计公报》。

用表6－8中2006—2016年的我国天然气生产量的预测值检验该模型的预测效果。首先从预测精度看，2006—2016年间的平均相对误差为3.16%，预测精度达到96.84%。再利用后验差检验，后验差等于残差标准差与实际值标准差的比值，其值越小越好，通常认为当后验差小于0.5时，该模型的预测效果较好。用 S_1 表示残差标准差，计算得到 $S_1=543$，用 S_2 表示实际值标准差，计算得到 $S_2=3200$，用C表示后验差，计算得到 $C=S_1/S_2=0.17$，符合灰色预测模型后验差的要求，可见所构建的灰色预测模型效果较好，因此可利用该模型预测2017—2028年我国天然气生产量，预测结果如表6－9所示。

① 天然气产量实际值2006—2015年数据是根据《中国能源统计年鉴2016》中发电煤耗计算法下的能源生产总量及天然气所占比重计算得来，2016年数据是根据《2016年国民经济和社会发展统计公报》中数据得到。

表6-9　2017—2028年我国天然气产量GM(1,1)模型预测　单位：万吨标准煤

年份	预测值
2017	19929
2018	21305
2019	22776
2020	24348
2021	26029
2022	27826
2023	29746
2024	31800
2025	33995
2026	36342
2027	38851
2028	41533

从表6-9看，2017年我国天然气产量将会达到19929万吨标准煤，2028年我国天然气产量将会达到41533万吨标准煤，约是2016年我国天然气产量的2.4倍，2017—2028年我国天然气产量平均增长率约为6.9%。

6.2　化石能源生产总量趋势外推模型预测

趋势外推预测法是根据预测对象的历史数据找出其发展规律，并利用此规律对其未来值进行预测，是进行中长期预测的主要方法。下面运用趋势外推预测模型分别对我国原煤、原油、天然气生产量做预测。

6.2.1　原煤生产量趋势外推模型预测

根据《中国能源统计年鉴》，选取1980—2016年我国原煤产量数据，将这些数据绘制散点图（见图6-1）。

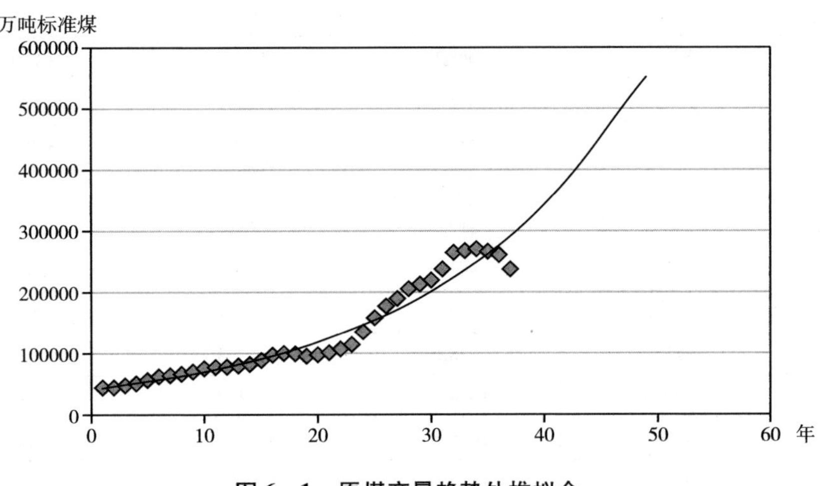

图 6-1　原煤产量趋势外推拟合

利用 EXCEL 进行趋势拟合，得到一条指数曲线①，其表达式为 $y = 41039e^{0.053x}$，拟合度 $R^2 = 0.967$，从图 6-1 及拟合度看，该指数模型能够较好地拟合原煤生产量的变动趋势，故用该模型预测 1980—2016 年原煤生产量（见表 6-10）。

表 6-10　1980—2016 年原煤生产量趋势外推模型预测　单位：万吨标准煤

年份	实际值	预测值	绝对误差	相对误差
1980	44232	43273	959	2.17%
1981	44385	45628	-1243	2.80%
1982	47613	48112	-499	1.05%
1983	51029	50730	299	0.59%
1984	56367	53492	2876	5.10%
1985	62277	56403	5874	9.43%
1986	63802	59473	4329	6.78%
1987	66259	62710	3549	5.36%
1988	70031	66123	3907	5.58%

① 由于我国煤炭生产量到目前为止在 2013 年达到峰值，2014 年、2015 年、2016 年生产量出现较大幅度的下降，究其原因一方面是去产能政策促使，另一方面是经济增速放缓。笔者通过查阅相关资料文献认为这种下降趋势只是暂时的，煤炭产量尚未达到峰值，因此 2014—2016 年 3 年的数据对使用趋势外推模型预测未来原煤产量有所影响。本书分别使用了 1980—2016 年数据的二次抛物线模型、1980—2013 年数据的二次抛物线模型、1980—2016 年数据的指数模型对原煤产量做了预测，发现这三种模型预测结果的平均相对误差分别为 9.46%、11.82%、8.51%，故本书最终选择了指数模型预测法。

续表

年份	实际值	预测值	绝对误差	相对误差
1989	75315	69722	5592	7.42%
1990	77110	73517	3593	4.66%
1991	77689	77519	170	0.22%
1992	79691	81738	-2047	2.57%
1993	82184	86187	-4004	4.87%
1994	88572	90878	-2307	2.60%
1995	97163	95825	1338	1.38%
1996	99774	101041	-1267	1.27%
1997	99161	106540	-7379	7.44%
1998	95168	112339	-17171	18.04%
1999	97500	118454	-20954	21.49%
2000	101018	124901	-23884	23.64%
2001	107031	131700	-24669	23.05%
2002	114238	138868	-24629	21.56%
2003	134972	146426	-11454	8.49%
2004	158085	154396	3689	2.33%
2005	177275	162800	14475	8.17%
2006	189691	171661	18030	9.50%
2007	205527	181005	24522	11.93%
2008	213058	190857	22201	10.42%
2009	219719	201245	18474	8.41%
2010	237839	212199	25641	10.78%
2011	264658	223749	40910	15.46%
2012	267493	235927	31566	11.80%
2013	270523	248769	21755	8.04%
2014	266333	262309	4024	1.51%
2015	260986	276586	-15601	5.98%
2016	237497	291641	-54144	22.80%

资料来源：《中国能源统计年鉴2016》《2016年国民经济和社会发展统计公报》。

从表6-10看，1980—2016年的平均相对误差为8.51%，预测精度达到90.49%，预测精度较高，故利用该模型预测了2017—2028年我国原煤生产量。

从表6-11看，2017年我国原煤产量将会达到342876万吨标准煤，2028年我国原煤产量将会达到567031万吨标准煤，约是2016年我国原煤产量的2.4倍，2017—2028年我国原煤产量平均增长率约为4.7%。

表6-11　2017—2028年我国煤炭产量趋势外推模型预测　单位：万吨标准煤

年份	预测值
2017	342876
2018	360605
2019	378864
2020	397653
2021	416971
2022	436819
2023	457197
2024	478104
2025	499541
2026	521508
2027	544005
2028	567031

6.2.2　原油生产量趋势外推模型预测

根据《中国能源统计年鉴》，选取1980—2016年我国原油产量数据，将这些数据绘制散点图（见图6-2）。

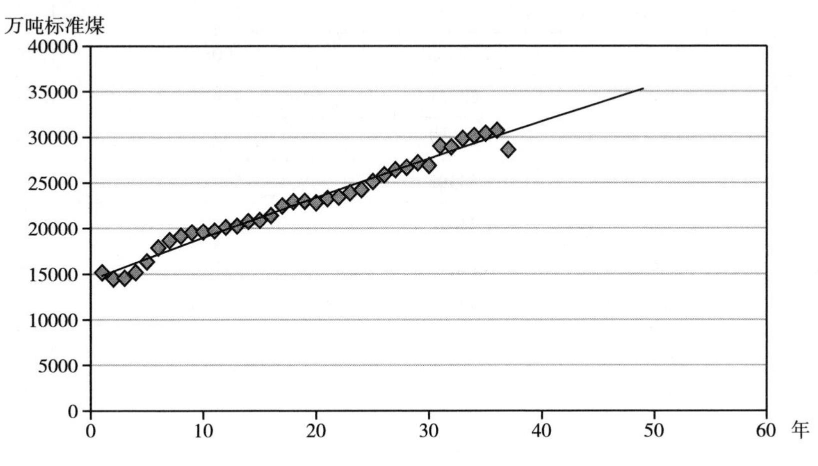

图6-2　原油产量趋势外推拟合

利用EXCEL对散点进行趋势拟合，得到一条二次抛物线，其表达式为 $y = -0.8515x^2 + 467.94x + 14374$，拟合度 $R^2 = 0.9766$，从图6－2及拟合度看，该指数模型能够较好地拟合原油生产量的变动趋势，故用该模型预测1980—2016年原油生产量（见表6－12）。

表6－12　　1980—2016年原油生产量趋势外推模型预测　　单位：万吨标准煤

年份	实际值	预测值	绝对误差	相对误差
1980	15169	14841	328	2.16%
1981	14479	15306	－827	5.72%
1982	14558	15770	－1213	8.33%
1983	15181	16232	－1052	6.93%
1984	16350	16692	－343	2.10%
1985	17879	17151	728	4.07%
1986	18682	17608	1074	5.75%
1987	19166	18063	1103	5.75%
1988	19543	18516	1027	5.25%
1989	19616	18968	648	3.30%
1990	19745	19418	327	1.66%
1991	20130	19867	263	1.31%
1992	20271	20313	－42	0.21%
1993	20768	20758	10	0.05%
1994	20896	21201	－305	1.46%
1995	21420	21643	－223	1.04%
1996	22482	22083	400	1.78%
1997	22955	22521	434	1.89%
1998	22981	22957	23	0.10%
1999	22825	23392	－567	2.49%
2000	23280	23825	－545	2.34%
2001	23441	24256	－816	3.48%
2002	23910	24686	－776	3.24%
2003	24249	25114	－865	3.57%
2004	25145	25540	－395	1.57%
2005	25881	25965	－83	0.32%

续表

年份	实际值	预测值	绝对误差	相对误差
2006	26434	26387	47	0.18%
2007	26681	26809	-127	0.48%
2008	27187	27228	-41	0.15%
2009	26893	27646	-753	2.80%
2010	29028	28062	966	3.33%
2011	28915	28476	439	1.52%
2012	29838	28888	950	3.18%
2013	30138	29299	839	2.78%
2014	30397	29708	688	2.26%
2015	30725	30116	610	1.98%
2016	28605	30522	-1916	6.70%

资料来源：《中国能源统计年鉴 2016》《2016 年国民经济和社会发展统计公报》。

从表 6-12 看，1980—2016 年间原油产量预测值的平均相对误差为 2.74%，预测精度达到 97.26%，预测精度较高，故可利用该模型预测 2017—2028 年我国原油生产量，预测结果如表 6-13 所示。

表 6-13　2017—2028 年我国原油产量趋势外推模型预测　单位：万吨标准煤

年份	预测值
2017	30926
2018	31328
2019	31729
2020	32128
2021	32525
2022	32920
2023	33314
2024	33706
2025	34097
2026	34486
2027	34873
2028	35258

从表 6-13 看，2017 年我国原油产量将会达到的 30926 万吨标准煤，2028

年我国原油产量将会达到35258万吨标准煤，约是2016年我国原油产量的1.2倍，2017—2028年我国原油产量平均增长率约为1.2%。

6.2.3 天然气生产量趋势外推模型预测

根据《中国能源统计年鉴》，选取1980—2016年我国天然气产量数据，将这些数据绘制散点图（见图6-3）。

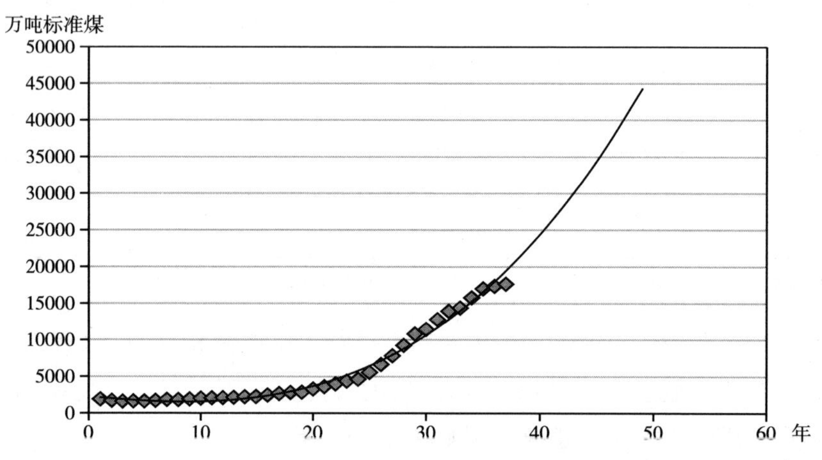

图6-3 天然气产量趋势外推拟合

利用EXCEL对散点进行趋势拟合，得到一条三次抛物线，其表达式为 $y = 0.3322x^3 + 4.1809x^2 - 145.13x + 2274.6$，拟合度 $R^2 = 0.9861$，从图6-3及拟合度看，该指数模型能够较好的拟合天然气生产量的变动趋势，故可用该模型预测1980—2016年天然气生产量，预测结果如表6-14所示。

表6-14 1980—2016年天然气生产量趋势外推模型预测 单位：万吨标准煤

年份	实际值	预测值	绝对误差	相对误差
1980	1912	2134	-222	11.61%
1981	1707	2004	-297	17.37%
1982	1603	1886	-283	17.67%
1983	1639	1782	-143	8.73%
1984	1635	1695	-60	3.67%
1985	1711	1626	85	4.96%
1986	1851	1578	273	14.76%

续表

年份	实际值	预测值	绝对误差	相对误差
1987	1825	1551	274	15.02%
1988	1916	1549	367	19.14%
1989	2033	1574	459	22.59%
1990	2078	1626	452	21.76%
1991	2097	1709	388	18.49%
1992	2145	1824	321	14.95%
1993	2221	1974	247	11.14%
1994	2256	2160	96	4.27%
1995	2452	2384	68	2.78%
1996	2661	2648	13	0.48%
1997	2803	2954	-152	5.41%
1998	2856	3305	-449	15.71%
1999	3298	3702	-404	12.24%
2000	3603	4147	-544	15.11%
2001	3980	4643	-662	16.63%
2002	4376	5190	-814	18.61%
2003	4636	5792	-1156	24.94%
2004	5565	6450	-885	15.91%
2005	6642	7166	-524	7.89%
2006	7832	7943	-110	1.41%
2007	9246	8781	465	5.03%
2008	10819	9684	1135	10.49%
2009	11444	10653	791	6.91%
2010	12797	11690	1107	8.65%
2011	13947	12797	1150	8.25%
2012	14393	13977	416	2.89%
2013	15787	15230	556	3.52%
2014	17008	16560	448	2.63%
2015	17351	17967	-617	3.55%
2016	17646	19455	-1810	10.25%

资料来源：《中国能源统计年鉴 2016》《2016 年国民经济和社会发展统计公报》。

从表6-14看，1980—2016年的平均相对误差为10.96%，预测精度达到89.04%，预测精度较高，故可利用该模型预测2017—2028年我国天然气生产量，预测结果如表6-15所示。

表6-15　2017—2028年我国天然气产量趋势外推模型预测　单位：万吨标准煤

年份	预测值
2017	21025
2018	22679
2019	24420
2020	26248
2021	28166
2022	30177
2023	32281
2024	34482
2025	36780
2026	39179
2027	41680
2028	44285

从表6-15看，2017年我国天然产量将达到21025万吨标准煤，2028年我国天然气产量将会达到44285万吨标准煤，约是2016年我国天然气产量的2.5倍，2017—2028年我国天然气产量平均增长率约为7%。

6.3　化石能源生产总量组合模型预测

本节基于GM(1,1)模型预测和趋势外推预测，利用4.3节介绍的MV法对这两种预测方法分别赋予权重，构建了组合预测模型，组合预测模型相较于GM(1,1)模型和趋势外推模型提高了预测精度，本节使用该模型对我国原煤、原油和天然气生产量进行了预测。

6.3.1　煤炭生产量组合模型预测

根据GM(1,1)预测和趋势外推预测的误差分析，按照4.3节介绍的基于MV法的组合预测模型的基本原理，通过计算确定了两个单一预测模型的权重：

$W_{灰色预测}=0.50$，$W_{趋势预测}=0.50$

根据权重构建组合预测模型，预测 1980—2016 年我国原煤生产量（见表 6－16）。

表 6－16　　1980—2016 年我国原煤生产量组合模型预测　　单位：万吨标准煤

年份	实际值	预测值	绝对误差	相对误差（%）
1980	44232	43752	480	1.08
1981	44385	45474	－1088	2.45
1982	47613	47970	－357	0.75
1983	51029	50603	426	0.84
1984	56367	53381	2986	5.30
1985	62277	56311	5967	9.58
1986	63802	59402	4400	6.90
1987	66259	62663	3596	5.43
1988	70031	66102	3928	5.61
1989	75315	69731	5584	7.41
1990	77110	73559	3551	4.61
1991	77689	77597	93	0.12
1992	79691	81856	－2165	2.72
1993	82184	86349	－4166	5.07
1994	88572	91089	－2518	2.84
1995	97163	96090	1073	1.10
1996	99774	101364	－1590	1.59
1997	99161	106929	－7768	7.83
1998	95168	112799	－17630	18.53
1999	97500	118991	－21491	22.04
2000	101018	125523	－24505	24.26
2001	107031	132413	－25383	23.72
2002	114238	139682	－25444	22.27
2003	134972	147350	－12378	9.17
2004	158085	155439	2646	1.67
2005	177275	163972	13303	7.50
2006	189691	172973	16718	8.81
2007	205527	182469	23058	11.22
2008	213058	192486	20572	9.66

续表

年份	实际值	预测值	绝对误差	相对误差（%）
2009	219719	203053	16666	7.59
2010	237839	214200	23640	9.94
2011	264658	225959	38700	14.62
2012	267493	238363	29130	10.89
2013	270523	251449	19074	7.05
2014	266333	265253	1081	0.41
2015	260986	279815	-18829	7.21
2016	237497	295176	-57679	24.29

从预测精度看，2006—2016年的平均相对误差为8.43%，预测精度达到91.57%，预测精度较高，利用该模型预测2017—2028年我国原煤生产量，预测结果如表6-17所示。

表6-17　2017—2028年我国煤炭生产总量组合模型预测　单位：万吨标准煤

年份	预测值
2017	311380
2018	328475
2019	346508
2020	365531
2021	385598
2022	406767
2023	429098
2024	452656
2025	477507
2026	503722
2027	531376
2028	560549

从表6-17看，2017年我国原煤产量将会达到311380万吨标准煤，2028年我国原煤产量将会达到560549万吨标准煤，约是2016年我国煤炭生产量的2.4倍，2017—2028年我国原煤产量平均增长率约为5.5%。

6.3.2　原油生产量组合模型预测

根据 GM(1,1)预测和趋势外推预测的误差分析，按照 4.3 节介绍的基于 MV 法的组合预测模型的基本原理，通过计算确定 2 个单一预测模型的权重：

$W_{灰色预测}=0.41$，$W_{趋势预测}=0.59$

根据权重构建组合预测模型，预测 1980—2016 年我国原油生产量（见表 6－18）。

表 6－18　1980—2016 年我国原油生产量组合模型预测　单位：万吨标准煤

年份	实际值	预测值	绝对误差	相对误差（%）
1980	15169	14976	193	1.28
1981	14479	15731	－1252	8.65
1982	14558	16131	－1573	10.81
1983	15181	16532	－1352	8.90
1984	16350	16935	－585	3.58
1985	17879	17339	540	3.02
1986	18682	17745	937	5.02
1987	19166	18152	1013	5.29
1988	19543	18561	982	5.02
1989	19616	18972	644	3.28
1990	19745	19385	361	1.83
1991	20130	19799	331	1.65
1992	20271	20215	57	0.28
1993	20768	20632	136	0.65
1994	20896	21052	－156	0.75
1995	21420	21474	－54	0.25
1996	22482	21898	585	2.60
1997	22955	22324	631	2.75
1998	22981	22752	229	1.00
1999	22825	23182	－357	1.56
2000	23280	23614	－335	1.44
2001	23441	24049	－609	2.60
2002	23910	24487	－576	2.41
2003	24249	24926	－678	2.79

续表

年份	实际值	预测值	绝对误差	相对误差（%）
2004	25145	25369	-223	0.89
2005	25881	25813	68	0.26
2006	26434	26261	173	0.66
2007	26681	26711	-30	0.11
2008	27187	27164	23	0.08
2009	26893	27620	-727	2.71
2010	29028	28079	949	3.27
2011	28915	28541	374	1.29
2012	29838	29006	833	2.79
2013	30138	29474	664	2.20
2014	30397	29945	451	1.48
2015	30725	30420	305	0.99
2016	28605	30898	-2293	8.02

从预测精度看，2006—2016年的平均相对误差为2.76%，预测精度达到97.24%，预测精度较高，利用该模型预测2017—2028年我国原油生产总量，预测结果如表6-19所示。

表6-19　2017—2028年我国原油生产总量组合模型预测　单位：万吨标准煤

年份	预测值
2017	31380
2018	31865
2019	32354
2020	32847
2021	33344
2022	33844
2023	34349
2024	34857
2025	35370
2026	35887
2027	36409
2028	36935

从表 6－19 看，2017 年我国原油产量将会达到 31380 万吨标准煤，2028 年我国原油生产量将会达到 36935 万吨标准煤，约是 2016 年我国原油生产量的 1.3 倍，2017—2028 年我国原油生产量平均增长率约为 1.5%。

6.3.3　天然气生产量组合模型预测

根据 GM(1,1) 预测和趋势外推预测的误差分析，按照 4.3 节介绍的基于 MV 法的组合预测模型的基本原理，通过计算确定 2 个单一预测模型的权重：

$W_{灰色预测} = 0.71$，$W_{趋势预测} = 0.29$

根据权重构建组合预测模型，预测 2006—2016 年我国天然气生产量（见表 6－20）。

表 6－20　　2006—2016 年我国天然气生产量组合模型预测　　单位：万吨标准煤

年份	实际值	预测值	绝对误差	相对误差（%）
2006	7832	7864	－32	0.41
2007	9246	9805	－559	6.04
2008	10819	10568	252	2.33
2009	11444	11384	59	0.52
2010	12797	12258	539	4.22
2011	13947	13191	756	5.42
2012	14393	14187	205	1.43
2013	15786	15251	536	3.40
2014	17008	16384	624	3.67
2015	17351	17592	－241	1.39
2016	17646	18878	－1232	6.98

从预测精度看，2006—2016 年的平均相对误差为 3.25%，预测精度达到 96.75%，预测精度较高，利用该模型预测 2017—2028 年我国天然气生产总量，预测结果如表 6－21 所示。

表6-21　2017—2028年我国天然气生产总量组合模型预测　单位：万吨标准煤

年份	预测值
2017	20247
2018	21703
2019	23252
2020	24899
2021	26649
2022	28507
2023	30482
2024	32578
2025	34803
2026	37165
2027	39671
2028	42331

从表6-21看，2017年我国天然气产量将会达到20247万吨标准煤，2028年我国天然气生产量将会达到42331万吨标准煤，约是2016年我国天然气生产量的2.4倍，2017—2028年我国天然气产量平均增长率约为6.9%。

6.4　非化石能源发展规模预测

经济发展、能源资源禀赋、气候环境等多重约束倒逼能源供需格局发生变化。经济的快速发展离不开能源的不断投入，而传统的化石能源有限的储量及使用过程中引起的气候、环境问题使我国必须将能源的供给与需求转向非化石能源。本节对我国水电发展、核电发展及非水电可再生能源的发展做了预测。非化石能源与化石能源有两点不同，一是非化石能源如水力资源、风能、太阳能等较之化石能源其资源禀赋更易探测，非化石能源多是在地下、深海等，储量探测难度较大，随着技术的发展其探明储量变化较大；二是非化石能源与化石能源的开发利用阶段不同，非化石能源开发利用处于刚刚起步阶段，起点较低，发展速度较快。对非化石能源发展规模做预测不同于化石能源预测，非化石能源发展起步晚，历史数据较少，因此本书选用专家预测法。

专家预测法以专家（包括专家个人、研究机构、政府机构等）为调查对象，以专家对预测对象的判断为预测初值，然后预测者再进行一定处理，完成预测工作。在这种预测方法中，预测者并不直接进行预测。

6.4.1　水电发展预测

水电是当前我国乃至全球清洁低碳可再生能源中技术最为成熟的，水电开发程度较高。根据国家能源局发布的《水电发展“十三五”规划》，目前全球常规水电装机容量有 10 亿千瓦，年发电量约 4 万亿千瓦时，按发电量计算开发程度为 26%。发达国家水电开发程度普遍较高，瑞士达到 92%、法国 88%、意大利 86%，而我国仅为 37%，与发达国家相比，我国水电开发还有较大的潜力。那么未来 10 年我国水电发展将会达到怎样的规模，首先看历次五年规划目标及完成情况，据此可判断“十三五”水电规划目标完成的可能性。

从表 6－22 看，我国水电“十五”规划目标超额完成，完成率达到 124%，年均增长率达到 9.6%。

表 6－22　“十五”时期水电发展主要指标及完成情况

	2000 年装机（万千瓦）	2005 年预期（万千瓦）	2005 年实际（万千瓦）	年均增长率（%）	目标完成率①（%）
装机容量	7935	9500	11739	9.6	124

资料来源：根据《电力工业“十五”规划》整理。

从表 6－23 看，我国水电“十一五”规划目标超额完成，完成率达到 114%，年均增长率 16.8%，远高于“十五”期间水电发展速度，但是“十一五”规划目标的超额完成主要源于常规水电建设的超额完成，抽水蓄能电站未达到规划目标。

表 6－23　“十一五”时期水电发展主要指标及完成情况

	2005 年装机（万千瓦）	2010 年预期（万千瓦）	2010 年实际（万千瓦）	年均增长率（%）	目标完成率（%）
一、常规水电站	—	17000	19911.5	—	—
1. 大中型水电站	—	12000	14071.5	—	—
2. 小型水电站	—	5000	5840	—	—
二、抽水蓄能电站	—	2000	1694.5	—	—
合计	11739	19000	21606	16.8	114

资料来源：根据《可再生能源“十一五”规划》《水电发展“十二五”规划》整理。

① 目标完成率＝实际完成规模/预期完成规模。

从表6－24看，我国水电“十二五”规划目标超额完成，完成率达到110%，年均增长率8.1%，远低于“十一五”期间水电发展速度，“十二五”规划目标的超额完成主要源于常规水电建设的超额完成，抽水蓄能电站未达到规划目标。

表6－24　“十二五”时期水电发展主要指标及完成情况

	2010年装机（万千瓦）	2015年预期（万千瓦）	2015年实际（万千瓦）	年均增长率（%）	目标完成率（%）
一、常规水电站	19915	26000	29651	8.3	—
1. 大中型水电站	14075	19200	22151	9.5	—
2. 小型水电站	5840	6800	7500	5.1	—
二、抽水蓄能电站	1691	3000	2303	6.4	—
合计	21606	29000	31954	8.1	110

资料来源：根据《水电发展“十三五”规划》整理。

根据“十五”“十一五”“十二五”时期水电规划及水电实际发展情况看，水电总装机容量均能达到规划目标且略有超额完成，因此本书认为水电发展“十三五”规划目标亦能完成。

从表6－25看，“十三五”时期常规水电规划新增投产4349万千瓦，抽水蓄能电站规划新增投产1697万千瓦。而在“十一五”和“十二五”期间抽水蓄能电站发展目标均未完成，“十二五”期间在总装机容量年均8.1%的增速下抽水蓄能新增投产仅为612万千瓦，为“十三五”规划新增投产量的36%，且“十三五”期间水电发展年均增速降至3.8%，因此，本书认为抽水蓄能“十三五”规划目标的完成有很大的难度，但是总装机容量可以达到38000万千瓦，到2025年总装机容量将达到47000万千瓦。

表6－25　“十三五”时期规划中水电发展主要指标

	2015年装机（万千瓦）	2020年预期（万千瓦）	年均增长率（%）	2025年预期（万千瓦）	年均增长率（%）
一、常规水电站	29651	34000	—	38000	—
1. 大中型水电站	22151	26000	—	—	—
2. 小型水电站	7500	8000	—	—	—
二、抽水蓄能电站	2303	4000	—	9000	—
合计	31954	38000	3.8	47000	2.4

资料来源：根据《水电发展“十三五”规划》整理。

再预测至 2028 年我国水电发展规模。“十三五”水电发展规划中称“十三五”期间“全国新开工常规水电和抽水蓄能电站各 6000 万千瓦”，通常水电工程的施工周期为 4—8 年，鉴于随着水电开发程度越高水电开发难度越大，且抽水蓄能水电开发占比较高，本书将水电施工周期均视为 8 年，5 年期间开工 1.2 亿千瓦，则平均每年开工规模在 2400 万千瓦，根据从水电工程施工到投产需要 8 年时间，则认为 2016 年开工的水电工程将在 2024 年投产，以此类推，2020 年开工的水电工程将在 2028 年投产，因此，至 2020 年 1.2 亿千瓦的水电工程全部开工则在 2028 年及之前将全部投产，故预测 2028 年我国水电总装机容量将达到 5 亿千瓦。从年均增长速度看，若 2025 年水电装机容量达到 4.7 亿千瓦，2028 年水电装机容量达到 5 亿千瓦，则年均增长速度为 2.1%，符合随着水电建设难度加大增速下降的规律。

6.4.2　核电发展预测

核能是人类使用的重要能源之一，核电是优质高效的清洁能源，与风能、太阳能等清洁能源相比，具有稳定性强、无间歇性、不受自然条件约束等优势。发展核电能有效地改善环境污染、推动能源结构转型。人类史上第一座商业核电站投产是在 20 世纪 50 年代，至今核电发展已有近 70 年的历史，而我国核电起步于 20 世纪 80 年代，国家首次制定发展核电政策，采用“以我为主，中外合作”的方针，先引进国外技术再逐步实现技术自主化和设备国产化。1991 年第一座核电站——秦山核电站建成标志着我国核电历史的开启。经过近 30 年的发展，截至 2017 年 6 月底，我国已有 36 台核电机组投入运行，运行装机容量达到 3472 万千瓦。那么未来 10 年我国核电发展规模将会达到怎样的程度？本书从两个角度分析并预测。

首先根据政府已出台的电力规划、能源规划等文件中规划的核电发展目标及实际完成情况对核电发展的“十三五”规划目标作审视。2001 年国家经贸委①出台了《电力行业“十五”规划》，规划中称 2000 年底我国核电装机容量为 210 万千瓦，至“十五”规划末期即 2005 年底核电装机容量达到 870 万千瓦，而

① 百度百科释义：国家经济贸易委员会，为国务院组成部门，负责调节近期国民经济运行的宏观调控部门。2003 年 3 月 10 日，第十届全国人民代表大会第一次会议通过了国务院机构改革方案，决定撤销外经贸部和国家经贸委，设立商务部，主管国内外贸易和国际经济合作。

根据《核电中长期发展规划（2005—2020）》中数据，2005年我国核电装机容量只有694.8万千瓦，目标完成率仅有80%。在《核电中长期发展规划（2005—2020）》中规划“十一五”末期2010年底我国核电装机容量达到1252.8万千瓦，而根据《能源发展“十二五”规划》中数据，2010年我国核电装机容量仅为1082万千瓦，目标完成率为86.4%。在《能源发展“十二五”规划》中规划“十二五”末期即2015年底我国核电装机容量达到4000万千瓦，而根据《能源发展“十三五”规划》中数据，2015年底我国核电装机容量仅为2717万千瓦，目标完成率仅为68%。

从表6-26看，“十五”“十一五”“十二五”3个五年规划的核电发展目标均未完成，“十二五”时期目标完成率仅有68%，这与2011年3月份日本福岛发生的核泄漏事件可能有关。日本核泄漏事件引起了国际社会的广泛关注，各国政府纷纷制定了相关政策，我国政府要求停止核电新项目的审批，减缓核电发展速度，加大对已建成核电站安全性的检查，直至2015年我国政府才重新启动核电新项目的审批工作，这影响了“十二五”期间我国的核电发展，使目标完成率较低。但是从5年内新增装机容量看，“十二五”期间新增1635万千瓦，“十一五”和“十五”期间分别新增387.2万千瓦和484.8万千瓦，说明我国发展核电的能力是绝对增强了。

表6-26 “十五”“十一五”“十二五”时期核电规划目标完成情况

	“十五”时期			“十一五”时期			“十二五”时期		
	目标	实际	目标完成率	目标	实际	目标完成率	目标	实际	目标完成率
运行核电装机容量（万千瓦）	870	694.8	80%	1252.8	1082	86.4%	4000	2717	68%

2016年底国家发展和改革委员会与国家能源局发布了《能源发展“十三五”规划》，规划中提出“十三五”时期核电发展目标“2020年运行核电装机力争达到5800万千瓦，在建核电装机达到3000万千瓦”。从历次“五年规划”目标完成情况看，本书认为“十三五”规划目标完成难度很大，根据前文分析“十二五”规划目标完成率较低是由于日本福岛核泄漏“黑天鹅”事件，在不考虑“黑天鹅”事件的前提下，本书认为“十三五”时期目标完成率略高于“十一五”时期目标完成率达到90%，按此完成率预测2020年我国核电装机容

量为 5220 万千瓦。若“十三五”期间规划中的在建核电装机 3000 万千瓦全部开工，考虑核电工程周期一般为 5 年，则至 2025 年这 3000 万千瓦核电装机将全部投入运行，2025 年核电装机容量将会达到 8220 万千瓦。根据 2025 年核电装机容量预测数据核算 2015—2020 年核电装机容量年均增长率为 18.4%，2020—2025 年核电装机容量年均增长率为 11.5%，可见随着核电装机容量基数的增大年均增长率在逐渐下降，因此本书假设 2025—2030 年间核电装机容量年均增长率将为 10%，依此增长率预测 2028 年我国核电装机容量约为 10941 万千瓦。

再根据核电发展的历史数据及实际情况判断未来 10 年我国核电的发展规模。我国核电发展从 1991 年第一座核电站建成至 2011 年都保持着一个较快的增长速度。2011 年受日本福岛核泄漏事件的影响，我国核电建设速度放缓，不仅停止审批核电建设新项目，2011 年全年都没有新投运核电机组，直至 2014 年我国核电重新步入快速发展轨道（见表 6－27）。

表 6－27　　2008—2017 年我国核电发展情况

年份	运行机组数（台）	新增机组数（台）	运行机组装机容量（万千瓦）	新增装机容量（万千瓦）
2008	11	0	910	0
2009	11	0	910	0
2010	13	2	1082	172
2011	15	2	1254	172
2012	15	0	1254	0
2013	17	2	1483	229
2014	22	5	2031	548
2015	28	6	2643	612
2016	35	7	3363	720
2017①	40	5	4004	641

资料来源：2008 年、2009 年、2011 年数据来自《2011 年中国核电发展状况、未来趋势及政策建议》，2010 年数据来自《能源发展“十三五”规划》、2012 年数据来自中国产业信息网、2013—2017 年数据来自中国核能行业协会。

① 2017 年数据均为预测数据，数据来源《2017 年能源工作指导意见》（国能规划〔2017〕46 号）。

从表6－27看，2014年开始我国进入了核电快速发展时期，这一方面受国际风向影响，另一方面受国内政策影响。《中国经济周刊》报道，2015年全球核电开始回暖，核能优势受到肯定，美国、芬兰、法国、英国等国在核电新建项目上都有所行动；国内在能源禀赋和环境双重压力下政府更加重视核电发展，从历年政府报告看，2014年、2015年的《政府工作报告》中均提到一次“核电”，2016年的报告中提到“三次”，这可视为核电产业发展的政策风向标。另外，近几年来政府出台了多项文件如《核电安全规划（2011—2020年）》《能源发展战略行动计划（2014—2020年）》指导核电发展，也表明了政府发展核电的决心。

再看我国核电运营企业储备项目情况。根据中广核集团、中核集团、环保部当时的相关文件及媒体报道，预计截至2016年底我国处于筹建状况的核电装机容量在11460万千瓦左右，其中沿海项目核电装机容量约为6170万千瓦，内陆项目核电装机容量约为5290万千瓦。由于我国内陆核电站的论证工作尚未有实质性进展，从对内陆核电论证取得进展到审批、选址、筹建等工作完成远不止10年，故未来10年我们只考虑沿海核电项目，根据上文分析，尚处于筹建状态的沿海项目装机量足以支撑未来10年我国核电的快速发展。因为本书取2014—2017年核电装机容量平均增长量（计算得630万千瓦/年）作为未来10年的年均增长量，预测2020年我国核电装机总量将达到5894万千瓦，能够完成《能源发展“十三五”规划》中的目标，2025年核电装机总量达到9044万千瓦，2028年核电装机总量达到10934万千瓦。

上文从两个角度分析预测了未来10年我国核电发展规模，取两个预测值的平均值视为最终预测值，则2020年我国核电装机总量约为5557万千瓦，2025年核电装机总量达到8632万千瓦，2028年核电装机总量达到10938万千瓦。

6.4.3 风电发展预测

风电是新能源领域技术最为成熟、具备大规模商业开发的一种发电方式。我国风电起步较晚，1986年我国第一座风电场——马兰风电场在山东荣成并网发电，拉开了我国风电发展的大幕。我国风电发展经历了早期示范阶段、产业化探索阶段、产业化发展阶段，目前已经进入大规模发展阶段。根据北极星风电发电网数据，2000年我国风电装机容量仅有34万千瓦，2016年我国风电并网装机容量达到 14864 万千瓦，全年新增风电装机达到 1930 万千瓦，均居全球第一，其中我国累计装机量约是全球第二风电大国——美国的 2 倍，而新增装机量约是美国的 4 倍。[①] 那么未来 10 年我国风电将会达到一个什么样的规模，下文将运用专家预测法和趋势拟合法进行预测。

首先根据政府已出台的电力规划、能源规划等文件中规划的风电发展目标及实际完成情况对风电发展的"十三五"规划目标作审视。2001 年国家经贸委[②]出台了《电力行业"十五"规划》，规划中称 2000 年底我国风电装机容量为 34 万千瓦，至"十五"规划末期即 2005 年底风力、太阳能发电装机容量达到 120 万千瓦，而根据《可再生能源发展"十一五"规划》中数据，2005 年底我国实际风电装机容量就达到了 126 万千瓦，太阳能发电装机容量达到了 7 万千瓦，目标完成率为 105%。《可再生能源发展"十一五"规划》中提出"2010 年底风电装机容量达到 1000 万千瓦"的目标，根据《风电发展"十二五"规划》中数据，2010 年底我国风电装机容量达到 3100 万千瓦，目标完成率高达 310%。《风电发展"十二五"规划》提出"2015 年底我国风电装机容量达到 1 亿千瓦"的目标，根据《风电发展"十三五"规划》中数据 2015 年底我国风电并网装机容量达到 1.29 亿千瓦，目标完成率为 129%（见表 6－28）。

表 6－28　"十五""十一五""十二五"时期风电规划目标完成情况

	"十五"时期			"十一五"时期			"十二五"时期		
	目标	实际	目标完成率	目标	实际	目标完成率	目标	实际	目标完成率
运行核电装机容量（万千瓦）	120	126	105%	1000	3100	310%	10000	12900	129%

从表 6－28 看，我国风电发展历次"五年"规划目标均超额完成，"十一五"时期实际完成情况高达规划目标的 3 倍有余。《风电发展"十三五"规划》中提出 2020 年我国风电装机容量达到 2.1 亿千瓦，根据前文分析，本书认为 2020 年底我国可以完成此目标。根据《2015—2030 年电力工业发展展望》预测 2020 年我国风电装机将达到 2.5 亿千瓦，2030 年将达到 5 亿千瓦。2020

① 数据来自《全球风电报告：年度市场发展》。

② 百度百科释义：国家经济贸易委员会，为国务院组成部门，负责调节近期国民经济运行的宏观调控部门。2003 年 3 月 10 日，第十届全国人民代表大会第一次会议通过了国务院机构改革方案，决定撤销外经贸部和国家经贸委，设立商务部，主管国内外贸易和国际经济合作。

年的预测数据略高于《风电发展“十三五”规划》中的目标，若2020年底风电装机能达到2.5亿千瓦，则目标完成率为119%，低于“十二五”期间目标完成率。鉴于以往五年规划均是超额完成，且目标完成率均较高，本书认为《2015—2030年电力工业发展展望》中2020年底风电装机2.5亿千瓦的预测比较可靠。根据2030年预测风电装机容量为5亿千瓦，若2020—2030年风电匀速发展，10年间年均增长速度为7%，低于2016年16%的增长速度，符合随着规模增加发展速度下降的规律。据此年均增长速度倒推2025年我国风电装机容量为3.5亿千瓦，2028年我国风电装机容量为4.3亿千瓦。

再根据风电发展的历史数据用趋势拟合法进行预测。我国风电大规模发展始于2007年，2008年装机总量首次突破千万千瓦，2015年突破1亿千瓦，因此选取2007—2016年的历史数据更能体现风电发展的趋势性。表6－29是2007—2016年我国风电累计装机容量情况。

表6－29　　2007—2016年我国风电累计装机容量　　单位：万千瓦

年份	2007	2008	2009	2010	2011	2012	2013	2014	2015	2016
装机容量	603	1217	1767	3131	4784	6266	7656	9637	12934	14864

资料来源：中国风能协会。

画出表6－29数据中的散点图并进行趋势拟合。

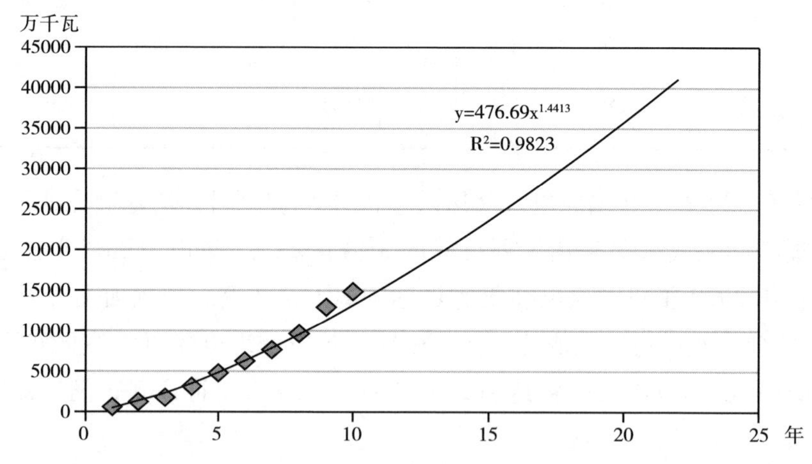

图6－4　2007—2016年我国风电装机容量

图6－4是利用EXCEL软件对2007—2016年我国风电装机容量历史数据进

行趋势拟合的结果，得到拟合公式 $y = 476.69x^{1.4413}$，$R^2 = 0.9823$，从 R^2 看，拟合度较高，因此利用此公式预测 2017—2028 年我国风电装机容量（见表 6－30）。

表 6－30　　2017—2028 年我国风电累计装机容量　　单位：万千瓦

年份	装机容量
2017	15108
2018	17126
2019	19220
2020	21387
2021	23623
2022	25926
2023	28293
2024	30723
2025	33213
2026	35761
2027	38366
2028	41027

将专家预测法和趋势拟合预测法两个预测值的平均值视为最终预测值，则 2020 年我国风电装机容量为 23194 万千瓦，2025 年我国风电装机容量为 34107 万千瓦，2028 年我国风电装机容量为 42014 万千瓦。

6.4.4　太阳能发电发展预测

太阳能可谓是全球最丰富的能源，世界各国也纷纷积极地投入太阳能的开发和利用。目前太阳能主要应用领域有太阳能热利用和太阳能发电，前者主要以太阳能热水器等形式得到广泛应用，而太阳能发电可以分为光伏发电和太阳能热发电。我国关于太阳能的研究较早，但是太阳能发电起步较晚，对太阳能的利用还不是很普及，与其他新能源相比，太阳能发电成本最高、规模最小。但是近几年来，我国太阳能发电发展迅猛。根据北极星风电发电网数据，2016 年我国光伏新增装机容量达到 3454 万千瓦，约占全球新增装机容量的 11.5%，累计装机容量达到 7672 万千瓦，均居全球第一。下面将用专家预测法预测未来 10 年我国太阳能发电的发展情况。

根据政府已出台的电力规划、能源规划等文件中规划的太阳能发电发展目标及实际完成情况对太阳能发电发展的“十三五”规划目标做审视。2001年国家经贸委出台了《电力行业“十五”规划》，规划中称2000年底我国风电、太阳能发电装机容量为34万千瓦，至“十五”规划末期即2005年底风力、太阳能发电装机容量达到120万千瓦，而根据《可再生能源发展“十一五”规划》中数据，2005年底我国实际风电装机容量就达到了126万千瓦，太阳能发电装机容量仅有7万千瓦。《可再生能源发展“十一五”规划》中提出“2010年底太阳能电装机容量达到30万千瓦”的目标，根据《太阳能发电发展“十二五”规划》中数据，2010年第我国太阳能发电装机容量达到86万千瓦，目标完成率高达287%。《太阳能发电发展“十二五”规划》提出“2015年底我国太阳能发电装机容量达到2100万千瓦”的目标，根据《太阳能发电发展“十三五”规划》中数据2015年底我国太阳能发电装机容量达到4318万千瓦，目标完成率为201%（见表6-31）。

表6-31　“十五”“十一五”“十二五”时期太阳能发电规划目标完成情况

单位：万千瓦

	“十五”时期			“十一五”时期			“十二五”时期		
	目标	实际	目标完成率	目标	实际	目标完成率	目标	实际	目标完成率
运行核电装机容量	—	7	—	30	85	287%	2100	4318	208%

资料来源：根据上文整理。

从表6-31看，我国太阳能发展基本是从“十一五”时期开始的，“十一五”“十二五”的规划目标均超额完成，且目标完成率都在200%以上。《风电发展“十三五”规划》中提出2020年我国风电装机容量达到1.1亿千瓦，根据前文分析，本书认为2020年底我国可以完成此目标。根据《2015—2030年电力工业发展展望》预测2020年我国太阳能发电装机将达到1亿千瓦，2030年将达到3亿千瓦。2020年的预测数据略低于《太阳能发电发展“十三五”规划》中的目标。若2020年我国光伏装机容量实现“十三五”规划目标，则2017—2020年年均新增装机容量要达到832万千瓦，而考虑到2014年、2015年、2016年我国太阳能发电新增装机分别高达1248万千瓦、1732万千瓦、3454万千瓦，若2017—2020年太阳能新增装机容量保持在2014—2016年中间的水平，显然“十三五”规划目标必会超额完成。

本书取 2014—2016 年太阳能新增装机容量的平均水平约每年新增装机容量为 2145 万千瓦，依此增速 2020 年太阳能发电装机容量将会达到 1.6 亿千瓦，那么“十三五”规划目标的完成率达到 145%，低于“十二五”规划目标完成率。根据 2030 年预测风电装机容量为 3 亿千瓦，若 2020—2030 年风电匀速发展，计算得 10 年间年均增长速度为 6.5%，低于 2016—2020 年 20% 的年均增长速度，符合随着规模增加发展速度下降的规律。据此年均增长速度倒推 2025 年我国太阳能发电装机容量为 2.2 亿千瓦，2028 年我国太阳能发电装机容量为 2.6 亿千瓦。根据上述分析得到 2017—2028 年我国太阳能发电装机容量（见表 6－32）。

表 6－32　　2017—2028 年我国太阳能电累计装机容量　　单位：万千瓦

年份	装机容量
2017	9220
2018	11079
2019	13314
2020	16000
2021	17038
2022	18143
2023	19321
2024	20574
2025	21909
2026	23330
2027	24844
2028	26456

从表 6－32 看，2017 年我国太阳能发电装机容量将达到 9220 万千瓦，2028 年我国太阳能发电装机容量将达到 26456 万千瓦。

6.5　能源供给结构预测

能源供给结构是指各能源品种在能源生产总量中所占的比重，在上文中已经对2017—2028年我国煤炭、石油、天然气以及非化石能源的生产量做了预测，本节将根据上文预测结果预测未来10年我国能源供给结构。首先要将非化石能源生产量折算成标准煤，然后再预测能源供给结构。

非化石能源是以电力的形式供应的，因此需要根据非化石能源的装机容量估算其发电量。上文中对非化石能源的预测只给出2020年、2025年以及2028年3个时间点的预测结果，本节采用年均增长率法倒推中间年份非化石能源的装机容量。

首先看非化石能源各年份装机容量。上文预测2020年、2025年和2028年我国水电装机容量分别为3.8亿千瓦、4.7亿千瓦和5亿千瓦，计算2016—2020年、2020—2025年、2025—2028年水电装机容量的年均增长速度分别为3.5%、4.3%及2.1%，依此平均速度可以预测2017—2028年全部年份水电装机容量。同理可以预测2017—2028年我国风电、核电以及太阳能发电的装机容量（见表6-33）。

表6-33　　2017—2028年我国非化石能源装机容量　　单位：万千瓦

年份	水电	核电	风电	太阳能
2017	34282	3813	16613	9220
2018	35479	4323	18568	11079
2019	36718	4901	20752	13314
2020	38000	5557	23194	16000
2021	39650	6069	25054	17038
2022	41372	6627	27062	18143
2023	43169	7238	29232	19321
2024	45044	7904	31575	20574
2025	47000	8632	34107	21909
2026	47979	9341	36562	23330
2027	48979	10108	39193	24844
2028	50000	10938	42014	26456

其次预测非化石能源发电量。各品种能源年发电量等于各品种能源装机容量乘以年发电小时数。本书取水电3200小时、核电7000小时、风电1900小

时、太阳能发电 1500 小时，① 据此算出 2017—2028 年我国非化石能源发电量（见表 6－34）。

表 6－34　　2017—2028 年我国非化石能源发电量　　单位：亿千瓦时

年份	水电	核电	风电	太阳能	总发电量
2017	10970	2669	3156	1383	18179
2018	11353	3026	3528	1662	19569
2019	11750	3431	3943	1997	21121
2020	12160	3890	4407	2400	22857
2021	12688	4248	4760	2556	24252
2022	13239	4639	5142	2721	25742
2023	13814	5066	5554	2898	27333
2024	14414	5533	5999	3086	29032
2025	15040	6042	6480	3286	30849
2026	15353	6539	6947	3500	32338
2027	15673	7076	7447	3727	33922
2028	16000	7657	7983	3968	35608

最后通过折标系数将发电量换算成标准煤。我国电力折算成标准煤有两种方法：当量值和等价值，当量值是按每千瓦小时电本身热量换算成相同热量的标准煤，当量折标系数不变，1 千瓦时＝0.1229 克标准煤。等价值是火电厂每供应 1 千瓦时电所消费的热量，等价值折标系数以当年的获利发电平均供电标准煤耗计算，随着发电机组效率的提高会逐年下降，因此等价值折标系数是变化的。国家统计局数据统一采用的是等价值折算，为了与前文中数据统一，本书亦采用等价值折算系数。由于等价值折算系数是变化的，需要先预测未来 10 年等价值折算系数。根据国家统计局的非化石能源发电量（千瓦时）及非化石能源折标煤生产量计算历年的非化石能源等价值折标系数（见表 6－35）。

① 林伯强，李江龙．环境治理约束下的中国能源结构转变——基于煤炭和二氧化碳峰值的分析［J］．中国社会科学，2015（9）．

表6－35　2006—2015年我国非化石能源电力等价值折标系数

年份	非化石能源生产量（万吨标准煤）	非化石能源发电量（亿千瓦时）	等价值折标系数（千克标准煤/千瓦时）
2006	20805	4906	0.4240
2007	22719	5474	0.4150
2008	26355	6536	0.4032
2009	28037	6858	0.4088
2010	32461	8407	0.3861
2011	32657	8556	0.3817
2012	39317	10655	0.3690
2013	42336	11731	0.3609
2014	48128	13530	0.3557
2015	52414	14868	0.3525

资料来源：国家统计局。

画出2006—2015年电力等价值折标系数的散点图（见图6－5），由于等价值折标系数与发电机组的效率有关，随着技术的进步折标系数值会逐渐下降，技术进步通常呈现指数趋势，因此对上述数据做指数趋势拟合。

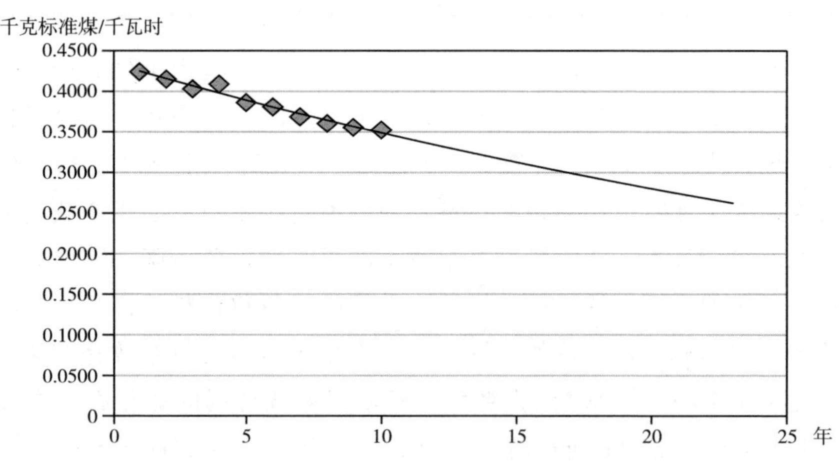

图6－5　2006—2015年电力等价值折标系数

用EXCEL对散点图做指数趋势拟合，得到拟合公式 $y=0.4342e^{-0.022x}$，拟合度 $R^2=0.9708$，无论从图6－5拟合线看还是从拟合度看，该公式都较好地拟合了过去的数据，因此可以用此公式预测2017—2028年我国电力等价值折标系数（见表 6－36）。

表 6－36　　2017—2028 年我国电力等价值折标系数　　单位：千克标准煤/千瓦时

年份	折标系数
2017	0.3416
2018	0.3348
2019	0.3282
2020	0.3217
2021	0.3153
2022	0.3091
2023	0.3029
2024	0.2969
2025	0.2911
2026	0.2853
2027	0.2796
2028	0.2741

根据非化石能源供给量（按标准煤计）= 非化石能源发电量 × 电力等价值折标系数可以预测 2017—2028 年我国按非化石能源供给量（按标准煤计）（见表 6－37）。

表 6－37　　2017—2028 年我国非化石能源供给量　　单位：万吨标准煤

年份	非化石能源供给量
2017	62090
2018	65515
2019	69310
2020	73522
2021	76465
2022	79555
2023	82799
2024	86207
2025	89787
2026	92258
2027	94860
2028	97602

根据前文对化石能源生产总量的预测及对非化石能源生产量的预测可以得到2017—2028年我国能源供给结构（见表6－38）。

表6－38　2017—2028年我国能源供给结构　单位：%

年份	煤炭	石油	天然气	非化石能源
2017	73.2	7.4	4.8	14.6
2018	73.4	7.1	4.8	14.6
2019	73.5	6.9	4.9	14.7
2020	73.6	6.6	5.0	14.8
2021	73.9	6.4	5.1	14.6
2022	74.1	6.2	5.2	14.5
2023	74.4	6.0	5.3	14.4
2024	74.7	5.7	5.4	14.2
2025	74.9	5.5	5.5	14.1
2026	75.3	5.4	5.6	13.8
2027	75.7	5.2	5.6	13.5
2028	76.0	5.0	5.7	13.2

从表6－38看，在我国能源供给结构中，煤炭和天然气呈现出上升趋势，天然气上升速度要低于煤炭上升速度，煤炭从2017年的73.2%上升到2028年的76%，增长了近3个百分点，而天然气从2017年的4.8%增长到2028年的5.7%，涨幅还不到1个百分点；石油则呈现出下降趋势从2017年的7.4%降至2028年的5%，降了2.4个百分点；非化石能源呈现震荡下降的趋势，从2017年的14.6%震荡下降至2028年的13.2%，下降1.4个百分点。

第7章

未来10年我国能源消费需求预测分析

7.1　能源消费需求量GM（1，1）模型预测

受我国能源资源禀赋的影响，长期以来我国一次能源消费结构一直以煤炭消费为主，自1978年至今大部分年份煤炭消费占比都在70%以上，2011年以来煤炭消费占比开始呈现下降趋势，从2011年的70.2%一直降至2016年62%，我国石油消费占比相对稳定，一直在18%左右，天然气消费占比较低，至2016年尚未超过6%。本节首先用GM(1,1)模型分别预测了未来10年我国能源消费需求总量、煤炭、石油、天然气的消费需求量。

鉴于能源供给量和能源消费需求量的影响因素差别较大，因此在选用原始数据序列时考虑有所不同，有必要说明一下。能源供给量的影响因素更多是由资源禀赋、技术进步等，这些因素不可控性较强。比如资源禀赋是由自然条件决定的，而技术进步也并非有规律可循，往往具有突发性，因此选用较多的历史数据作为原始序列能更好地体现出数据的历史规律。能源消费需求量虽然也受资源禀赋的影响，但是受社会条件等因素的影响也很大，例如经济增长速度、产业结构、能源政策等，这些因素可控性较强，更多的体现了主观意志，因此选取反映主观意志的具有政策一致性阶段的数据能更好地反映能源消费需求的发展趋势。考虑到当前影响我国能源消费需求的主要因素除了经济增长之外就是碳排放约束，因此选取“十一五”（2006—2016年）以来的历史数据作为原始数据序列，这是由于我国从“十一五”时期才真正开始重视能源的低碳发展，并将能源强度作为约束目标放进了政府规划中。下面运用GM(1,1)模型分别对我国能源消费需求总量、煤炭、石油、天然气消费需求量做预测。

7.1.1　能源消费需求总量GM(1,1)模型预测

根据国家统计局数据库选取2006—2016年我国能源消费总量数据作为原始数据序列，按照4.1节介绍的GM(1,1)模型，建立灰色预测模型，预测2017—2028年我国能源消费需求总量。

首先对数据进行处理：选取原始序列$X^{(0)}$即2006—2016年我国能源消费需求总量，对$X^{(0)}$进行一次累加得到序列$X^{(1)}$，根据（式4－2）计算得到序列$Z^{(1)}$，将$X^{(0)}$，$X^{(1)}$，$Z^{(1)}$三个序列如表7－1所示。

表7-1　　能源消费总量GM(1,1)预测模型$X^{(0)}$，$X^{(1)}$，$Z^{(1)}$序列　　单位：万吨标准煤

原始序列$X^{(0)}$	一次累加序列$X^{(1)}$	序列$Z^{(1)}$
286467	286467	
311442	597909	442188
320611	918520	758215
336126	1254646	1086583
360648	1615294	1434970
387043	2002337	1808816
402138	2404475	2203406
416913	2821388	2612932
425806	3247194	3034291
429905	3677099	3462147
436000	4113099	3895099

根据（式4-4）构造矩阵Y、B，计算得参数a、b的值：

$$\hat{a}=\begin{bmatrix}a\\b\end{bmatrix}=\begin{bmatrix}-0.039109\\301556.0805\end{bmatrix}$$

根据（式4-7）可得$\hat{x}^{(1)}(k)$的预测模型：

$$\hat{x}^{(1)}(k)=7997090.4e^{0.039109(k-1)}-7710623.36 \qquad （式7-1）$$

根据（式4-8）对$\hat{x}^{(1)}(k)$进行累减还原得到$\hat{x}^{(0)}(k)$的预测模型：

$$\hat{x}^{(0)}(k)=306722.24e^{0.039109(k-1)} \qquad （式7-2）$$

根据（式7-2）得到2006—2016年我国能源消费总量的预测值（见表7-2）。

表7-2　　2006—2016年我国能源消费总量的GM(1,1)模型预测　　单位：万吨标准煤

年份	Y_1	Y_2	δ_1	δ_2
2006	286467	286467	0	2.62%
2007	311442	318956	-7514	3.55%
2008	320611	331677	-11066	2.74%
2009	336126	344906	-8780	0.59%
2010	360648	358662	1986	3.90%
2011	387043	372967	14076	3.69%

续表

年份	Y_1	Y_2	δ_1	δ_2
2012	402138	387842	14296	3.38%
2013	416913	403311	13602	1.54%
2014	425806	419397	6409	1.46%
2015	429905	436124	-6219	4.07%
2016	436000	453518	-17518	2.62%

注：Y_1代表实际值，Y_2代表预测值，δ_1代表相对误差，δ_2代表绝对误差。

资料来源：实际值来自国家统计局网站及《2016 年国民经济和社会发展统计公报》。

用表 7-2 中 2006—2016 年的我国能源消费总量的预测值检验该模型的预测效果。首先从预测精度看，2006—2016 年间的平均相对误差为 2.76%，预测精度达到 97.24%。再利用后验差检验，后验差等于残差标准差与实际值标准差的比值，其值越小越好，通常认为当后验差小于 0.5 时，该模型的预测效果较好。用 S_1 表示残差标准差，计算得到 $S_1 = 10592$，用 S_2 表示实际值标准差，计算得到 $S_2 = 40466$，用 C 表示后验差，计算得到 $C = S_1/S_2 = 0.26$，符合灰色预测模型后验差的要求，可见所构建的灰色预测模型效果较好，因此利用该模型预测 2017—2028 年我国能源消费总量，预测结果如表 7-3 所示。

表 7-3　2017—2028 年我国能源消费总量 GM(1,1) 模型预测　单位：万吨标准煤

年份	预测值
2017	471606
2018	490416
2019	509976
2020	530316
2021	551467
2022	573461
2023	596333
2024	620117
2025	644850
2026	670569
2027	697314
2028	725126

从表 7-3 看，2017 年我国能源消费量将会达到 471606 万吨标准煤，2028

年我国能源消费总量将会达到725126万吨标准煤，约是2016年我国能源消费量的1.9倍，2017—2028年我国能源消费总量年均增长率约为4%。

7.1.2 煤炭消费需求量GM(1,1)模型预测

根据国家统计局数据库选取2006—2016年我国煤炭消费总量数据作为原始数据序列，按照4.1节介绍的GM(1,1)模型，建立灰色预测模型，预测2017—2028年我国煤炭需求总量。

首先对数据进行处理：选取原始序列$X^{(0)}$即2006—2016年我国煤炭需求总量，对$X^{(0)}$进行一次累加得到序列$X^{(1)}$，根据（式4－2）计算得到序列$Z^{(1)}$，将$X^{(0)}$，$X^{(1)}$，$Z^{(1)}$三个序列列表如表7－4所示。

表7－4　煤炭消费总量GM(1,1)预测模型$X^{(0)}$，$X^{(1)}$，$Z^{(1)}$序列　单位：万吨标准煤

原始序列$X^{(0)}$	一次累加序列$X^{(1)}$	序列$Z^{(1)}$
207402	207402	
225795	433198	320300
229237	662434	547816
240666	903101	782768
249568	1152669	1027885
271704	1424373	1288521
275465	1699838	1562106
280999	1980837	1840337
279329	2260166	2120502
273849	2534015	2397091
270320	2804335	2669175

根据（式4－4）构造矩阵Y、B，计算得参数a、b的值：

$$\hat{a}=\begin{bmatrix}a\\b\end{bmatrix}=\begin{bmatrix}-0.022732\\226604.1367\end{bmatrix}$$

根据（式4－7）可得$\hat{x}^{(1)}(k)$的预测模型：

$$\hat{x}^{(1)}(k)=10176105.1e^{0.022732(k-1)}-9968702.96 \quad （式7－3）$$

根据（式4－8）对$\hat{x}^{(1)}(k)$进行累减还原得到$\hat{x}^{(0)}(k)$的预测模型：

$$\hat{x}^{(0)}(k)=228709.4e^{0.022732(k-1)} \quad （式7－4）$$

根据（式 7－4）得到 2006—2016 年我国煤炭消费需求量的预测值（见表 7－5）。

表 7－5　2006—2016 年我国煤炭消费量的 GM(1,1) 模型预测　单位：万吨标准煤

年份	Y_1	Y_2	δ_1	δ_2
2006	207402.11	207402.07	0.04	3.62%
2007	225795.45	233972.48	－8177.03	4.41%
2008	229236.87	239352.05	－10115.18	1.74%
2009	240666.22	244855.32	－4189.10	0.37%
2010	249568.42	250485.11	－916.69	5.69%
2011	271704.19	256244.35	15459.84	4.84%
2012	275464.53	262136.01	13328.52	4.57%
2013	280999.36	268163.13	12836.23	1.79%
2014	279328.74	274328.83	4999.91	2.48%
2015	273849.49	280636.29	－6786.80	6.20%
2016	270320.00	287088.77	－16768.77	3.62%

注：Y_1 代表实际值，Y_2 代表预测值，δ_1 代表相对误差，δ_2 代表绝对误差。
资料来源：实际值来自国家统计局网站及《2016 年国民经济和社会发展统计公报》。

用表 7－5 中 2006—2016 年的我国煤炭消费量的预测值检验该模型的预测效果。首先从预测精度看，2006—2016 年的平均相对误差为 3.57%，预测精度达到 96.43%。再利用后验差检验，后验差等于残差标准差与实际值标准差的比值，其值越小越好，通常认为当后验差小于 0.5 时，该模型的预测效果较好。用 S_1 表示残差标准差，计算得到 $S_1 = 10096$，用 S_2 表示实际值标准差，计算得到 $S_2 = 24444$，用 C 表示后验差，计算得到 $C = S_1/S_2 = 0.41$，符合灰色预测模型后验差的要求，可见所构建的灰色预测模型效果较好，因此可利用该模型预测 2017—2028 年我国煤炭消费量，预测结果如表 7－6 所示。

表 7－6　2017—2028 年我国煤炭消费量 GM(1,1) 模型预测　单位：万吨标准煤

年份	预测值
2017	293690
2018	300442
2019	307350
2020	314417
2021	321646

续表

年份	预测值
2022	329041
2023	336607
2024	344346
2025	352264
2026	360363
2027	368648
2028	377125

从表7－6看，2017年我国煤炭消费量将会达到293690万吨标准煤，2028年我国煤炭消费量将会达到377125万吨标准煤，约是2016年我国煤炭消费量的1.4倍，2017—2028年我国煤炭消费量年均增长率约为2.3%。

7.1.3 石油消费需求量GM(1,1)模型预测

根据国家统计局数据库选取2006—2016年我国石油消费总量数据作为原始数据序列，按照4.1节介绍的GM(1,1)模型，建立灰色预测模型，预测2017—2028年我国石油消费需求总量。

首先对数据进行处理：选取原始序列$X^{(0)}$即2006—2016年我国石油消费需求总量，对$X^{(0)}$进行一次累加得到序列$X^{(1)}$，根据（式4－2）计算得到序列$Z^{(1)}$，将$X^{(0)}$，$X^{(1)}$，$Z^{(1)}$三个序列列表，如表7－7所示。

表7－7　石油消费总量GM(1,1)预测模型$X^{(0)}$，$X^{(1)}$，$Z^{(1)}$序列

单位：万吨标准煤[①]

原始序列$X^{(0)}$	一次累加序列$X^{(1)}$	序列$Z^{(1)}$
50132	50132	
52945	103077	76604
53542	156619	129848
55125	211744	184181
62753	274496	243120
65023	339520	307008

① 为了方便不同能源品种消费量之间的比较，此处将原油换算成万吨标准煤单位。

续表

原始序列 $X^{(0)}$	一次累加序列 $X^{(1)}$	序列 $Z^{(1)}$
68363	407883	373701
71292	479175	443529
74090	553265	516220
78673	631938	592602
83000	714938	673438

根据（式 4 - 4）构造矩阵 Y、B，计算得参数 a、b 的值：

$$\hat{a} = \begin{bmatrix} a \\ b \end{bmatrix} = \begin{bmatrix} -0.052038 \\ 48058.00 \end{bmatrix}$$

根据（式 4 - 7）可得 $\hat{x}^{(1)}(k)$ 的预测模型：

$$\hat{x}^{(1)}(k) = 973657.93e^{0.052038(k-1)} - 923526.20 \quad （式 7 - 5）$$

根据（式 4 - 8）对 $\hat{x}^{(1)}(k)$ 进行累减还原得到 $\hat{x}^{(0)}(k)$ 的预测模型：

$$\hat{x}^{(0)}(k) = 49371.02e^{0.052038(k-1)} \quad （式 7 - 6）$$

根据（式 7 - 6）得到 2006—2016 年我石油消费量的预测值（见表 7 - 8）。

表 7 - 8　2006—2016 年我国石油消费量的 GM(1,1) 模型预测　单位：万吨标准煤

年份	Y_1	Y_2	δ_1	δ_2
2006	50132	50132	0	
2007	52945	52008	937	1.77%
2008	53542	54786	-1244	2.32%
2009	55125	57713	-2588	4.69%
2010	62753	60795	1957	3.12%
2011	65023	64043	981	1.51%
2012	68363	67464	900	1.32%
2013	71292	71067	225	0.32%
2014	74090	74863	-773	1.04%
2015	78673	78862	-190	0.24%
2016	83000	83075	-75	0.09%

注：Y_1 代表实际值，Y_2 代表预测值，δ_1 代表相对误差，δ_2 代表绝对误差。

资料来源：实际值来自国家统计局网站及《2016 年国民经济和社会发展统计公报》。

用表 7 - 8 对 2006—2016 年的我国石油消费量的预测值检验该模型的预测效果。首先从预测精度看，2006—2016 年的平均相对误差为 1.64%，预测精度

达到98.36%。再利用后验差检验，后验差等于残差标准差与实际值标准差的比值，其值越小越好，通常认为当后验差小于0.5时，该模型的预测效果较好。用S_1表示残差标准差，计算得到$S_1=1184$，用S_2表示实际值标准差，计算得到$S_2=10637$，用C表示后验差，计算得到$C=S_1/S_2=0.11$，符合灰色预测模型后验差的要求，可见所构建的灰色预测模型效果较好，因此利用该模型预测2017—2028年我国石油消费量，预测结果如表7－9所示。

表7－9　　2017—2028年我国石油消费量GM(1,1)模型预测　　单位：万吨标准煤

年份	预测值
2017	87512
2018	92187
2019	97111
2020	102298
2021	107762
2022	113518
2023	119582
2024	125969
2025	132698
2026	139786
2027	147253
2028	155118

从表7－9看，2017年我国石油消费量将会达到87512万吨标准煤，2028年我国石油消费量将会达到155118万吨标准煤，约是2016年我国石油消费量的1.9倍，2017—2028年我国石油消费量年均增长率约为5.3%。

7.1.4　天然气消费需求量GM(1,1)模型预测

根据国家统计局数据库选取2006—2016年我国天然气消费总量数据作为原始数据序列，按照4.1节介绍的GM（1，1）模型，建立灰色预测模型，预测2017—2028年我国天然气消费需求总量。

首先对数据进行处理：选取原始序列$X^{(0)}$即2006—2016年我国天然气消费需求总量，对$X^{(0)}$进行一次累加得到序列$X^{(1)}$，根据（式4－2）计算得到序列$Z^{(1)}$，将$X^{(0)}$，$X^{(1)}$，$Z^{(1)}$三个序列列表，如表7－10所示。

表 7－10　　天然气消费总量 GM(1,1) 预测模型 $X^{(0)}$，$X^{(1)}$，$Z^{(1)}$ 序列　　单位：万吨标准煤①

原始序列 $X^{(0)}$	一次累加序列 $X^{(1)}$	序列 $Z^{(1)}$
7735	7735	
9343	17078	12406
10901	27979	22528
11764	39743	33861
14426	54169	46956
17804	71973	63071
19303	91276	81624
22096	113372	102324
24271	137643	125507
25364	163007	150325
27394	190401	176704

根据（式 4－4）构造矩阵 Y、B，计算得参数 a、b 的值：

$$\hat{a}=\begin{bmatrix}a\\b\end{bmatrix}=\begin{bmatrix}-0.113496\\9013.22\end{bmatrix}$$

根据（式 4－7）可得 $\hat{x}^{(1)}(k)$ 的预测模型：

$$\hat{x}^{(1)}(k)=87149.13e^{0.113496(k-1)}-79414.52 \qquad (式7-7)$$

根据（式 4－8）对 $\hat{x}^{(1)}(k)$ 进行累减还原得到 $\hat{x}^{(0)}(k)$ 的预测模型：

$$\hat{x}^{(0)}(k)=9350.42e^{0.113496(k-1)} \qquad (式7-8)$$

根据（式 7－8）得到 2006—2016 年我天然气消费量的预测值，如表 7－11所示。

表 7－11　　2006—2016 年我国天然气消费量的 GM(1,1) 模型预测　　单位：万吨标准煤

年份	Y_1	Y_2	δ_1	δ_2
2006	7735	7735	0	12.10%
2007	9343	10474	－1131	7.64%
2008	10901	11733	－832	11.72%
2009	11764	13143	－1379	2.06%
2010	14426	14723	－297	7.37%

① 为了方便不同能源品种消费量之间的比较，此处将天然气换算成万吨标准煤单位。

续表

年份	Y_1	Y_2	δ_1	δ_2
2011	17804	16492	1312	4.29%
2012	19303	18475	828	6.34%
2013	22096	20695	1401	4.49%
2014	24271	23182	1089	2.38%
2015	25364	25969	-604	6.19%
2016	27394	29090	-1696	12.10%

注：Y_1代表实际值，Y_2代表预测值，δ_1代表相对误差，δ_2代表绝对误差。

资料来源：实际值来自国家统计局网站及《2016年国民经济和社会发展统计公报》。

用表7-11对2006—2016年的我国天然气消费量的预测值检验该模型的预测效果。首先从预测精度看，2006—2016年的平均相对误差为6.46%，预测精度达到93.54%。再利用后验差检验，后验差等于残差标准差与实际值标准差的比值，其值越小越好，通常认为当后验差小于0.5时，该模型的预测效果较好。用S_1表示残差标准差，计算得到$S_1=1070$，用S_2表示实际值标准差，计算得到$S_2=6588$，用C表示后验差，计算得到$C=S_1/S_2=0.16$，符合灰色预测模型后验差的要求，可见所构建的灰色预测模型效果较好，因此可利用该模型预测2017—2028年我国天然气消费量，预测结果如表7-12所示。

表7-12　2017—2028年我国天然气消费量GM(1,1)模型预测　单位：万吨标准煤

年份	预测值
2017	32586
2018	36502
2019	40889
2020	45804
2021	51309
2022	57475
2023	64383
2024	72121
2025	80789
2026	90499
2027	101376
2028	113560

从表 7－12 看，2017 年我国天然气消费量将会达到 32586 万吨标准煤，2028 年我国天然气消费量将会达到 113560 万吨标准煤，约是 2016 年我国天然气消费量的 4.1 倍，2017—2028 年我国天然气消费量年均增长率约为 12%。

7.2　能源消费需求量趋势外推模型预测

在 GM(1,1)模型预测能源消费需求量时阐述过能源需求与能源供给的影响因素差别较大，因此历史数据的选取也会有所不同，在 GM(1,1)模型中选取了 2006—2016 年的历史数据作为原始数据。用趋势外推模型预测能源消费需求量时本书选取了 2000—2016 年的历史数据，因为趋势外推模型较长的历史数据能更好地进行趋势拟合，且在下文中可以看出 2000—2016 年的历史数据呈现较为一致的变动趋势。

7.2.1　能源消费需求总量趋势外推模型预测

根据国家统计局数据库选取 2000—2016 年我国能源消费总量数据，将这些数据绘制散点（见图 7－1）。

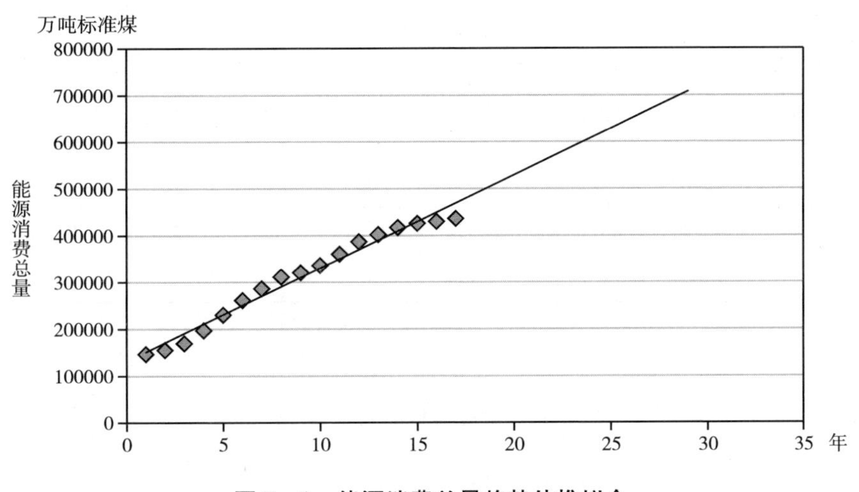

图 7－1　能源消费总量趋势外推拟合

利用 Excel 表格进行趋势拟合，得到一条直线，其表达式为 y＝419870x＋131404，拟合度 $R^2=0.9759$，从图 7－1 及拟合度看，该直线模型能够较好地拟合能源消费总量的变动趋势，故用该模型预测 2000—2016 年能源消费总量。

从表7－13看，2000—2016年间的平均相对误差为4.68%，预测精度达到95.32%，预测精度较高，故可用该模型预测2017—2028年我国能源消费总量，预测结果见表7－14。

表7－13　2000—2016年能源消费总量趋势外推模型预测　单位：万吨标准煤

年份	Y_1	Y_2	δ_1	δ_2
2000	146964	151274	－4310	2.93%
2001	155547	171144	－15597	10.03%
2002	169577	191014	－21437	12.64%
2003	197083	210884	－13801	7.00%
2004	230281	230754	－473	0.21%
2005	261369	250624	10745	4.11%
2006	286467	270494	15973	5.58%
2007	311442	290364	21078	6.77%
2008	320611	310234	10377	3.24%
2009	336126	330104	6022	1.79%
2010	360648	349974	10674	2.96%
2011	387043	369844	17199	4.44%
2012	402138	389714	12424	3.09%
2013	416913	409584	7329	1.76%
2014	425806	429454	－3648	0.86%
2015	429905	449324	－19419	4.52%
2016	436000	469194	－33194	7.61%

注：Y_1代表实际值，Y_2代表预测值，δ_1代表相对误差，δ_2代表绝对误差。
资料来源：实际值来自国家统计局网站及《2016年国民经济和社会发展统计公报》。

表7－14　2017—2028年我国能源消费总量趋势外推模型预测　单位：万吨标准煤

年份	预测值
2017	489064
2018	508934
2019	528804
2020	548674

续表

年份	预测值
2021	568544
2022	588414
2023	608284
2024	628154
2025	648024
2026	667894
2027	687764
2028	707634

从表 7－14 看，2017 年我国能源消费总量将会达到 489064 万吨标准煤，2028 年我国能源消费总量将会达到 707634 万吨标准煤，约是 2016 年我国能源消费总量的 1.6 倍，2017—2028 年我国能源消费总量年均增长率约为 3.4%。

7.2.2　煤炭消费需求量趋势外推模型预测

根据国家统计局数据库选取 2000—2016 年我国煤炭需求量数据，将这些数据绘制散点图（见图 7－2）。

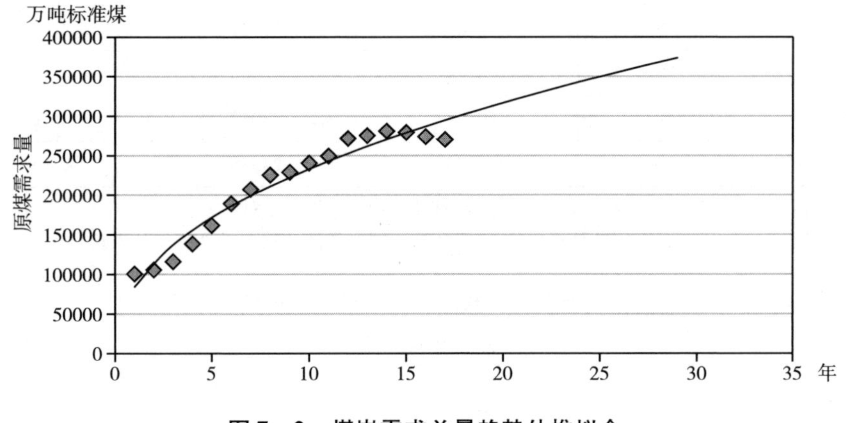

图 7－2　煤炭需求总量趋势外推拟合

利用 Excel 表格进行趋势拟合，得到一条曲线，其表达式为 $y = 84306x^{0.4417}$，拟合度 $R^2 = 0.9472$，从图 7－2 及拟合度看，该直线模型能够较好地拟合煤炭消费需求量的变动趋势，故用该模型预测 2000—2016 年煤炭消费需求量。

从表7－15看，2000—2016年间的平均相对误差为6.56%，预测精度达到93.44%，预测精度较高，故可利用该模型预测2017—2028年我国煤炭消费需求量，预测结果如表7－16所示。

表7－15　　2000—2016年煤炭需求量趋势外推模型预测　　单位：万吨标准煤

年份	Y_1	Y_2	δ_1	δ_2
2000	100670	84306	16364	16.26%
2001	105772	114505	－8733	8.26%
2002	116160	136963	－20803	17.91%
2003	138352	155521	－17168	12.41%
2004	161657	171630	－9973	6.17%
2005	189231	186024	3208	1.70%
2006	207402	199131	8271	3.99%
2007	225795	211229	14567	6.45%
2008	229237	222509	6728	2.93%
2009	240666	233109	7558	3.14%
2010	249568	243132	6437	2.58%
2011	271704	252658	19046	7.01%
2012	275465	261750	13714	4.98%
2013	280999	270460	10539	3.75%
2014	279329	278829	500	0.18%
2015	273849	286892	－13042	4.76%
2016	270320	294678	－24358	9.01%

注：Y_1代表实际值，Y_2代表预测值，δ_1代表相对误差，δ_2代表绝对误差。
资料来源：实际值来自国家统计局网站及《2016年国民经济和社会发展统计公报》。

表7－16　　2017—2028年我国煤炭消费需求量趋势外推模型预测　　单位：万吨标准煤

年份	预测值
2017	302212
2018	309517
2019	316609
2020	323506

续表

年份	预测值
2021	330222
2022	336770
2023	343161
2024	349405
2025	355510
2026	361486
2027	367340
2028	373078

从表 7 - 16 看，2017 年我国煤炭消费需求量将会达到 302212 万吨标准煤，2028 年我国煤炭消费需求量将会达到 373078 万吨标准煤，约是 2016 年我国煤炭消费量的 1.4 倍，2017—2028 年我国煤炭需求量年均增长率约为 1.9%。

7.2.3　石油消费需求量趋势外推模型预测

根据国家统计局数据库选取 2000—2016 年我国石油消费需求量数据，将这些数据绘制散点图（见图 7 - 3）。

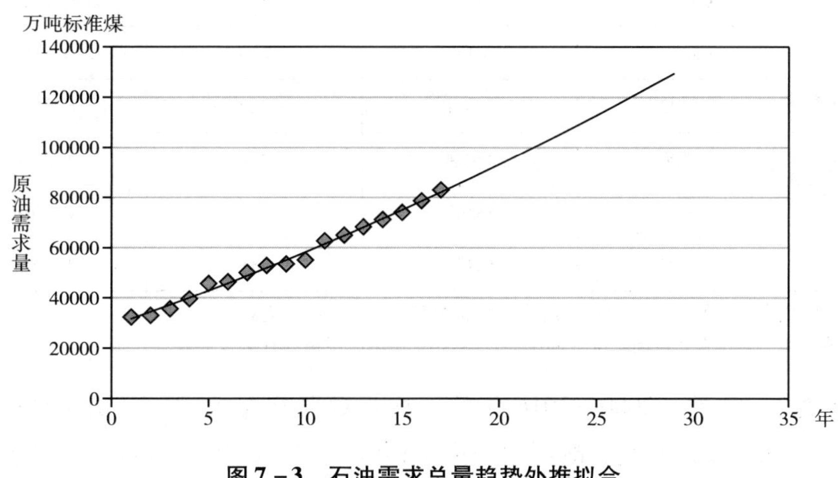

图 7 - 3　石油需求总量趋势外推拟合

利用 Excel 表格进行趋势拟合，得到一条二次抛物线，其表达式为 $y = 27.965x^2 +$

2652.4x+28946，拟合度 $R^2=0.9922$，从图7-3及拟合度看，该模型能够较好地拟合石油消费需求量的变动趋势，故可用该模型预测2000—2016年石油消费需求量（见表7-17）。

表7-17　2000—2016年石油消费需求量趋势外推模型预测　单位：万吨标准煤

年份	Y_1	Y_2	δ_1	δ_2
2000	32332	31626	706	2.18%
2001	32976	34363	-1387	4.21%
2002	35611	37155	-1544	4.33%
2003	39614	40003	-389	0.98%
2004	45826	42907	2919	6.37%
2005	46524	45867	657	1.41%
2006	50132	48883	1249	2.49%
2007	52945	51955	990	1.87%
2008	53542	55083	-1541	2.88%
2009	55125	58267	-3142	5.70%
2010	62753	61506	1247	1.99%
2011	65023	64802	221	0.34%
2012	68363	68153	210	0.31%
2013	71292	71561	-269	0.38%
2014	74090	75024	-934	1.26%
2015	78673	78543	129	0.16%
2016	83000	82119	881	1.06%

注：Y_1代表实际值，Y_2代表预测值，δ_1代表相对误差，δ_2代表绝对误差。

资料来源：实际值来自国家统计局网站及《2016年国民经济和社会发展统计公报》。

从表7-17看，2000—2016年的平均相对误差为2.23%，预测精度达到97.77%，预测精度较高，故可用该模型预测2017—2028年我国石油消费需求量，预测结果如表7-18所示。

表 7 - 18　　2017—2028 年我国石油消费需求量趋势外推模型预测

单位：万吨标准煤

年份	预测值
2017	85750
2018	89437
2019	93180
2020	96979
2021	100834
2022	104745
2023	108711
2024	112734
2025	116813
2026	120947
2027	125138
2028	129384

从表 7 - 18 看，2017 年我国石油消费量将会达到 85750 万吨标准煤，2028 年我国石油消费需求量将会达到 129384 万吨标准煤，约是 2016 年我国石油消费需求量的 1.6 倍，2017—2028 年我国石油消费量年均增长率约为 3.8%。

7.2.4　天然气消费需求量趋势外推模型预测

根据国家统计局数据库选取 2000—2016 年我国天然气消费需求量数据，将这些数据绘制散点图（见图 7 - 4）。

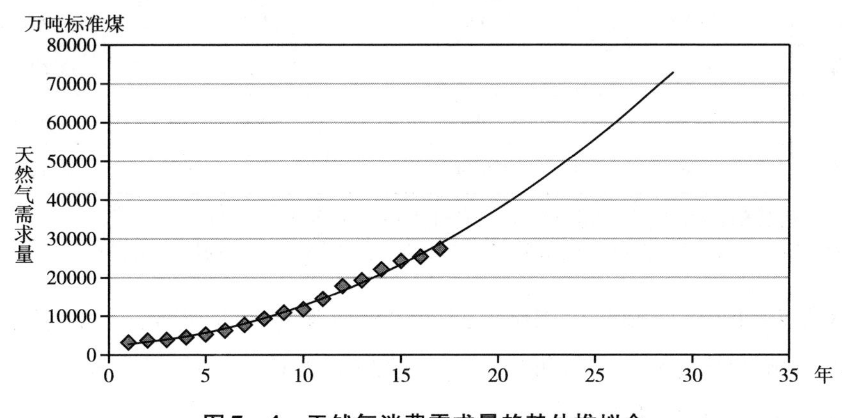

图 7 - 4　天然气消费需求量趋势外推拟合

利用 Excel 表格进行趋势拟合，得到一条二次抛物线，其表达式为 $y = 73.393x^2 + 299.43x + 2385.3$，拟合度 $R^2 = 0.9928$，从图 7－4 及拟合度看，该模型能够较好地拟合天然气消费需求量的变动趋势，故用该模型预测 2000—2016 年天然气消费需求量（见表 7－19）。

表 7－19　　2000—2016 年天然气消费需求量趋势外推模型预测

单位：万吨标准煤

年份	Y_1	Y_2	δ_1	δ_2
2000	3233	2758	475	14.69%
2001	3733	3278	455	12.20%
2002	3900	3944	－44	1.12%
2003	4533	4757	－224	4.95%
2004	5296	5717	－421	7.95%
2005	6273	6824	－551	8.79%
2006	7735	8078	－343	4.43%
2007	9343	9478	－135	1.44%
2008	10901	11025	－124	1.14%
2009	11764	12719	－954	8.11%
2010	14426	14560	－134	0.93%
2011	17804	16547	1257	7.06%
2012	19303	18681	621	3.22%
2013	22096	20962	1134	5.13%
2014	24271	23390	881	3.63%
2015	25364	25965	－600	2.37%
2016	27394	28686	－1293	4.72%

注：Y_1 代表实际值，Y_2 代表预测值，δ_1 代表相对误差，δ_2 代表绝对误差。
资料来源：实际值来自国家统计局网站及《2016 年国民经济和社会发展统计公报》。

从表 7－19 看，2000—2016 年的平均相对误差为 5.40%，预测精度达到 94.60%，预测精度较高，故可用该模型预测了 2017—2028 年我国天然气消费需求量，预测结果如表 7－20 所示。

表7-20　　2017—2028年我国天然气消费需求量趋势外推模型预测　　单位：万吨标准煤

年份	预测值
2017	31554
2018	34569
2019	37731
2020	41040
2021	44495
2022	48097
2023	51846
2024	55742
2025	59784
2026	63973
2027	68309
2028	72792

从表7-20看，2017年我国天然气消费量将会达到31554万吨标准煤，2028年我国天然气消费需求量将会达到72792万吨标准煤，约是2016年我国天然气消费需求量的2.7倍，2017—2028年我国天然气消费量年均增长率约为7.9%。

7.3　能源消费需求量组合模型预测

本节基于GM(1,1)预测和趋势外推预测，利用4.3节介绍的MV法构建了组合预测模型，并使用该模型对2017—2028年我国能源消费需求总量、煤炭、石油和天然气消费需求量进行了预测。

7.3.1　能源消费需求总量组合模型预测

根据GM（1，1）预测和趋势外推预测的误差分析，按照4.3节介绍的基于MV法的组合预测模型的基本原理，通过计算确定了两个单一预测模型的权重：

$W_{灰色预测}=0.69$，$W_{趋势预测}=0.31$

根据权重构建组合预测模型，预测2006—2016年我国能源消费总量（见表7-21）。

表7-21　　2006—2016年我国能源消费总量预测　　单位：万吨标准煤

年份	Y_1	Y_2	δ_1	δ_2
2006	286467	281515	4952	1.73%
2007	311442	310092	1350	0.43%
2008	320611	325030	-4419	1.38%
2009	336126	340317	-4191	1.25%
2010	360648	355969	4679	1.30%
2011	387043	371999	15044	3.89%
2012	402138	388423	13715	3.41%
2013	416913	405256	11657	2.80%
2014	425806	422514	3292	0.77%
2015	429905	440216	-10311	2.40%
2016	436000	458378	-22378	5.13%

注：Y_1代表实际值，Y_2代表预测值，δ_1代表相对误差，δ_2代表绝对误差。

从预测精度看，2006—2016年的平均相对误差为2.23%，预测精度达到97.77%，预测精度较高，利用该模型预测2017—2028年我国能源消费总量，预测结果如表7-22所示。

表7-22　　2017—2028年我国能源消费总量预测　　单位：万吨标准煤

年份	预测值
2017	477018
2018	496157
2019	515812
2020	536007
2021	556761
2022	578097
2023	600038
2024	622609
2025	645834
2026	669740
2027	694354
2028	719704

从表 7 - 22 看，2017 年我国能源消费总量将会达到 477018 万吨标准煤，2028 年我国能源消费总量将会达到 719704 万吨标准煤，约是 2016 年我国能源消费量的 1.7 倍，2017—2028 年我国能源消费总量年均增长率约为 3.8%。

7.3.2　煤炭消费需求总量组合模型预测

根据 GM(1,1) 预测和趋势外推预测的误差分析，按照 4.3 节介绍的基于 MV 法的组合预测模型的基本原理，确定了两个单一预测模型的权重：

$W_{灰色预测} = 0.59$，$W_{趋势预测} = 0.41$

根据权重构建组合预测模型，预测 2006—2016 年我国煤炭消费总量（见表 7 - 23）。

表 7 - 23　　2006—2016 年我国煤炭消费总量预测　　单位：万吨标准煤

年份	Y_1	Y_2	δ_1	δ_2
2006	207402	204011	3391	1.64%
2007	225795	224648	1148	0.51%
2008	229237	232446	-3209	1.40%
2009	240666	240039	627	0.26%
2010	249568	247470	2098	0.84%
2011	271704	254774	16930	6.23%
2012	275465	261978	13487	4.90%
2013	280999	269105	11894	4.23%
2014	279329	276174	3155	1.13%
2015	273849	283201	-9352	3.41%
2016	270320	290200	-19880	7.35%

注：Y_1代表实际值，Y_2代表预测值，δ_1代表相对误差，δ_2代表绝对误差。

从预测精度看，2006—2016 年的平均相对误差为 2.90%，预测精度达到 97.10%，预测精度较高，利用该模型预测 2017—2028 年我国煤炭消费总量，预测结果如表 7 - 24 所示。

表7-24　　2017—2028年我国煤炭消费总量预测　　单位：万吨标准煤

年份	预测值
2017	297184
2018	304163
2019	311146
2020	318143
2021	325162
2022	332210
2023	339294
2024	346420
2025	353595
2026	360823
2027	368112
2028	375465

从表7-24看，2017年我国煤炭消费总量将会达到297184万吨标准煤，2028年我国煤炭消费总量将会达到375465万吨标准煤，约是2016年我国煤炭消费量的1.4倍，2017—2028年我国煤炭消费量年均增长率约为2.1%。

7.3.3　石油消费需求总量组合模型预测

根据GM(1,1)预测和趋势外推预测的误差分析，按照4.3节介绍的基于MV法的组合预测模型的基本原理，确定了两个单一预测模型的权重：

$W_{灰色预测}=0.54$，$W_{趋势预测}=0.46$

根据权重构建组合预测模型，预测2006—2016年我国石油消费总量（见表7-25）。

表7-25　　2006—2016年我国石油消费总量预测　　单位：万吨标准煤

年份	Y_1	Y_2	δ_1	δ_2
2006	50132	49557	574	1.15%
2007	52945	51984	961	1.82%
2008	53542	54923	-1381	2.58%
2009	55125	57967	-2843	5.16%
2010	62753	61122	1630	2.60%

续表

年份	Y_1	Y_2	δ_1	δ_2
2011	65023	64392	631	0. 97%
2012	68363	67781	583	0. 85%
2013	71292	71294	-2	0. 00%
2014	74090	74937	-847	1. 14%
2015	78673	78716	-43	0. 05%
2016	83000	82635	365	0. 44%

注：Y_1代表实际值，Y_2代表预测值，δ_1代表相对误差，δ_2代表绝对误差。

从预测精度看，2006—2016 年的平均相对误差为 1. 52%，预测精度达到 98. 48%，预测精度较高，利用该模型预测 2017—2028 年我国石油消费总量，预测结果如表 7 - 26 所示。

表 7 - 26　　2017—2028 年我国石油消费总量预测　　单位：万吨标准煤

年份	预测值
2017	86701
2018	90922
2019	95303
2020	99851
2021	104575
2022	109482
2023	114582
2024	119881
2025	125391
2026	131120
2027	137080
2028	143281

从表 7 - 26 看，2017 年我国石油消费总量将会达到 86701 万吨标准煤，2028 年我国石油消费总量将会达到 143281 万吨标准煤，约是 2016 年我国石油消费量的 1. 7 倍，2017—2028 年我国石油消费总量年均增长率约为 4. 5%。

7.3.4 天然气消费需求总量组合模型预测

根据GM(1,1)预测和趋势外推预测的误差分析，按照4.3节介绍的基于MV法的组合预测模型的基本原理，确定了两个单一预测模型的权重：

$W_{灰色预测}=0.36$，$W_{趋势预测}=0.64$

根据权重构建组合预测模型，预测2006—2016年我国天然气消费总量（见表7-27）。

表7-27 2006—2016年我国天然气消费总量预测 单位：万吨标准煤

年份	Y_1	Y_2	δ_1	δ_2
2006	7735	7954	-219	2.84%
2007	9343	9837	-493	5.28%
2008	10901	11280	-379	3.48%
2009	11764	12872	-1107	9.41%
2010	14426	14618	-192	1.33%
2011	17804	16527	1277	7.17%
2012	19303	18607	696	3.60%
2013	22096	20866	1230	5.57%
2014	24271	23315	956	3.94%
2015	25364	25966	-602	2.37%
2016	27394	28831	-1438	5.25%

注：Y_1代表实际值，Y_2代表预测值，δ_1代表相对误差，δ_2代表绝对误差。

从预测精度看，2006—2016年的平均相对误差为4.57%，预测精度达到95.43%，预测精度较高，利用该模型预测2017—2028年我国天然气消费总量，预测结果如表7-28所示。

表7-28 2017—2028年我国天然气消费总量预测 单位：万吨标准煤

年份	预测值
2017	31926
2018	35265
2019	38868
2020	42755
2021	46948

续表

年份	预测值
2022	51473
2023	56359
2024	61638
2025	67346
2026	73523
2027	80213
2028	87469

从表 7 - 28 看，2017 年我国天然气消费总量将会达到 31926 万吨标准煤，2028 年我国天然气消费总量将会达到 87469 万吨标准煤，约是 2016 年我国天然气消费量的 3.2 倍，2017—2028 年我国天然气消费总量年均增长率约为 9.6%。

7.4　低碳约束下能源消费需求量预测

本节将从 CO_2 排放强度目标出发预测在减排约束下未来 10 年我国能源消费量。根据 CO_2 排放强度 = CO_2 排放量/GDP 和 CO_2 排放量 = 化石能源消费量 × CO_2 排放综合系数/0.9[①] 两个公式推导化石能源消费量 = CO_2 排放强度 × GDP × 0.9/CO_2 排放综合系数，因此本节首先根据我国 CO_2 排放强度规划目标预测了未来 10 年我国 CO_2 排放强度，其次根据我国经济发展形势预测了未来 10 年我国 GDP 总量，再次根据 CO_2 排放综合系数历史数据的规律预测了未来 10 年我国 CO_2 排放综合系数，最后预测了减排约束下是我国化石能源消费量。

7.4.1　CO_2 排放强度预测

CO_2 排放强度是指单位 GDP 的 CO_2 排放量，衡量的是一国经济发展与 CO_2

① CO_2 排放包括能源消费 CO_2 排放和非能源消费 CO_2 排放，根据世界银行对中国 CO_2 排放量的统计及笔者对能源消费 CO_2 排放的计算，发现长期以来中国能源消费 CO_2 排放约占 CO_2 排放总量的 90%。

排放量之间的关系，通常该指标随着技术进步而下降，我国用该指标作为减排指标。2009年，我国在哥本哈根世界气候大会上宣布，到2020年中国CO_2排放强度在2005年的基础上下降40%—45%，之后便出台了一系列规划以保证该目标的顺利实现。2015年我国向联合国气候变化框架公约秘书处提交了文件承诺我国CO_2排放2030年左右达到峰值并争取尽早达峰，单位国内生产总值CO_2排放比2005年下降60%—65%。我国在减排规划上是以2005年为基年，因此首先算出2005年以来我国CO_2排放强度，CO_2排放强度 = CO_2排放量/GDP，先看我国CO_2排放现状。

CO_2排放源有多种，其中化石能源消费是最为主要的CO_2排放来源，根据世界银行数据，我国化石能源排放的CO_2量约占CO_2排放总量的90%，且化石能源CO_2排放最具有弹性，CO_2减排的主要途径即减少化石能源CO_2排放。因此，下文将对我国化石能源CO_2排放进行分析。

化石能源消费包括煤炭、石油、天然气三种化石能源，不同品种的化石能源在消费过程中释放相同的热量时排放的CO_2量不相同，称之为CO_2排放系数。本书CO_2排放系数采用的是国家发改委网站《节能低碳技术推广管理暂行办法》（发改环资〔2014〕19号）的规定：煤炭为2.64tCO_2/tce，石油为2.08tCO_2/tce，天然气为1.63tCO_2/tce。化石能源消费CO_2排放量就等于各能源品种消费量与各自CO_2排放系数乘积之和。据此计算出2005—2016年我国能源消费CO_2排放量（见表7-29）。

表7-29　　2005—2016年我国能源消费CO_2排放量

年份	煤炭消费量（万吨标准煤）	石油消费量（万吨标准煤）	天然气消费量（万吨标准煤）	能源消费CO_2排放量（万吨）	CO_2排放总量①（万吨）
2005	189231	46524	6273	606564	673960
2006	207402	50132	7735	664423	738248
2007	225795	52945	9343	721455	801617
2008	229237	53542	10901	734321	815912
2009	240666	55125	11764	769194	854660
2010	249568	62753	14426	812901	903223

① 根据化石能源排放的CO_2量约占CO_2排放总量的90%，CO_2排放总量用能源消费CO_2排放量除以0.9计算得到。

续表

年份	煤炭消费量（万吨标准煤）	石油消费量（万吨标准煤）	天然气消费量（万吨标准煤）	能源消费 CO_2 排放量（万吨）	CO_2 排放总量（万吨）
2011	271704	65023	17804	881568	979520
2012	275465	68363	19303	900886	1000984
2013	280999	71292	22096	926143	1029048
2014	279329	74090	24271	931097	1034552
2015	273849	78673	25364	927946	1031051
2016	270320	83000	27394	930935	1034373

资料来源：化石能源消费量来自《中国统计年鉴 2016》《2016 年国民经济和社会发展统计公报》，CO_2 排放量笔者计算。

根据 CO_2 排放量绘制柱状图（见图 7－5）。

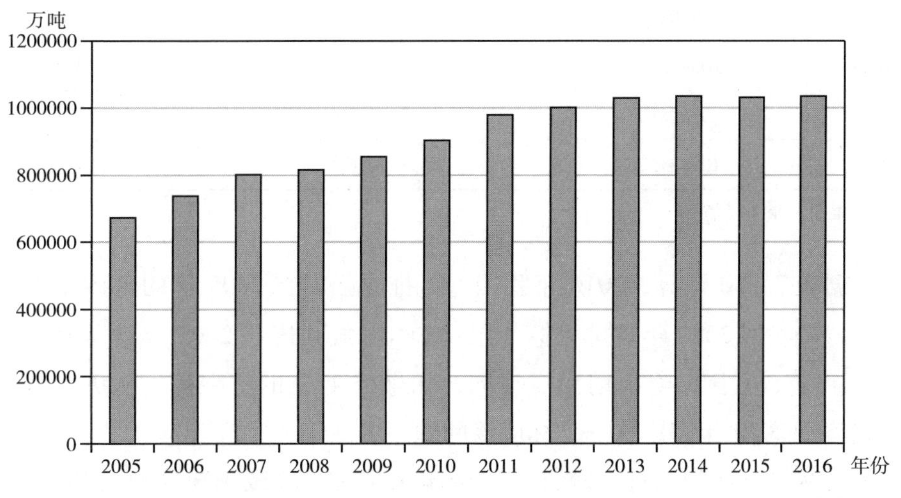

图 7－5　2005—2016 年我国 CO_2 排放量

从图 7－5 看，2005—2014 年我国 CO_2 排放量增长较快，2015 年 CO_2 排放量有所下降，2016 年 CO_2 排放量同比略有增加，比 2014 年 CO_2 排放量略少 162 万吨。

再看 CO_2 排放强度。CO_2 排放强度是用单位 GDP CO_2 排放量衡量，2005—2016 年 CO_2 排放量在上文中已经计算出，GDP 总量数据从《中国统计年鉴 2016》中获取，以 2005 年为基年，将历年 GDP 总量换算成 2005 年可比价格的总量，从而计算出 2005—2016 年 CO_2 排放强度（见表 7－30）。

表7-30　　2005—2016年我国CO_2排放强度

年份	CO_2排放量（万吨）	GDP总量（亿元，2005年可比价格）	CO_2排放强度（吨/万元）
2005	673960	187318.9	3.60
2006	738248	211147.7	3.50
2007	801617	241195.8	3.32
2008	815912	264472.8	3.09
2009	854660	289329.9	2.95
2010	903223	320102.6	2.82
2011	979520	350637.68	2.79
2012	1000984	378186.42	2.65
2013	1029048	407527.68	2.53
2014	1034552	437256.28	2.37
2015	1031051	467495.39	2.21
2016	1034373	498817.6	2.07

资料来源：笔者计算。

根据表7-30计算，2016年我国CO_2排放强度在2005年的基础上下降了43%，若按我国2020年减排目标下限（CO_2排放强度在2005年的基础上下降了40%）算，我国已经提前完成目标，如果按45%的上限算，从历年减排幅度和趋势看2020年完成这一目标应该问题不大。

随着减排目标的接近，减排难度会越来越大，故减排速度也会随之放缓，同时考虑到CO_2排放强度的下降主要由技术进步推动，而技术进步服从指数增长，因此可以认为CO_2排放强度随时间也呈指数变化趋势，故本书采用指数拟合法拟合了2005—2016年CO_2排放强度，并根据拟合公式预测了未来10年我国CO_2排放强度。

根据2005—2016年CO_2排放强度数据做散点图（见图7-6），并用指数拟合，得到拟合公式$y = 3.8213\ e^{-0.049x}$，$R^2 = 0.9891$，无论从散点图还是从拟合度看，该公式都较好拟合了CO_2排放强度数据，故用此公式预测未来10年我国CO_2排放强度（见表7-31）。

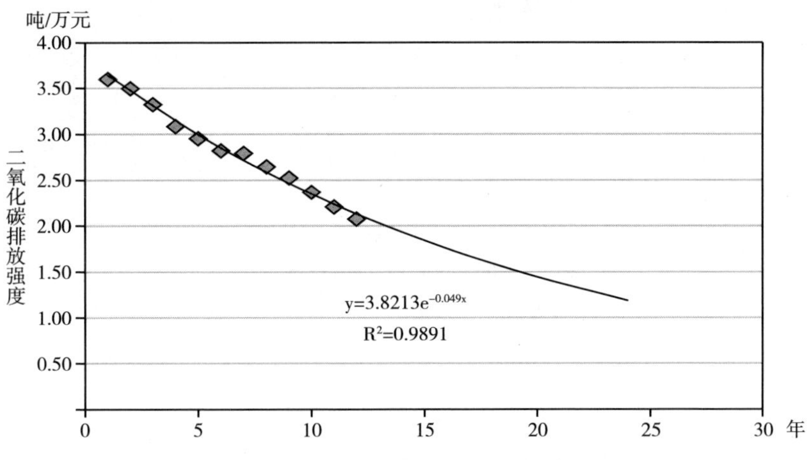

图 7-6　2005—2016 年我国 CO_2 排放强度

表 7-31　2017—2030 年我国 CO_2 排放强度

年份	CO_2 排放强度（吨/万元）	在 2005 年基础上下降幅度
2017	2.02	44%
2018	1.92	47%
2019	1.83	49%
2020	1.74	52%
2021	1.66	54%
2022	1.58	56%
2023	1.51	58%
2024	1.43	60%
2025	1.37	62%
2026	1.30	64%
2027	1.24	66%
2028	1.18	67%
2029	1.12	69%
2030	1.07	70%

资料来源：笔者计算。

从表 7-31 看，2020 年我国 CO_2 排放强度在 2005 年的基础上下降了 52%，2030 年我国 CO_2 排放强度在 2005 年的基础上下降了 70%，均超额完成目标。

再从减排目标倒推预测我国 CO_2 排放强度。假设 2020 年、2030 年我国 CO_2

减排目标均完成，且按相同的速度进行。2016年我国CO_2排放强度在2005年的基础上下降了43%，若到2020年下降45%，则每年下降约0.5个百分点。2030年在2005年的基础上下降65%，即从2020年下降45%算起，则每年平均下降2个百分点，根据下降速度及2005年CO_2排放强度可以算出每年CO_2排放强度（见表7－32）。

表7－32　　2017—2030年我国CO_2排放强度

年份	在2005年基础上下降幅度（%）	CO_2排放强度（吨/万元）
2017	43.5	2.03
2018	44	2.02
2019	44.5	2.00
2020	45	1.98
2021	47	1.91
2022	49	1.84
2023	51	1.76
2024	53	1.69
2025	55	1.62
2026	57	1.55
2027	59	1.48
2028	61	1.40
2029	63	1.33
2030	65	1.26

资料来源：笔者计算。

取CO_2排放强度两种预测方法预测值的平均值作为最终预测值，得到2017—2030年我国CO_2排放强度（见表7－33）。

表7－33　　2017—2030年我国CO_2排放强度

年份	CO_2排放强度（吨/万元）	在2005年基础上下降幅度（%）
2017	2.03	43.7
2018	1.97	45.3
2019	1.92	46.8
2020	1.86	48.3
2021	1.78	50.4

续表

年份	CO_2 排放强度（吨/万元）	在 2005 年基础上下降幅度（%）
2022	1.71	52.5
2023	1.64	54.6
2024	1.56	56.6
2025	1.49	58.5
2026	1.42	60.4
2027	1.36	62.3
2028	1.29	64.1
2029	1.23	65.9
2030	1.16	67.7

资料来源：笔者计算。

从表 7－33 看，2020 年、2030 年我国减排目标均能达到，且略有超额完成。

7.4.2　CO_2 排放总量预测

本节将首先预测未来 10 年我国 GDP 情况，然后根据 CO_2 排放量 = GDP × CO_2 排放强度预测未来 10 年我国 CO_2 排放量。

（1）GDP 增长率预测。

改革开放以来我国经济飞速发展，根据历年《中国统计年鉴》数据，我国经济总量从 1979 年的 4100.5 亿元增长到 2016 年的 744127 亿元，按 1979 年的可比价算增长了近 29 倍，GDP 年均增速高达 9.6%。改革开放初期，经济增速保持在两位数以上，1997 年一度高达 14%，1998 的亚洲金融危机影响了我国经济发展，经济增速一度下降，但是在进入 21 世纪之后，经济发展再次提速，重新进入 10% 以上的发展阶段，受 2008 年全球经济危机的影响，我国经济增速再次下降。自 2010 年我国经济增速从 10.6% 一路降至 2016 年的 6.9%。

“十三五”时期是我国经济进入“新常态”后的第一个五年，“新常态”下“经济增速换挡”，由以前的高增长转换至中高速增长，未来这种“中高”经济发展速度将是一种常态的经济发展速度。2016 年我国经济增速为 6.7%，2017 年上半年经济增速 6.9%，略超出预期。下面用周期分析法预测“十三五”时期我国经济增长速度。

首先观察我国1979—2016年经济增长的波动状况（见图7－7），按照NBER的“谷谷”周期划分法，可划出三个完整的周期，长度在10年左右。1981年（5.1%）[①]至1990年（3.9%）是改革开放后的第一个完整周期，经历了一个先上升然后震荡下跌的过程，1990年（3.9%）至1999年（7.7%）是第二个经济周期，周期内先上升后连续下跌，2000年（8.5%）至2009年（9.4%）是第三个经济周期，周期内先小幅震荡上升后连续下跌。由此看来，2010年开始正式进入第四个经济周期，2016—2019年属于该周期，2020年是自1981年以来第四个和第五个周期的连接点。

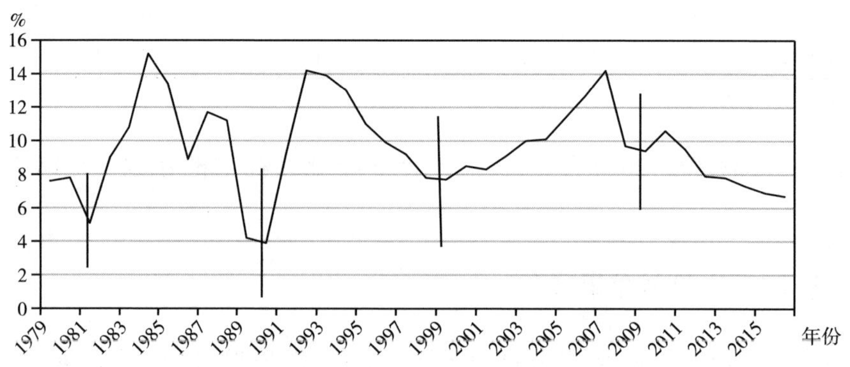

图7－7　1979—2016年中国GDP增速

从各周期的数据特征看，周期内第一个五年的平均经济增速要高于第二个五年的，“十二五”期间平均经济增速为7.8%，判断“十三五”期间平均经济增速不会高于此。另外，在每个五年规划中前一两年会保持相对较高的经济增速，根据2016年6.7%的经济增速看，2017年经济增速很可能高于2016年达到7%或以上，2018年和2019年增速可能会缓慢放缓，保持在6.5%—6.7%。2020年是“十三五”规划收官之年，也是前后两个周期的连接点，根据前两个周期的数据特征，连接点年份经济增速通常高于前一年份1个百分点左右，例如第二、三个周期连接点年、“九五”收官之年2000年GDP增长率8.5%，高于1999年0.8个百分点，第三、四个周期连接点年、“十一五”收官之年2010年GDP增长率10.6%，高于2009年1.2个百分点，据此判断2020年经济增长率可能会达到7.5%，综上，“十三五”时期平均经济增长率可能会

① 括号内表当年的GDP增长率，下同。

达到 6.9%。

根据经济周期判断，2021—2030 年是我国第五个经济周期，按照各周期呈现的规律：周期内是第一个五年经济增速往往高于第二个五年的经济增速，本书认为 2021—2025 年的经济增速要高于 2026—2030 年的经济增速。“十二五”时期经济增速为 7.8%，“十三五”时期经济增速为 6.9%，从“十二五”到“十三五”经济增速下滑了 0.9 个百分点。在经济“新常态”下，经济增速依然会保持缓慢下降，但是下降速度应该会放缓。

再看相关专家对 2021—2030 年我国经济增速的预测。2016 年 3 月，中国人民银行金融研究所所长姚余栋表示，中国经济进入中高速发展的新常态，在新常态下经济增长必然会呈现出“L”形的增长趋势，预测“十三五”时期经济增速约为 6.5%，“十四五”期间将会继续下降至 5%。2017 年北京大学国家发展研究院和社会科学文献出版社共同发布的一份研究报告认为，中国经济在 2021—2030 年将出现增长加速，达到 7.5% 的年均增长率。

综上，本书认为经济新常态下经济增长速度缓慢下降是必然的趋势，但是下降速度会有所放缓，“十三五”时期比“十二五”时期经济平均增速下降了 0.9 个百分点，而“十四五”时期比“十三五”经济增速下降幅度会有所减弱，这是由于从“十二五”到“十三五”是一个经济增速换挡的转换期，而“十三五”到“十四五”再到“十五五”是经济中高速发展的“新常态”时期，两个不同时期转换期间经济增速变动往往要比同一时期经济增速变动剧烈。因此本书认为 2021—2025 年我国经济增速约为 6.4%，比“十三五”时期经济增速下降 0.5 个百分点，2026—2030 年我国经济增速约为 5.9%，比“十四五”时期经济增速下降 0.5 个百分点。

据上文分析，按 2005 年可比价格计算，预测 2017—2028 年我国 GDP 总量（见表 7－34）。

表 7－34　　2017—2028 年我国 GDP 总量

年份	GDP 总量（亿元，按 2005 年可比价格）	年均增长率（%）
2017	533236.0	6.9
2018	570029.3	6.9
2019	609361.3	6.9
2020	651407.2	6.9

续表

年份	GDP 总量（亿元，按2005年可比价格）	年均增长率（%）
2021	693097. 3	6. 5
2022	737455. 5	6. 5
2023	784652. 7	6. 5
2024	834870. 4	6. 5
2025	888302. 2	6. 5
2026	940712. 0	5. 9
2027	996214. 0	5. 9
2028	1054990. 6	5. 9

资料来源：笔者计算。

（2）CO_2排放总量预测。

CO_2排放总量 = CO_2排放强度 × GDP 总量。根据前文对CO_2排放强度及GDP总量的预测，可以预测2017—2028年我国CO_2排放总量，进一步根据能源消费CO_2排放量约占CO_2排放总量的90%，可以得到能源消费CO_2排放量（见表7－35）。

表7－35　2017—2028年我国CO_2排放总量　单位：万吨

年份	CO_2排放总量	能源消费CO_2排放量
2017	1077137	969423
2018	1094456	985011
2019	1115131	1003618
2020	1133449	1020104
2021	1150542	1035487
2022	1165180	1048662
2023	1184826	1066343
2024	1193865	1074478
2025	1216974	1095277
2026	1222926	1100633
2027	1235305	1111775
2028	1244889	1120400

资料来源：笔者计算。

7.4.3　碳减排约束下能源消费需求总量预测

能源消费 CO_2 排放总量 = 煤炭消费量 × 煤炭 CO_2 排放系数 + 石油消费量 × 石油 CO_2 排放系数 + 天然气消费量 × 天然气排放系数 = 化石能源消费量 × 化石能源 CO_2 排放综合系数。化石能源 CO_2 排放综合系数与能源消费结构、技术进步有着密切的关系，由于这两个因素变化都较为缓慢，因此化石能源 CO_2 排放综合系数变化也较为缓慢。根据上述公式及前文分析，能源消费 CO_2 排放总量已知，只要预测化石能源 CO_2 排放综合系数即可计算出化石能源消费总量。

根据 2005—2016 年能源消费 CO_2 排放总量及化石能源消费总量数据计算出化石能源 CO_2 排放综合系数（见表 7 – 36）。

表 7 – 36　　2005—2016 年我国化石能源 CO_2 排放综合系数

年份	能源消费 CO_2 排放总量（万吨）	化石能源消费量（万吨标准煤）	化石能源 CO_2 排放综合系数（吨 CO_2/吨标准煤）
2005	606564	242028	2.51
2006	664423	265268	2.50
2007	721455	288084	2.50
2008	734321	293680	2.50
2009	769194	307555	2.50
2010	812901	326747	2.49
2011	881568	354531	2.49
2012	900886	363131	2.48
2013	926143	374388	2.47
2014	931097	377690	2.47
2015	927946	377887	2.46
2016	930935	380713	2.45

资料来源：笔者计算。

根据 2005—2016 年我国化石能源 CO_2 排放综合系数历年数据，画出散点图（见图 7 – 8）。

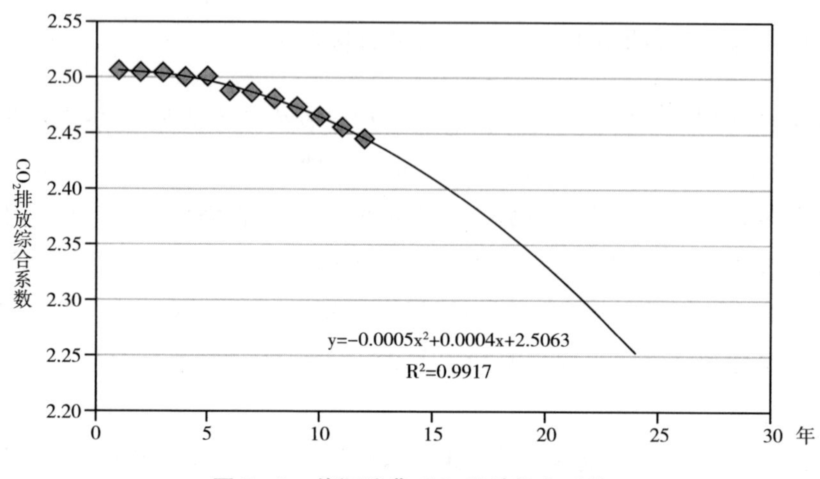

图7－8　能源消费 CO_2 排放综合系数

根据散点图，用Excel表格进行多项式拟合，得到拟合公式 $y = -0.0005x^2 + 0.0004x + 2.5063$，$R^2 = 0.9917$。无论从拟合图像看还是从拟合度看，该公式均较好的拟合了我国 CO_2 排放综合系数的历史数据，故可用该公式预测2017—2018年我国 CO_2 排放综合系数（见表7－37）。

表7－37　　2017—2028年我国化石能源 CO_2 排放综合系数

年份	化石能源 CO_2 排放综合系数
2017	2.43
2018	2.41
2019	2.40
2020	2.38
2021	2.37
2022	2.35
2023	2.33
2024	2.31
2025	2.29
2026	2.27
2027	2.25
2028	2.23

资料来源：笔者计算。

根据化石能源消费量＝能源消费 CO_2 排放量/化石能源 CO_2 排放综合系数，

可以得到化石能源消费量（见表 7－38）。

表 7－38　　2017—2028 年减排约束下我国化石能源消费量

年份	化石能源消费量（万吨标准煤）
2017	398940
2018	408718
2019	418174
2020	428615
2021	436915
2022	446239
2023	457658
2024	465142
2025	478287
2026	484860
2027	494122
2028	502422

资料来源：笔者整理。

7.5　能源消费需求结构预测

经济的快速发展需要能源的支撑，在能源消费量不断快速增长之时控制、降低 CO_2 排放主要有两种途径：一是通过技术进步不断地提高能源利用效率，使更少的能源投入支撑原有的经济发展规模和速度；二是调整能源需求结构，使能源消费更多地依赖低碳型能源品种。

受资源禀赋、技术等条件限制，长期以来我国能源消费结构中煤炭“一枝独大”，消费占比大部分年份在 70% 以上，石油消费占比相对稳定，天然气和清洁能源①消费占比较小且增长缓慢。以煤炭为主线分析，自改革开放以来，我国能源消费结构大致经历了四个阶段。第一阶段是 1978—1990 年，煤炭消费占比持续上升，从 1978 年的 70.7% 上升至 1990 年的 76.2%，石油和天然气消费占比均呈现下降趋势，前者从 1978 年的 22.7% 降至至 1990 年的 16.6%，

① 清洁能源包括水电、核电、风能利用、太阳能利用。

后者从1978年的3.2%降至1990年的2.1%，清洁能源消费占比缓慢上升。第二阶段是1991—2001年，煤炭消费占比逐年下降，从1991年的76.1%降至2001年的68%，石油消费占比小幅震荡上升，天然气和清洁能源消费占比缓慢上升。第三阶段是2002—2007年，受国际油价上涨的影响，石油消费占比从2002年的21%降至2007年的17%。天然气、清洁能源由于技术、价格等因素的制约只能小幅增长，无法弥补石油消费下降带来的能源消费需求缺口，导致煤炭消费占比再次回升，从2001年的68%上升至2007年的72.5%。第四阶段是2007—2016年，煤炭消费占比持续下降，从2007年的72.5%降至2016年的62%，石油消费占比在16%—19%区间震荡，天然气和清洁能源消费占比稳定上升。鉴于能源消费结构变化的阶段性，本书选用了2007—2016年的数据构建了能源消费结构预测的马尔科夫链模型。

7.5.1 能源消费结构预测的马尔科夫链模型

能源消费结构的预测方法有很多，其中被广泛应用的有马尔科夫链模型、灰色GM（1，1）模型、MESSAGE模型、Logistic模型、线性回归模型、情景分析法等。通过对近10年文献的梳理发现在预测能源消费结构时马尔科夫链模型是应用较多的，同时根据能源消费结构本身具有马尔科夫无后效性的特征，该模型能源很好的预测能源消费结构，故本书选用了马尔科夫链模型预测未来10年我国能源消费结构。

根据马尔科夫链的性质可知，能源消费结构的变动是一个马尔科夫过程，根据我国能源消费结构实际情况，可以将t时刻我国能源消费结构的状态向量表示为：

$$I(t)=\{i_c(t), i_o(t), i_g(t), i_e(t)\}$$

其中，$I(t)$表示t时刻我国能源消费结构的状态向量，$i_c(t)$表示煤炭消费占比，$i_o(t)$表示石油消费占比，$i_g(t)$表示天然气消费占比，$i_e(t)$清洁能源消费占比。从t时刻到t+1时刻，一种能源消费转移到另一种能源消费的可能性就是转移概率，因此可以构造我国能源消费结构的一步转移概率矩阵：

$$P(t)=\begin{bmatrix} p_{c-c}(t) & p_{c-o}(t) & p_{c-g}(t) & p_{c-e}(t) \\ p_{o-c}(t) & p_{o-c}(t) & p_{o-c}(t) & p_{o-c}(t) \\ p_{g-c}(t) & p_{g-c}(t) & p_{g-c}(t) & p_{g-c}(t) \\ p_{e-c}(t) & p_{e-c}(t) & p_{e-c}(t) & p_{e-c}(t) \end{bmatrix}$$

其中，“—”表示从前者转移到后者，例如$p_{c-o}(t)$表示从 t 时刻到 t+1 时刻由煤炭消费转移到石油消费的概率。在上面的矩阵 P(t) 中，主对角线的元素表示四种能源消费保持原有份额的概率，称为保留概率，主对角线以外的元素称为转移概率。行元素表示该类能源消费向其他能源品种消费转移的概率，转移矩阵行和为 1，列元素表示该类能源消费吸收其他能源品种消费的概率。

运用马尔科夫链模型预测关键是确定转移概率矩阵。本书假设所有消费份额增加的能源均不向其他能源转移，仅以概率 1 向自身转移，而消费份额减少的能源均向其他能源转移。据此，可将转移概率矩阵的求解步骤概括为以下五步：

第一步，计算主对角线元素值。主对角线元素又称为保留概率元素，从 t 时刻到 t+1 时刻，当一种能源消费比重增加时，该能源的保留概率为 1，如果能源消费比重下降，保留概率为 t+1 时刻该能源消费比重与 t 时刻该能源消费比重的商。以煤炭为例，即：

当 $i_c(t+1) \geqslant i_t(t)$时，$p_{c-c}(t)=1$；

当 $i_c(t+1) < i_t(t)$时，$p_{c-c}(t)=i_c(t+1)/i_t(t)$；　（式 7-9）

第二步，计算保留概率为 1 的元素所在行的其他元素值。根据前文，保留概率为 1 表示该能源没有向其他能源品种发生转移，其他能源吸收该能源的概率为 0，故该行其他元素值均为 0。

第三步，计算保留概率小于 1 的元素所在列的其他元素值。保留元素小于 1，说明该能源品种没有从其他能源品种吸收份额，即其他能源没有向该能源转移份额，故该列其他元素值均为 0。

第四步，计算保留概率小于 1，且该行其他元素值均不为 0 的其他元素值。以煤炭为例，即：

$p_{c-c}(t)<1$ 且 $p_{c-o}(t) \neq 0$ 且 $p_{c-g}(t) \neq 0$ 且 $p_{c-e}(t) \neq 0$，则：

$$p_{c-o}(t)=\frac{[1-p_{c-c}(t)]*[i_o(t+1)-i_o(t)]}{[i_o(t+1)-i_o(t)]+[i_g(t+1)-i_g(t)]+[i_e(t+1)-i_e(t)]}$$

（式 7-10）

$$p_{c-g}(t)=\frac{[1-p_{c-c}(t)]*[i_g(t+1)-i_g(t)]}{[i_o(t+1)-i_o(t)]+[i_g(t+1)-i_g(t)]+[i_e(t+1)-i_e(t)]}$$

$$p_{c-e}(t)=\frac{[1-p_{c-c}(t)]*[i_e(t+1)-i_e(t)]}{[i_o(t+1)-i_o(t)]+[i_g(t+1)-i_g(t)]+[i_e(t+1)-i_e(t)]}$$

第五步，计算保留概率小于1，且该行其他元素值含0但不全为0的其他元素值。以煤炭为例，假设石油转移概率为0，即：

$p_{c-c}(t)<1$ 且 $p_{c-o}(t)=0$ 且 $p_{c-g}(t)\neq 0$ 且 $p_{c-e}(t)\neq 0$，则：

$$p_{c-o}(t)=0 \tag{式 7-11}$$

$$p_{c-g}(t)=\frac{i_g(t+1)-i_g(t)}{[i_g(t+1)-i_g(t)]+[i_e(t+1)-i_e(t)]}$$

$$p_{c-e}(t)=\frac{i_e(t+1)-i_e(t)}{[i_g(t+1)-i_g(t)]+[i_e(t+1)-i_e(t)]}$$

根据上述五个步骤便可求得转移概率矩阵。

7.5.2 无约束下一次能源消费需求结构预测

根据上述构建的马尔科夫链模型预测未来能源需求结构，首先根据每年的能源消费结构情况确定各年份的一步转移概率，然后求出历年的平均转移概率，利用平均转移概率预测未来10年我国能源需求结构。

从《中国统计年鉴2016》《2016年国民经济和社会发展统计公报》获得2007—2016年我国能源消费结构（见表7－39）。

表7－39　2007—2016年我国能源消费结构　单位:%

年份	煤炭	石油	天然气	清洁能源
2007	72.5	17.0	3.0	7.5
2008	71.5	16.7	3.4	8.4
2009	71.6	16.4	3.5	8.5
2010	69.2	17.4	4.0	9.4
2011	70.2	16.8	4.6	8.4
2012	68.5	17.0	4.8	9.7
2013	67.4	17.1	5.3	10.2
2014	65.6	17.4	5.7	11.3
2015	64.0	18.1	5.9	12.0
2016	62.0	19.0	6.3	12.7

资料来源：《中国统计年鉴2016》《BP世界能源统计年鉴2017》。

根据求转移矩阵的五个步骤可以得到2007—2016年每步的转移概率矩阵（见表7－40至表7－48）。

表 7－40　2007—2008 年我国一次能源消费结构的转移概率矩阵

	煤炭	石油	天然气	清洁能源
煤炭	0.9862	0.0000	0.0042	0.0096
石油	0.0000	0.9824	0.0054	0.0122
天然气	0.0000	0.0000	1.0000	0.0000
非化石	0.0000	0.0000	0.0000	1.0000

表 7－41　2008—2009 年我国一次能源消费结构的转移概率矩阵

	煤炭	石油	天然气	清洁能源
煤炭	1.0000	0.0000	0.0000	0.0000
石油	0.0060	0.9820	0.0060	0.0060
天然气	0.0000	0.0000	1.0000	0.0000
非化石	0.0000	0.0000	0.0000	1.0000

表 7－42　2009—2010 年我国一次能源消费结构的转移概率矩阵

	煤炭	石油	天然气	清洁能源
煤炭	0.9665	0.0140	0.0070	0.0125
石油	0.0000	1.0000	0.0000	0.0000
天然气	0.0000	0.0000	1.0000	0.0000
非化石	0.0000	0.0000	0.0000	1.0000

表 7－43　2010—2011 年我国一次能源消费结构的转移概率矩阵

	煤炭	石油	天然气	清洁能源
煤炭	1.0000	0.0000	0.0000	0.0000
石油	0.0216	0.9655	0.0129	0.0000
天然气	0.0000	0.0000	1.0000	0.0000
非化石	0.0665	0.0000	0.0399	0.8936

表 7－44　2011—2012 年我国一次能源消费结构的转移概率矩阵

	煤炭	石油	天然气	清洁能源
煤炭	0.9758	0.0028	0.0028	0.0185
石油	0.0000	1.0000	0.0000	0.0000
天然气	0.0000	0.0000	1.0000	0.0000
非化石	0.0000	0.0000	0.0000	1.0000

表7-45　2012—2013年我国一次能源消费结构的转移概率矩阵

	煤炭	石油	天然气	清洁能源
煤炭	0.9839	0.0015	0.0073	0.0073
石油	0.0000	1.0000	0.0000	0.0000
天然气	0.0000	0.0000	1.0000	0.0000
非化石	0.0000	0.0000	0.0000	1.0000

表7-46　2013—2014年我国一次能源消费结构的转移概率矩阵

	煤炭	石油	天然气	清洁能源
煤炭	0.9733	0.0045	0.0059	0.0163
石油	0.0000	1.0000	0.0000	0.0000
天然气	0.0000	0.0000	1.0000	0.0000
非化石	0.0000	0.0000	0.0000	1.0000

表7-47　2014—2015年我国一次能源消费结构的转移概率矩阵

	煤炭	石油	天然气	清洁能源
煤炭	0.9756	0.0107	0.0030	0.0107
石油	0.0000	1.0000	0.0000	0.0000
天然气	0.0000	0.0000	1.0000	0.0000
非化石	0.0000	0.0000	0.0000	1.0000

表7-48　2015—2016年我国一次能源消费结构的转移概率矩阵

	煤炭	石油	天然气	清洁能源
煤炭	0.9688	0.0141	0.0062	0.0109
石油	0.0000	1.0000	0.0000	0.0000
天然气	0.0000	0.0000	1.0000	0.0000
非化石	0.0000	0.0000	0.0000	1.0000

根据上面每步转移概率矩阵求算术平均矩阵（见表7-49）。

表7-49　2007—2016年我国一次能源消费结构的平均转移概率矩阵

	煤炭	石油	天然气	清洁能源
煤炭	0.9811	0.0053	0.0040	0.0095
石油	0.0031	0.9922	0.0027	0.0020
天然气	0.0000	0.0000	1.0000	0.0000
非化石	0.0074	0.0000	0.0044	0.9882

从平均转移概率矩阵看，主对角线上的元素值即保留概率均非常接近或等于 1，表明我国一次能源消费结构很稳定。其中 2007—2016 年天然气保留概率最高为 100%，说明天然气消费份额一直在上升，煤炭保留概率最低，表明近年来我国煤炭消费比重下降较多。从矩阵行看，第一行中石油、天然气和清洁能源吸收煤炭份额的概率分别为 0.53%、0.4%、0.95%，表明近年来非化石能源在我国能源消费结构的改善中贡献最大。第二行和第四行表明煤炭吸收石油和清洁能源份额的概率较大。

选取 2016 年我国能源消费结构为初始数据，利用构建的马尔科夫链预测模型预测 2017—2028 年我国能源消费结构，得到表 7－50。

表 7－50　无约束下我国一次能源消费结构预测结果　单位:%

年份	煤炭	石油	天然气	清洁能源
2017	61.0	19.2	6.7	13.2
2018	60.0	19.4	7.0	13.6
2019	59.0	19.5	7.4	14.1
2020	58.1	19.7	7.7	14.5
2021	57.1	19.8	8.1	15.0
2022	56.2	20.0	8.4	15.4
2023	55.3	20.1	8.8	15.8
2024	54.5	20.3	9.1	16.1
2025	53.6	20.4	9.5	16.5
2026	52.8	20.5	9.8	16.9
2027	52.0	20.6	10.2	17.2
2028	51.2	20.7	10.5	17.5

从表 7－50 看，未来我国煤炭消费占比一路下降，至 2028 年煤炭消费占比降至 51.2%，石油、天然气和清洁能源消费占比则稳步上升，其中清洁能源占比增幅最大，石油消费占比增幅最小。

在 7.3 节中运用组合模型对能源消费需求总量、煤炭、石油、天然气消费需求量分别作了预测，根据预测结果，可以预测能源需求结构（见表 7－51）。我们将组合模型预测法和马尔科夫链模型预测法预测的能源消费结构加以比较。

表7-51　　2017—2028年我国能源需求结构　　单位:%

年份	组合模型预测法（方法一）				马尔科夫链预测法（方法二）			
	煤炭	石油	天然气	清洁能源	煤炭	石油	天然气	清洁能源
2017	62.3	18.2	6.7	12.8	61.0	19.2	6.7	13.2
2018	61.3	18.3	7.1	13.3	60.0	19.4	7.0	13.6
2019	60.3	18.5	7.5	13.7	59.0	19.5	7.4	14.1
2020	59.4	18.6	8.0	14.0	58.1	19.7	7.7	14.5
2021	58.4	18.8	8.4	14.4	57.1	19.8	8.1	15.0
2022	57.5	18.9	8.9	14.7	56.2	20.0	8.4	15.4
2023	56.5	19.1	9.4	15.0	55.3	20.1	8.8	15.8
2024	55.6	19.3	9.9	15.2	54.5	20.3	9.1	16.1
2025	54.8	19.4	10.4	15.4	53.6	20.4	9.5	16.5
2026	53.9	19.6	11.0	15.6	52.8	20.5	9.8	16.9
2027	53.0	19.7	11.6	15.7	52.0	20.6	10.2	17.2
2028	52.2	19.9	12.2	15.8	51.2	20.7	10.5	17.5

资料来源：笔者计算。

从组合模型预测结果看，未来我国能源需求结构有了较大的变化，煤炭消费占比一路下降，至2028年大约降低10个百分点，石油、天然气和清洁能源消费占比均连续上升，其中天然气和清洁能源消费增长较快，石油消费小幅上升，消费占比相对稳定。

从两种方法的预测结果对比看，两种方法预测的能源结构变动趋势是一致的，均呈现出煤炭消费占比逐年下降，石油、天然气及清洁能源消费占比逐年上升的趋势。为方便表述起见，我们称组合模型预测方法为“方法一”，马尔科夫链预测方法为“方法二”，两者相比，方法二得到的预测结果中，煤炭消费占比下降幅度较大，下降速度较快，方法一中，煤炭消费占比从2016年的62%下降至2028年52.2%，下降9.8个百分点，年均降速约为1.3%，方法二中煤炭消费占比从2016年的62%降至2028年的51.2%，下降10.8个百分点，年均降速近1.5%。石油和清洁能源消费占比上升的较大，天然气消费占比上升较小。从石油消费占比预测结果看，方法一中，石油消费占比从2016年19%先降至2017年的18.2%，然后一路上升至2028年的19.9%，方法二预测结果中石油消费占比从2016年的19%持续上升至2028年的2028年的20.7%，增长了1.7个百分点，年均增速近0.75%。从天然气消费占比预测结果看，方法一中天然气消费占比增幅较大、增速较快，从 2016 年的 6. 3% 增至 2028 年的 12. 2%，涨幅近 6 个百分点，年均增速约为 7. 8%，方法二中天然气消费占比从 2016 年的 6. 3% 上升至 2028 年的 10. 5%，涨了 4. 3 个百分点，年均增速约为 5. 6%，明显低于方法一中天然气消费占比增速。从清洁能源消费占比预测结果看，方法二中清洁能源消费占比增幅较大，增速较快。从 2016 年的 12. 7% 增长至 2028 年的 17. 5%，增长 4. 8 个百分点，年均增速约为 3. 1%，方法一中天然气消费占比从 2016 年的 12. 7% 增长至 2028 年的 15. 8%，涨幅 3. 1 个百分点，年均增速约为 2%，明显低于方法二中清洁能源消费占比增速。

7. 5. 3　低碳约束下一次能源消费需求结构预测

在化石能源不断耗竭、气候变暖问题日益严重、生态环境每况愈下的情况下，原有的能源使用方式无法保障我国国民经济和社会的可持续发展，由依赖化石能源到化石能源和非化石能源并重再到依赖非化石能源的能源转型势在必行。我国是全球第二大经济体，也是全球能源消费量和 CO_2 排放量最大的国家。积极推进能源转型，发展非化石能源，降低 CO_2 排放既是我国现实情况所限也是大国责任。早在“十一五”规划（2006—2010 年）中我国就明确提出要大力发展非化石能源，并在 2007 年提出了明确的发展目标：力争到 2010 年使可再生能源消费占比达到 10%，到 2020 年达到 15%[①]，该目标在 2016 年出台的《能源发展“十三五”规划》中被再次重申。2014 年中美双方共同发表了《中美气候变化联合声明》，我国提出力争到 2030 年碳排放达到峰值并尽早达峰，2030 年非化石能源消费占达到 20%。根据《中国统计年鉴》数据，2010 年我国可再生能源消费占比为 9. 4%，距离目标差 0. 6 个百分点。2013 年我国发布了《能源发展“十二五”规划》，规划中明确提出到 2015 年我国非化石能源消费占比达到 11. 4%，根据《中国统计年鉴 2016》数据，2015 年我国非化石能源消费占比为 12%，比规划目标高出 0. 6 个百分点。

本书在无规划约束的情景下预测我国 2020 年非化石能源消费占比将会达到 14. 5%，2028 年将会达到 17. 5%，根据本书构建的马尔科夫链预测模型预测 2030 年我国非化石能源消费占比将达到 18. 2%，可见在无规划约束下我国非化石能源消费目标均不能完成。本书以国家能源发展规划提出的目标为约束

① 引自《可再生能源中长期发展规划》。

条件预测低碳约束下未来10年我国能源消费结构。

我国能源转型的路径是渐进式的，而不是突变式的。考虑到我国经济发展阶段以及新能源技术条件等因素，未来10年我国能源消费主要依赖化石能源的格局不会改变，在保障社会稳定、经济发展，缓解高碳排放问题等约束下，积极发展非化石能源是必然方向。但是短期内石油和天然气消费占比持续上升的趋势不会改变，因此，本书认为未来10年石油和天然气依然会依目前的发展趋势发展下去，煤炭消费占比下降由非化石能源消费来弥补。也就是说在有规划约束的情景下，石油和天然气依然会保持在无规划约束下的那种发展趋势，即有约束下的未来石油和天然气的消费占比预测与无约束下的未来石油和天然气的消费占比预测一致，有约束下的非化石能源消费占比提高由煤炭消费占比的降低实现。基于上述分析及无规划约束下能源消费结构预测结果可以预测有约束下未来10年我国能源消费结构。由于规划中只给出了2020年和2030年的规划目标，首先利用前文构建的马尔科夫链模型预测2029年和2030年无约束下我国能源消费结构，再次预测2020年和2030年有约束下的我国能源消费结构，最后根据平均增长率法倒推2017—2028年有约束下的我国能源消费结构。

预测无约束下2029年和2030年我国能源消费结构（见表7－52）。

表7－52　无约束下我国一次能源消费结构预测结果　单位:%

年份	煤炭	石油	天然气	清洁能源
2029	50.4	20.9	10.8	17.9
2030	49.7	21.0	11.2	18.2

根据能源发展规划预测2020年和2030年有约束下的我国能源消费结构（见表7－53）。

表7－53　规划约束下我国一次能源消费结构预测结果　单位:%

年份	煤炭	石油	天然气	清洁能源
2020	57.6	19.7	7.7	15
2030	47.8	21.0	11.2	20

本书假设我国非化石能源消费占比从2016—2020年在匀速增长，则年均增速为4.25%，依此速度可预测2017—2019年我国煤炭消费占比；假设

2020—2030 年在匀速增长，则年均降速约为 2.92%，依此速度可预测 2021—2028 年我国煤炭消费占比。根据石油、天然气和非化石能源消费占比的预测结果可以推出煤炭消费占比。表 7－54 是有规划约束下 2017—2028 年我国能源消费结构预测结果。

表 7－54　　有约束下我国一次能源消费结构预测结果　　单位：%

年份	煤炭	石油	天然气	清洁能源
2017	60.9	19.2	6.7	13.2
2018	59.8	19.4	7.0	13.8
2019	58.7	19.5	7.4	14.4
2020	57.6	19.7	7.7	15.0
2021	56.7	19.8	8.1	15.4
2022	55.7	20.0	8.4	15.9
2023	54.7	20.1	8.8	16.4
2024	53.8	20.3	9.1	16.8
2025	52.8	20.4	9.5	17.3
2026	51.9	20.5	9.8	17.8
2027	50.9	20.6	10.2	18.3
2028	49.9	20.7	10.5	18.9

比较无约束和有规划约束两种情形下的预测结果，有规划约束情形下煤炭消费比重下降速度快，降幅大，煤炭消费比重从 2016 年的 62% 下降至 2028 年的 49.9%，降了 12.1 个百分点；无规划约束情形下煤炭消费占比从 2016 年的 62% 降至 2028 年的 52.2%，降了 9.8 个百分点，有规划约束情形比无规划约束情形煤炭消费占比多降了 2 个多百分点。有规划约束情形下非化石能源消费比重增速较快，增幅较大，非化石能源消费比重从 2016 年的 12.7% 上升至 2028 年的 18.9%，而无规划约束情形下 2028 年非化石能源消费比重仅达到 17.5%。

第8章

我国能源经济安全研究方法

8.1 未来 10 年我国能源供求平衡分析

能源是国民经济发展的物质基础，是社会、经济发展的动力源，其重要地位不言而喻，而能源问题归根结底是能源的供求问题。在能源供给远远大于能源需求时，能源的重要性往往被忽视，而当能源的供给无法满足能源的需求时，其重要性才会日益凸显。在当今生态环境日趋恶化、气候问题日益凸显的背景下，能源的供应问题已远非量上的盈缺，还必须考虑能源的“质量”问题，能源使用的清洁化和低碳化已成为约束能源供应的关键因素。

从未来发展趋势看，我国正处于工业化、城镇化快速推进时期，能源需求还会持续增长，而在国内环境压力、国际气候问题的大国责任等约束下，能源的供应必然要改变以往的供应方式，从高碳能源向低碳能源转变。但是从我国的能源禀赋及技术条件看，低碳能源的替代能力是有限的，未来短期内不断增长的能源需求与有约束的能源供应之间的矛盾是无法调和的。那么未来 10 年我国能源供求平衡将会是怎样的状态，本章将从总量和分品种两个维度来分析。

8.1.1 能源总量供求平衡

我国是能源需求大国，改革开放以来，我国经济取得了举世瞩目的成就，同时粗放的能源利用方式也使得我国能源需求迅猛增长，从 1978 年的 57144 万吨标准煤增长到 2016 年的 436000 万吨标准煤，增长了近 7.6 倍。而我国的能源供应量已远跟不上能源需求的发展速度，能源供应从 1978 年的 62770 万吨标准煤增长到 2016 年的 346000 万吨标准煤，仅增长了 5.5 倍，能源供求缺口也从 1978 年的供大于求 5626 万吨标准煤变成了 2016 年的供小于求 90000 万吨标准煤。本书用能源缺口来表示能源供求状态，能源缺口等于能源生产量减去能源需求量，若能源缺口为负值则表示供不应求，能源缺口为正值则表示供大于求。首先看 1978—2016 年我国能源供应情况（见表 8 -1）。

表 8-1　　1978—2016 年我国能源供求状况　　单位：万吨标准煤

年份	能源生产量	能源需求量	能源缺口
1978	62770	57144	5626
1980	63735	60275	3460
1985	85546	76682	8864
1990	103922	98703	5219
1991	104844	103783	1061
1992	107256	109170	-1914
1993	111059	115993	-4934
1994	118729	122737	-4008
1995	129034	131176	-2142
1996	133032	135192	-2160
1997	133460	135909	-2449
1998	129834	136184	-6350
1999	131935	140569	-8634
2000	138570	146964	-8394
2001	147425	155547	-8122
2002	156277	169577	-13300
2003	178299	197083	-18784
2004	206108	230281	-24173
2005	229037	261369	-32332
2006	244763	286467	-41704
2007	264173	311442	-47269
2008	277419	320611	-43192
2009	286092	336126	-50034
2010	312125	360648	-48523
2011	340178	387043	-46865
2012	351041	402138	-51097
2013	358784	416913	-58129
2014	361866	425806	-63940
2015	362000	430000	-68000
2016	346000	436000	-90000

资料来源：国家统计局。

将能源缺口数据用柱形图表示可以更加直观地看出我国能源供求状况的变化情况（见图 8－1）。

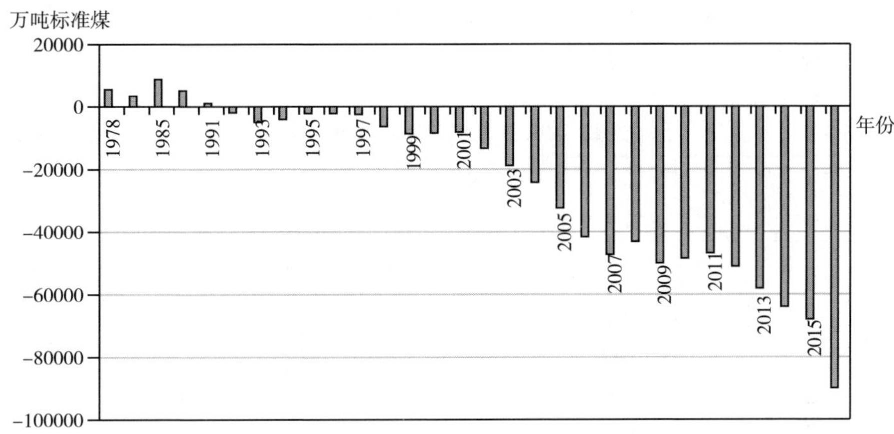

图 8－1　1978—2016 年我国能源缺口

结合表 8－1 和图 8－1 分析，1978—1991 年我国能源缺口为正，即能源生产量可以满足我国能源的消费，这段时期虽然我国经济发展虽然较快，但是经济体量较小，能源需求较小，因此能源生产可以满足能源的消费。随着经济体量的壮大，经济发展速度的提高，1992 年开始，我国能源生产已无法满足能源消费，且缺口越来越大，呈现出震荡上升的趋势，至 2016 年，我国能源缺口达到 90000 万吨标准煤，即能源消费量大于能源生产量 90000 万吨标准煤，达到历史最大值。2016 年我国能源消费增长了 6000 万吨标准煤，而能源生产量减少了 16000 万吨标准煤，这是 21 世纪以来能源生产量出现首次下降，原因一是国际油价低位徘徊，使国内油企纷纷减产，二是受政策影响，煤炭行业积极推进去产能改革，影响了煤炭的产量。

“十三五”时期，我国经济进入新的发展阶段，经济增速由原来的高速增长转化成中高速增长，经济的增长离不开能源支撑，尽管增速下降，但是庞大的经济体量对能源的需求却不可小觑。同时，国内的生态、环境问题，全球气候变暖问题倒逼我国改变能源原来的使用方式，减少能源消费，改善能源消费结构。那么未来 10 年我国能源供应在原有的发展路径下会达到一种什么状态？在低碳规划约束情形下又会达到一种什么状态？

根据前文对能源生产和能源需求的预测，下面计算了无约束和有约束两种情形下我国能源总量供求平衡情况，其中关于有约束情形下能源需求量的计算是根据第7章减排约束下化石能源需求量的预测及减排约束下能源需求结构的预测结果，通过“能源需求总量＝化石能源需求总量/化石能源需求量所占比重”公式计算得到（见表8－2）。

表8－2　　2017—2028年能源总量供求平衡　　单位：万吨标准煤

年份	能源生产量	无约束情形		有约束情形	
		能源消费需求量	能源缺口	能源消费需求量	能源缺口
2017	425097	477018	－51921	459608	－34511
2018	447559	496157	－48598	474151	－26592
2019	471424	515813	－44388	488521	－17097
2020	496798	536007	－39208	504253	－7455
2021	522055	556761	－34705	516448	5607
2022	548673	578097	－29424	530605	18068
2023	576728	600038	－23310	547438	29290
2024	606297	622609	－16311	559065	47232
2025	637467	645834	－8367	578340	59127
2026	669032	669740	－708	589854	79178
2027	702317	694354	7963	604800	97517
2028	737417	719704	17714	619509	117908

资料来源：笔者计算整理。

从表8－2看，我国能源生产量以稳定的较快的速度在增长，2016年我国能源生产量346000万吨标准煤，2017年我国能源产量预测值达到425097万吨标准煤，该预测值比2016年生产量实际值高出近80000万标准煤，这主要是由于煤炭产量情况。2017年我国石油产量较2016年增长2775万吨标准煤，2017年天然气产量较2016年增长3001万吨标准煤，而煤炭产量较2016年增长近73884万吨标准煤。我国煤炭产量从2013达到历史峰值开始出现连续减产现象，且减产速度在增快，2014年、2015年、2016年减产速度分别为1.5%，2.0%，9.0%。近年来我国煤炭减产的原因一是在去产能的持续推进和经济增速放缓的双重影响下使“用煤大户”钢材、水泥、电力等对煤炭需求量下降；二是煤炭产能过剩，煤炭行业本身也在去产能；三是我国煤炭资源条件中等偏差，开采成本高，价格高，进口煤挤占了国内煤炭市场。

尽管连续 3 年来我国煤炭产量持续下降，但并不意味着我国煤炭产量已达到峰值。随着我国能源需求的不断增加，原油和天然气以及非化石能源产量的增长无法替代煤炭产量的下降来满足能源需求的增长，因此随着煤炭开采技术和利用技术的不断提高，我国煤炭产量有继续增加的需求。前文对煤炭产量的预测是基于 1980 年以来的历史数据，更多体现了我国煤炭生产能力，并没有考虑政策因素的影响。

从两种情形看，无约束情形下我国能源消费需求量要远高于有约束情形下能源消费需求量，其两者间的绝对差距在逐年增大。无约束情形下 2017 年我国能源消费需求量为 477018 万吨标准煤，比有约束情形下能源消费需求量高出 17410 万吨标准煤，到了 2028 年无约束情形下我国能源消费需求量高达 719704 万吨标准煤，比有约束情形下能源消费需求量高出 117908 万吨标准煤。再看能源缺口，无约束情形下，我国能源缺口不断增大，从 2027 年由负转正，说明 2017—2026 年我国能源总量上供不足需，但是这种不平衡在逐渐改善，到 2027 年我国能源生产量开始能够满足能源消费量；在有约束情形下，我国能源缺口不断增大，且始终为正，说明从总量看，我国能源生产量始终能满足我国能源需求量。

8.1.2　煤炭供求平衡

我国煤炭储量丰富，长期以来无论是在能源生产结构还是在能源消费结构中煤炭都是“一枝独大”，占有相当大的比重。近年来在能源结构不断调整的大背景下，煤炭在能源生产和消费中的比重有所下降，但是就目前我国的现实情况看，短期内煤炭在我国能源生产和消费中依然占有很重要的地位。那么未来 10 年我国煤炭的供求会是一种怎样的状态？

首先看改革开放以来我国煤炭供求情况（见表 8 –3）。

表 8 –3　　1978—2016 年我国煤炭供求状况

年份	煤炭生产量	煤炭需求量	煤炭缺口
1978	44127	40401	3727
1980	44232	43519	714
1985	62277	58125	4153
1990	77110	75212	1898

续表

年份	煤炭生产量	煤炭需求量	煤炭缺口
1991	77689	78979	-1289
1992	79691	82642	-2950
1993	82184	86647	-4463
1994	88572	92053	-3481
1995	97163	97857	-695
1996	99774	99366	408
1997	99161	97039	2122
1998	95168	96554	-1386
1999	97500	99242	-1742
2000	101018	100670	347
2001	107031	105772	1259
2002	114238	116160	-1922
2003	134972	138352	-3380
2004	158085	161657	-3572
2005	177275	189231	-11957
2006	189691	207402	-17711
2007	205527	225795	-20269
2008	213058	229237	-16179
2009	219719	240666	-20948
2010	237839	249568	-11729
2011	264658	271704	-7046
2012	267493	275465	-7971
2013	270523	280999	-10476
2014	266333	279329	-12995
2015	261002	273849	-12847
2016	237497	270320	-32823

资料来源：《中国统计年鉴》。

将煤炭缺口数据用柱形图表示可以更加直观地看出我国煤炭供求状况的变

化情况（见图 8－2）。

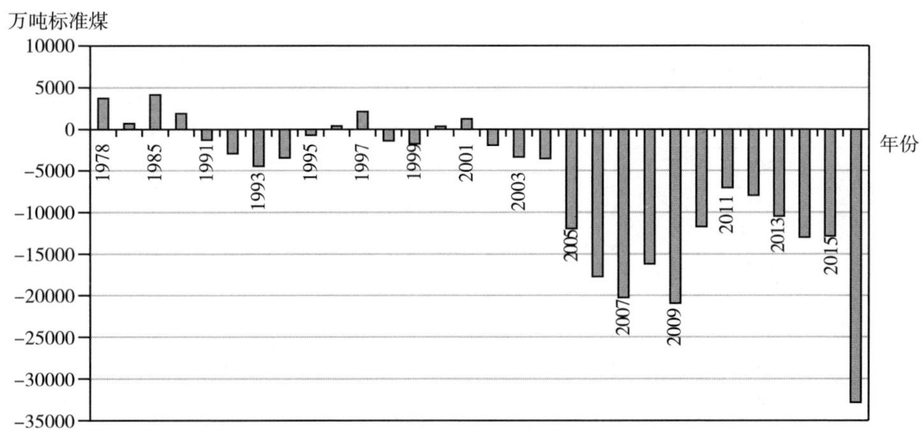

图 8－2　1978—2016 年我国煤炭缺口

从表 8－3 看，1978—2013 年我国煤炭产量和消费量均是上升趋势，2013 年煤炭产量和消费量达到历史峰值，之后开始逐年下降。再看图 8－2，1978—2001 年，我国煤炭缺口正负相间，且煤炭缺口绝对值较小，表明在这期间，我国煤炭产量与消费量相差不大。2002—2016 年，我国煤炭缺口始终为负，煤炭产量跟不上消费量。其中 2002—2007 年煤炭产量与煤炭消费量之间的缺口越来越大，主要煤炭产量的增速跟不上煤炭消费量的增速，2007—2016 年煤炭产量和消费量之间的缺口呈现震荡上升的趋势，2016 年煤炭缺口达到－32823 万吨标准煤，煤炭缺口绝对值远高于 2012 年煤炭缺口绝对值，这主要是因为 2016 年煤炭产量下降幅度较大，比 2015 年减产 23505 万吨标准煤，而煤炭消费量仅有小幅下降，比 2015 年减少消费 3530 万吨标准煤。巨大的煤炭供需缺口导致我国煤炭进口量大增，根据中国海关总署数据，2016 年我国煤炭进口量超过了 2.5 亿吨，比 2015 年增长 40%。

再看无约束和有约束两种情形下我国煤炭供求情况，前文中对无约束情形下煤炭消费需求量已经做了预测，有约束情形下煤炭消费量则是根据 8.1.1 节对减排约束下能源消费总量的预测及第 7 章中减排约束下能源消费结构的预测结果，通过“有约束情形下煤炭消费量＝减排约束下能源消费量×减排约束下煤炭消费所占比重”计算得到（见表 8－4）。

表8-4　　2017—2028年煤炭供求平衡　　单位：万吨标准煤

年份	煤炭生产量	无约束情形		有约束情形	
		煤炭消费需求量	煤炭缺口	煤炭消费需求量	煤炭缺口
2017	311381	297184	14197	279901	31479
2018	328475	304163	24312	283542	44933
2019	346508	311146	35361	286762	59746
2020	365531	318144	47387	290450	75081
2021	385598	325162	60436	292826	92772
2022	406767	332210	74557	295547	111220
2023	429098	339294	89805	299448	129650
2024	452656	346420	106236	300777	151879
2025	477507	353595	123912	305363	172143
2026	503722	360824	142898	306134	197588
2027	531376	368112	163265	307843	223533
2028	560549	375466	185084	309135	251414

资料来源：笔者计算整理。

从表8-4看，两种情形下煤炭缺口均为正值，且在逐年增大，表明未来10年我国煤炭产量足以满足煤炭消费量，且有较大的盈余。分情形看，无约束情形下煤炭消费需求量高于有约束情形下煤炭消费需求量，且消费需求量增速较快。无约束情形下，我国煤炭消费需求量从2017年297184万吨标准煤增长至2028年的375466万吨标准煤，年均增速2.1%，有约束情形下我国煤炭消费需求量从2017年的279901万吨标准煤增至2028年的309135万吨标准煤，年均增速为0.9%。

8.1.3　石油供求平衡

石油是重要的战略资源，在国民经济、社会活动中具有重要的作用，被称为“工业的血液”。然而我国石油资源并不丰富，改革开放以来，我国石油产量在能源生产总量中的占比持续下降，从1978年的23.7%降至2016年的8.2%，多年来我国石油生产能力始终维持在2亿吨左右，由于资源禀赋及技术条件的限制，石油生产能力的增长是较为缓慢的。在我国能源消费中，石油消费占比较为稳定，1978—2016年石油消费占比在16%—23%徘徊，但是由于我国能源消费总量在快速增长，因此石油消费总量也随之增长。未来10年，在能源转型的大势下，我国石油供求状况将会是怎样？

首先看1978—2016年我国石油供求状况（见表8－5）。

表8－5　1978—2016年我国石油供求状况　单位：万吨标准煤

年份	石油生产量	石油消费需求量	石油缺口
1978	14876	12972	1905
1980	15169	12477	2692
1985	17879	13113	4766
1990	19745	16385	3360
1991	20130	17747	2383
1992	20271	19105	1167
1993	20768	21111	－343
1994	20896	21356	－460
1995	21420	22956	－1536
1996	22482	25281	－2798
1997	22955	27725	－4770
1998	22981	28326	－5346
1999	22825	30222	－7398
2000	23280	32332	－9052
2001	23441	32976	－9535
2002	23910	35611	－11701
2003	24249	39614	－15365
2004	25145	45826	－20681
2005	25881	46524	－20643
2006	26434	50132	－23697
2007	26681	52945	－26264
2008	27187	53542	－26355
2009	26893	55125	－28232
2010	29028	62753	－33725
2011	28915	65023	－36108
2012	29838	68363	－38525
2013	30138	71292	－41154
2014	30397	74090	－43694
2015	30725	78673	－47947
2016	28605	83000	－54394

资料来源：《中国统计年鉴》。

将石油缺口数据用柱形图表示可以更加直观地看出我国石油供求状况的变化情况（见图8－3）。

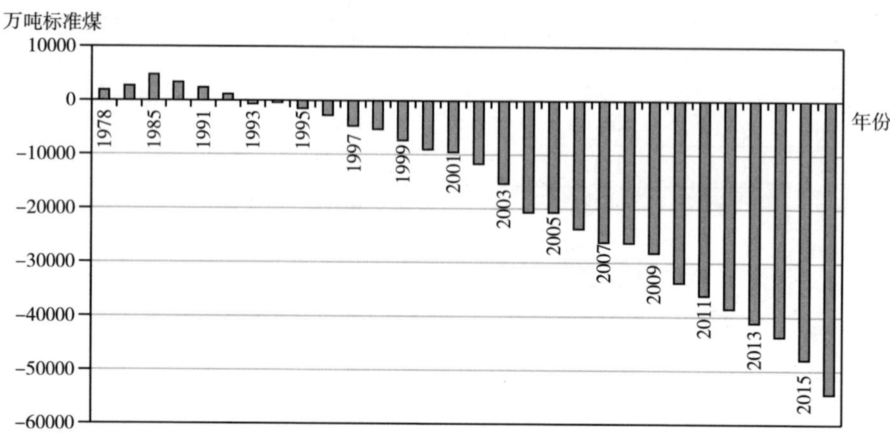

图8－3 1978—2016年我国石油缺口

从表8－5看，我国石油生产量增长缓慢，1978年我国石油产量约为14877万吨标准煤，2016年我国石油生产量约为28605万吨标准煤，近40年的时间内石油生产量尚未增长1倍，而我国石油消费量却增长迅速，1978年我国石油消费量为12972万吨标准煤，到2016年我国石油消费量达到83000万吨标准煤，比1978年增长了5倍有余。在我国石油消费量不断增长时，2016年我国石油生产量却出现了下降，主要是由于国际油价持续低迷，我国石油生产成本较高，与其国内生产不如进口便宜。从图8－3看，从1993年开始，我国石油缺口由正转负，意味着我国石油生产量无法满足国内的消费量，开始成为石油净进口国家，且这个缺口越来越大，石油缺口绝对值呈现出明显的扩大趋势，到2016年我国石油缺口达到－54394万吨标准煤，约是我国石油产量的1.9倍。

石油关乎现代社会的各行各业，未来随着工业化的持续推进、汽车数量的快速增长，石油的消费量会继续增长，那么未来10年我国石油供求将会是一个什么样的状态？下文分无约束和有约束两种情形进行了分析，其中有约束情形下石油消费量则是根据8.1.1节对减排约束下能源消费总量的预测及第7章中减排约束下能源消费结构的预测结果，通过“有约束情形下石油消费量＝减排约束下能源消费量×减排约束下石油消费所占比重”计算得到（见表8－6）。

表 8－6　　2017—2028 年我国石油供求状况　　单位：万吨标准煤

年份	石油生产量	无约束情形		有约束情形	
		石油消费需求量	石油缺口	石油消费需求量	石油缺口
2017	31380	86701	－55321	88245	－56865
2018	31865	90922	－59056	91985	－60120
2019	32354	95303	－62948	95262	－62907
2020	32847	99851	－67004	99338	－66491
2021	33344	104575	－71232	102257	－68913
2022	33844	109482	－75638	106121	－72277
2023	34349	114582	－80233	110035	－75686
2024	34857	119881	－85024	113490	－78633
2025	35370	125391	－90021	117981	－82611
2026	35887	131120	－95233	120920	－85033
2027	36409	137080	－100671	124589	－88180
2028	36935	143281	－106346	128238	－91303

资料来源：笔者计算整理。

从表 8－6 看，两种情形下，石油消费需求量均呈现不断增长的趋势，无约束情形下石油消费需求量增速较快，2017—2028 年年均增速约为 4.7%，有约束情形下石油消费年均增速约为 3.5%。从绝对量看，2017—2019 年，无约束情形下石油消费量小于有约束情形下的石油消费量，2020—2028 年无约束情形下石油消费量开始超过有约束情形下石油消费量。总体而言，两种情形下未来 10 年我国石油消费需求量差距不大，这可以从两个方面分析：一是从规划约束看，我国规划约束中主要是提高非化石能源消费比重，降低煤炭消费比重，对石油和天然气没有提出硬性规划，因此在未来我国能源消费结构中，石油和天然气会按照原来的发展趋势继续发展。二是从碳排放约束看，煤炭、石油、天然气、非化石能源碳排放强度依次降低，在既要保障能源消费量又要降低碳排放强度，且非化石能源规模较小无法弥补由减少煤炭消费带来的能源缺口的前提下，减少的煤炭消费量由石油、天然气和非化石能源合理的替代才能达到既满足能源消费的需求又达到降低碳排放强度的要求。因此在有约束的情形下，能源消费总量下降了，但是石油消费占比要比无约束情形下石油消费占比高。从石油缺口看，未来石油缺口始终为负，石油缺口绝对值较大且在逐渐增大，无约束情形下2017年石油缺口绝对值为55321万吨标准煤，约是石油产量的1.8倍，到了2028年石油缺口绝对值达到106346万吨标准煤，约是石油产量的2.9倍，有约束情形下，2017年石油缺口绝对值为56865万吨标准煤，约是石油产量的1.8倍，到了2028年石油缺口绝对值达到91303万吨标准煤，约是石油产量的2.5倍。

8.1.4 天然气供求平衡

天然气是我国实现能源绿色低碳转型的重要支撑，根据国家发改委网站《节能低碳技术推广管理暂行办法》中规定：煤炭、石油和天然气的CO_2排放系数依次为2.64 tCO_2/tce（吨CO_2每吨标准煤）、2.08 tCO_2/tce、1.63 tCO_2/tce。可见，在非化石能源尚无法替代化石能源时，化石能源之间的替代是实现低碳转型的重要路径。在化石能源中天然气的CO_2排放系数最低，仅约为煤炭排放系数的61.7%。但是天然气在我国的能源禀赋定位是“少气”，即我国天然气储量较少，产量较低。1978年我国天然气产量仅占到能源生产总量的2.9%，之后随着能源产量的持续增长，天然气产量占比呈现先下降后上升的趋势，直到2005年重新回到2.9%的占比，之后天然气产量占比缓慢提高，到2016年达到5.3%。由于我国天然气产量较低，天然气价格较高，天然气消费也一直较低，1978年我国天然气消费占比仅有3.2%，之后先下降一度降低至1.8%，后上升，2007年回升至3.0%，随后消费占比缓慢提高，到2016年上升至6.4%。那么从天然气产量和消费量看，其供求状态是怎样呢？首先看1978—2016年我国天然气的供求状况（见表8－7）。

表8－7　　1978—2016年我国天然气供求状况　　单位：万吨标准煤

年份	天然气生产量	天然气消费需求量	天然气缺口
1978	1820	1829	－8
1980	1912	1869	44
1985	1711	1687	24
1990	2078	2073	6
1991	2097	2076	21

续表

年份	天然气生产量	天然气消费需求量	天然气缺口
1992	2145	2074	71
1993	2221	2204	17
1994	2256	2332	-76
1995	2452	2361	90
1996	2661	2433	227
1997	2803	2446	356
1998	2856	2451	405
1999	3298	2811	487
2000	3603	3233	370
2001	3980	3733	247
2002	4376	3900	475
2003	4636	4533	103
2004	5565	5296	268
2005	6642	6273	369
2006	7832	7735	98
2007	9246	9343	-97
2008	10819	10901	-81
2009	11444	11764	-321
2010	12797	14426	-1629
2011	13947	17804	-3857
2012	14393	19303	-4910
2013	15787	22096	-6310
2014	17008	24271	-7263
2015	17738	25370	-7632
2016	18338	27904	-9566

资料来源：《中国统计年鉴》。

将天然气缺口数据用柱形图表示可以更加直观地看出我国天然气供求状况的变化情况（见图8－4）。

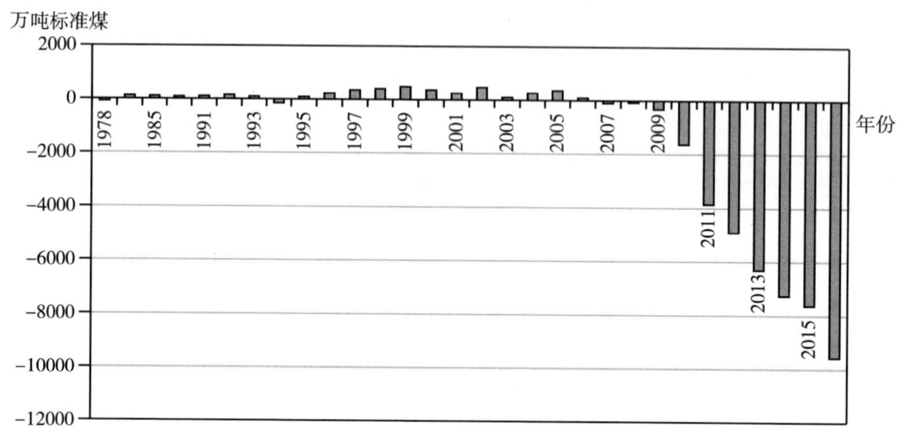

图8－4　1978—2016年天然气缺口

从表8－7和图8－4看，1978—2008年总体上看我国天然气处于供需平衡状态，这期间大部分年份供略大于求，小部分年份供略小于求。从2009年开始，我国天然气消费量开始快速增长，天然气产量无法满足天然气消费需求量，开始出现较大的能源缺口，且能源缺口绝对值逐年增大。这主要是由于我国天然气生产能力有限，生产能力的增速赶不上消费增速。2009—2016年我国天然气平均消费增速约为13.1%，而1978—2008年我国天然气消费增速仅为6.1%。而2009—2016年我国天然气生产量的平均增速仅有7%，远低于同期天然气平均消费速度，而1978—2008年我国天然气生产量平均增速约为6.1%，与同期天然气平均消费速度持平。

天然气是化石能源中最具有低碳性质的化石能源品种，从我国天然气产量和消费量看，未来我国天然气有较大的发展空间。对未来10年我国天然气的供求状况下文根据前文预测结果分了无约束和有约束两种情形进行了分析，其中有约束情形下天然气消费量则是根据8.1.1节对减排约束下能源消费总量的预测及第7章中减排约束下能源消费结构的预测结果，通过“有约束情形下天然气消费量＝减排约束下能源消费量×减排约束下天然气消费所占比重”计算得到（见表8－8）。

表 8-8　　2017—2028 年我国天然气供求状况　　单位：万吨标准煤

年份	天然气生产量	无约束情形		有约束情形	
		天然气消费需求量	天然气缺口	天然气消费需求量	天然气缺口
2017	20247	31926	-11679	30794	-10547
2018	21703	35265	-13562	33191	-11487
2019	23252	38868	-15616	36151	-12898
2020	24899	42755	-17856	38827	-13929
2021	26649	46948	-20299	41832	-15184
2022	28507	51473	-22966	44571	-16063
2023	30482	56359	-25878	48175	-17693
2024	32578	61638	-29061	50875	-18297
2025	34803	67346	-32543	54942	-20139
2026	37165	73523	-36358	57806	-20641
2027	39671	80213	-40542	61690	-22018
2028	42331	87469	-45138	65048	-22718

资料来源：笔者计算整理。

从表 8-8 看，两种情形下我国天然气消费需求量均持续增长，无约束情形下天然气消费量增长速度快于有约束情形下天然气消费量增长速度，无约束情形下 2017—2028 年我国天然气年均增速约为 9.6%，而有约束情形下 2017—2028 年我国天然气年均增速约为 7.0%。从天然气缺口看，2017—2028 年两种情形下天然气缺口均为负值，说明我国天然气产量在未来 10 年均无法满足天然气消费量。从天然气缺口绝对值看，两种情形下天然气缺口绝对值均在增大，且两者之间的差距越来越大。无约束情形下，2017 年我国天然气缺口绝对值约为 11679 万吨标准煤，约是天然气产量的 57.7%，而到了 2028 年，我国天然气缺口绝对值达到 45138 万吨标准煤，约是天然气产量的 1.1 倍。有约束情形下，2017 年我国天然气缺口绝对值约是 10547 万吨标准煤，约是天然气产量的 52.9%，到 2028 年，我国天然气缺口绝对值达到 22718 万吨标准煤，约是天然气产量的 53.7%。

8.2　能源经济安全方法论

自 20 世纪 70 年代石油危机以来，国外开始重视能源安全问题的研究，而国内虽然对能源安全问题早有研究，但直到20世纪90年代，能源安全问题才开始广受关注。随着近些年化石能源耗竭、生态环境恶化、气候问题严重等一系列问题的凸显，对能源安全问题的重视达到前所未有的高度。当前大多数关于能源安全问题的研究都是从能源系统本身出发，而不是将能源系统置于宏观经济的大框架下，不是从能源在宏观经济中的重要地位出发。能源经济安全研究出发点是能源在经济安全中的重要地位，落脚点在能源要素对经济安全产生的影响上，重点在能源要素上，关键在于确定对经济安全产生重要影响的能源要素。因此，对能源经济安全的研究本书借鉴国家经济安全的研究方法，从大系统、本系统和子系统三个维度讨论了能源经济安全的研究方法。从这三个角度研究探讨能源经济安全研究方法保证了研究问题空间的充分性、内在的严密性及广泛的适用性，避免了研究问题模式固化和视角窄化。

8.2.1 大系统推断法

大系统推断法从集合的角度理解是指用S表示全集，即大系统，全集中包含各个子集S_i，则$S = S_1 + S_2 + \cdots\cdots + Sn$，要研究其中一个子集$S_i$并非直接从$S_i$入手，而是通过研究全集和非$S_i$的其他子集，通过$S_i = S - S_1 - S_2 - \cdots\cdots - Sn$来推断$S_i$的状态。该方法应用于能源经济安全即将国家安全视为全集，从不同的角度可以将国家安全表示为：国家安全 = 军事安全 + 经济安全 + 文化安全 + 政治安全等（公式一）或国家安全 = 粮食安全 + 能源安全 + 金融安全等（公式二）。故运用大系统推断能源经济安全可以沿着两种思路展开：一是国家安全——国家经济安全——国家能源经济安全；二是国家安全——国家能源安全——国家能源经济安全。

沿着思路一分析：国家安全——国家经济安全——国家能源经济安全。首先基于公式一，运用大系统推断法判断国家经济安全状况，其中国家经济安全 = 国家能源经济安全 + 国家非能源经济安全。显然在该思路下是从经济安全的范畴去理解能源经济安全，因此根据前文对国家经济安全内涵的界定，能源经济安全研究侧重于研究影响国家经济安全的能源要素，既要评估这些要素的外部风险，又要研究抵御这些外部风险给经济带来的冲击以达到稳定经济发展目的的相关手段。

沿着思路二分析：国家安全——国家能源安全——国家能源经济安全。首先基于公式二，运用大系统推断法判断国家能源安全状况，其中国家能源安

全 = 国家能源经济安全 + 国家能源非经济安全。显然在该思路下是从能源安全的范畴去理解能源经济安全。

所谓国家能源安全，国际能源署（IEA）将其定义为“以支付得起的价格不中断地获得能源资源的能力”。在思路二下，国家能源安全是政治因素、经济因素、社会因素等多种因素综合作用的结果，而国家能源经济安全是国家能源安全的一个子系统，同时也是其重要组成部分，侧重于研究能源领域影响能源安全的经济因素，在这种视角下，经济系统被视为能源领域的组成部分。

上述两种研究国家能源经济安全的思路既有共同之处也存在较大的差异。共同之处是两者均是侧重于能源领域中的经济因素，而差异之处主要在于研究对象的本体。国家经济安全视角下的能源经济安全是将国家经济安全视为本体，而国家能源安全视角下的能源经济安全是将国家能源安全视为本体。从我国现实情况出发，能源领域尚不能成为国家经济的主体，而是服务于国家经济、社会的发展，因此，从国家经济安全的视角出发研究能源经济安全更适合我国当前发展现状。

从国家经济安全的视角出发研究国家能源经济安全问题时，要凸出“关键性”，不能将能源经济安全视作一个筐，各种相关问题都往里装，找准影响经济安全的关键能源要素，确定能源要素的关键性指标。就我国能源系统而言，随着经济的快速发展，能源需求快速增加，煤炭、石油、天然气、新能源等各行业都影响着我国经济，例如煤炭的大量消耗带来的气体排放问题、石油的产不足需问题、天然气的基础设施不完善问题、新能源的产能利用问题等，但在考虑能源经济安全问题时，主要考虑石油相关方面的指标。

8.2.2　本系统分析法

本系统分析法是一种直接从研究对象切入的研究方法，根据研究对象的特性或内涵将其划分为有机的几部分，每一部分都体现了研究对象的整体特性，通过研究每一部分达到研究研究对象的目的，例如研究人类的手，我们可以通过研究手的正面和反面来研究手。将该方法应用于能源经济安全的研究，能源经济安全是由其面临的外部冲击、威胁和其自身抵御外部冲击、威胁的能力共同决定的，即国家能源经济安全是外因和内因综合作用的结果。据此可以将国将能源经济安全划分为两部分，其一是代表其面临的外部风险的外因部分，称为能源经济安全条件，其二是代表自身抵御外部风险能力的内因部分，称为能源经济安全能力，这两方面是能源经济安全的一体两面，共同勾勒出能源经济安全的全貌。

能源经济安全条件是指国家能源经济安全所面临的外部风险和威胁，这些风险和威胁的大小直接影响着能源经济安全状况。需要注意的是造成外部冲击的原因有多种，例如经济原因、政治原因等，但从经济安全的角度出发，能源经济安全条件强调的是外部冲击的经济因素。能源经济安全能力是指国家能源经济安全自身抵御外部冲击、化解外部威胁的能力，这种能力的高低直接影响着国家能源经济安全。从经济安全的角度出发，能源经济安全能力关注的系统自身的“免疫力”，影响系统自身“免疫力”的因素有很多，但是我们在研究时要关注与经济安全关联性大的关键因素，而不是面面俱到。

能源经济安全条件与能源经济安全能力共同构成了国家能源经济安全，两者之间相互依托、相辅相成。如果将国家能源经济安全比喻成海上航行的船只，则能源经济安全条件就相当于海上风浪的大小等外部风险，能源经济安全能力就相当于船只自身的素质，两者共同决定了该船只的航行的安全度。由于外部风险不可控，要维护自身的安全，就必须不断提高自身的素质，增强抵御风险的能力，故长期处于“弱条件”状态有利于锤炼“强能力”，即外部风险长期处于较高状态时，往往内部抵御风险的能力会不断增强。

根据前文的分析，基于本系统分析法，用C表示国家能源经济安全，C_1表示国家经济安全条件，C_2表示国家经济安全能力，则国家能源经济安全可以写成以下两种形式：

$C=(C_1+C_2)/2$，或 $C=\sqrt{C_1+C_2}$

两种不同的表达式体现着两种不同的研究思路。算术平均表达式强调的是两者之间的独立性，分别影响着国家能源经济安全不具有传导性，这就不会造成极端状况，其中之一得分较低并不会造成国家能源经济安全的极端情况，如若能源经济安全条件得分为0，能源经济安全依然可以得到50分。几何平均法关注的是能源经济安全条件和能源经济安全能力之间的相互关联性，两者相互影响，相互制约，任意一方出现极端情况都会使国家能源经济安全出现极端情况，例如能源经济安全条件得分为0时，无论能源经济安全能力得分何如，国家能源经济安全得分也是0。

8.2.3　子系统综合法

子系统推断法从集合的角度理解是指用S表示全集，全集中包含各个子集

S_i，即子系统，则 $S = S_1 + S_2 + \cdots\cdots + Sn$，要研究全集S并非直接从S入手，而是通过研究所有子集 S_i 的状况，通过各个子集之和来推断全集S的状态。该方法应用于能源经济安全的研究，首先要从不同的维度合理的划分子系统，常用的有产业维度、区域维度等。

基于产业维度划分子系统，从我国能源供给结构和消费结构看，我国主要的能源品种包括石油、煤炭、天然气、新能源和其他能源品种，因此可以通过综合分析各能源品种的经济安全状况来判断能源经济安全状况，即能源经济安全=煤炭经济安全+石油经济安全+天然气经济安全+新能源经济安全+其他能源品种经济安全。

基于区域维度划分子系统。我国的能源经济安全状况是由各个省份的能源经济安全状况共同决定，因此能源经济安全=各省份能源经济安全之和。按三大经济带划分，我国分为东、中、西部地区，因此能源经济安全=东部地区能源经济安全+中部地区能源经济安全+西部地区能源经济安全。在区域维度下研究能源经济安全需要注意的是，由于能源禀赋的天然性及能源利用的不可或缺性，能源活动更多地表现为一种全国性的资源配置活动。能源资源主要分布于西部地区，而能源利用主要集中在东部沿海地区，能源禀赋与能源利用的逆向分布使我们在研究能源经济安全时既要关注区域性风险也要注重系统性风险。

将上述能源经济安全的研究置于时间轴上讨论，能源经济安全又可分为短期能源经济安全、中期能源经济安全、长期能源经济安，关于短期、中期、长期可以根据研究的问题及侧重点进行科学的界定。对于不同时间段内的能源经济安全研究的对象也会发生变化，这是因为能源经济安全的研究是对经济安全产生重大影响的关键性能源要素，随着时间的推移，能源经济安全主体也会发生变化。就我国而言，短期内，石油毋庸置疑是关乎能源经济安全最为重要的品种，研究短期能源经济安全应该着眼于石油，而研究长期内能源经济安全，例如50年以上的时间段，化石能源可能就逐步退出历史舞台，非化石能源变成了影响能源经济安全的关键要素，届时研究能源经济安全的着眼点就应该放在非化石能源上。

8.3 能源经济安全指标体系构建

根据前文分析，石油是能源经济安全的主体，基于能源经济安全的内涵，石油所面临的外部风险及我国石油系统抵御外部风险的能力共同决定了我国能源经济安全状况，故选取了石油对外依存度和战略石油储备满足消费的天数两个关键指标分别代表能源经济安全条件和能源经济安全能力，继而在以往研究成果的基础上确定了这两个指标的警限，并划分了安全区间，构建了能源经济安全指标体系。

8.3.1 指标选取

构建指标体系，最为关键的是科学地选取指标。指标的科学选取要遵循一定的原则：

（1）系统性原则。各指标之间要有一定的逻辑关系，可以从不同的侧面反映研究对象的主要特征和综合状态，各指标之间既要相互联系又要相互独立，共同构成一个有机统一体。

（2）关键性原则。指标要具有关键性、典型性，尽可能准确地反映出被研究对象的状态，而不能面面俱到，包罗万象。

（3）可操作、易量化原则。选取的指标应该具有较强的可操作性，便于收集，同时指标选取时应尽量选取可量化的，便于数学计算和分析，更客观地反映研究对象的状态。

（4）简明科学性原则。指标选取时要以科学性为原则，选取的指标能够客观全面地反映研究对象的特征和状态，指标不宜过多过细，容易造成交叉重叠，也不宜过简过少，避免重要信息的遗漏，造成以偏概全。

本书是基于国家经济安全的视角研究国家能源经济安全，在此视角下首先要选取关键的能源经济因素，在第2章的2.2节中已经给出了充分的理由确定石油是当前我国能源经济安全的研究对象。因此，能源经济安全的研究重点是关注石油在经济方面带来的外部风险，以及我国石油系统抵御这种外部风险的能力。本节采用了本系统分析法，遵循指标选取原则，在沿袭了以往研究成果①的基础上，选取了两个能源经济安全指标：石油对外依存度和战略石油储备满足消费的天数，石油对外依存度代表能源经济安全条件，体现着石油的外

① 笔者自2015年起连续3年参与博士生导师顾海兵教授的课题《中国经济安全年度报告》，并参与编写了2015年度、2016年度、2017年度《中国经济安全年度报告：监测与预警》，由中国人民大学出版社出版。笔者还在攻读博士期间发表了数篇基于对经济安全此概念界定的相关学术论文。

部风险，战略石油储备满足消费的天数代表能源经济安全能力，体现着石油系统抵御这种外部风险的能力。

综上能源经济安全指标体系如表 8 -9 所示。

表 8 -9　　能源经济安全指标体系

一级指标	二级指标	三级指标
国家能源经济安全	能源经济安全条件	石油对外依存度
	能源经济安全能力	战略石油储备满足消费的天数

能源供应对能源经济安全至关重要，关系到能源供应的外部风险有很多，比如能源进口地区的政局是否稳定关乎他们能否保障持续的生产和供应能力；比如我国重要海峡控制力，关乎我国是否能够顺利地将进口能源运输到国内；比如地缘政治，关乎我国能否以合理的价格获得能源，上述种种均是我国能源面临的外部风险，但是并非均是经济因素。能源经济安全研究的是能源外部风险中的经济因素，另外上述风险存在的前提是我国有大量进口能源的需求，若我国能源能够做到自给自足，上述风险也将不再是我国能源面临的外部风险。因此，归根结底能代表我国能源外部风险是能源对外依存度，其他因素随着能源对外依存度的上升而风险加剧，随着能源对外依存度下降而风险下降。将能源定位于石油时，该指标就是“石油对外依存度”。

抵御能源外部风险的手段也有很多，但是最终目的是保障能源的供应。众多抵御风险的手段例如加大研发投入，提升技术从而提高生产能力和能源使用效率；比如完善能源管理体制，使能源资源得到合理配置；比如加强能源外交，从国外获得所需能源供应，尽管上述种种手段均有助于我国能源供应能力的增长，但均存在很多不确定性，技术突破存在不确定性，体制改革的深度存在不确定性，突发政治事件存在不确定性等。能源供应一旦出现问题，需要的是及时快速地保障能源供应，战略石油储备是当前能够满足这一点的重要手段。在 20 世纪 70 年代石油危机以后，国际能源署要求其成员国战略石油储备必须满足 90 天的石油进口量，这也说明该手段在应对石油危机时的重要性。因此“战略石油储备满足消费的天数”指标可以有效地反映出一国抵御能源外部风险的能力。

8.3.2 安全状态的判断

指标确定后，警限的合理设定是科学判断能源经济安全的前提。本节运用了文献整理法及专家法确定了“石油对外依存度”及“战略石油储备满足消费的天数”指标的警限。

首先看“石油对外依存度”指标。通过搜集整理文献以及按照国际惯例，50%被认为是石油对外依存度的警戒线，即50%是石油度外依存度安全的及格线。因此，当石油对外依存度达到50%时，将其安全得分设定为60分。另外，根据近几十年来世界主要发到国家石油对外依存度的变化情况，判断石油对外依存度一般在20%—70%，将石油对外依存度小于等于20%时的安全得分设定为100分，中间区间根据石油对外依存度高低依次由低到高赋予得分（见表8-10）。

表8-10　石油对外依存度及安全得分

石油对外依存度	20%	35%	40%	45%	50%	55%	60%	65%	70%	80%
安全得分	100	90	80	70	60	50	40	30	20	0

资料来源：顾海兵．中国经济安全年度报告：监测预警2014［M］．北京：中国人民大学出版社，2014.

其次看“战略石油储备满足消费天数”指标。IEA（国际能源署）要求成员国国家的战略石油储备达到其90天的石油进口量。国际能源署用的是“石油进口量”口径衡量战略石油储备量，本书用的是“石油消费量”口径衡量战略石油储备量。选择“石油消费量”口径是从我国的国情实际出发考虑的：一是石油进口量受各种因素的影响并不稳定，其波动性远大于石油消费量，而石油消费量呈现出稳定的增长趋势；二是用石油消费量衡量战略石油储备量更加直观地体现我国战略储备抵御石油断供的能力。本书采用了以往的研究成果，将“战略石油储备满足消费的天数”指标上下警限分别设为7天和60天，二者均对应安全得分60分。战略石油储备量太少不能有效的抵御外部冲击，而战略石油储备量太高则储备设施、管理等成本又太高，因此将7天和60天设为及格线，取两者的平均值33.5天，令其对应安全得分100分，据此可以得到战略石油储备满足消费天数指标的警限及安全得分（见表8-11）。

表 8－11　　　国家战略石油储备满足消费的天数及安全得分区间

指标值	安全得分区间
<7	<60
7—33.5	60—100
33.5—60	100—60
60—86.5	60—0
>86.5	0

资料来源：顾海兵．中国经济安全年度报告：监测预警 2014［M］．北京：中国人民大学出版社，2014.

确定指标警限及安全得分区间后利用插值法计算安全得分，插值法计算过程在第 2 章已经有过详细阐述。最后根据安全得分判断安全类型。安全类型根据指标得分由低到高划分为五类（见表 8－12）。

表 8－12　　　安全类型划分

安全得分	安全类型
0—20	极度不安全
20—40	不安全
40—60	轻度不安全
60—80	基本安全
80—100	安全

资料来源：顾海兵．中国经济安全年度报告：监测预警 2014［M］．北京：中国人民大学出版社，2014.

根据前文分析，用 C 表示国家能源经济安全，C_1 表示国家经济安全条件，C_2 表示国家经济安全能力，则国家能源经济安全可以写成以下两种形式：

$C=(C_1+C_2)/2$，或 $C=\sqrt{C_1+C_2}$

在本章中分别选取了代表国家能源经济安全条件的石油对外依存度指标和代表国家能源经济安全能力的国家战略石油储备满足消费天数的指标，构建了能源经济安全指标体系，故国家能源经济安全可以具体化为：

国家能源经济安全 =（石油对外依存度 + 国家战略石油储备满足消费的天数）/2

或国家能源经济安全 = $\sqrt{\text{石油对外依存度} \times \text{国家战略石油储备满足消费的天数}}$

从而，国家能源经济安全得分可以写成：

国家能源经济安全得分 =（石油对外依存度指标得分 + 国家战略石油储备满足消费的天数指标得分）/2

或国家能源经济安全得分 = $\sqrt{\text{石油对外依存度指标得分} \times \text{国家战略石油储备满足消费的天数指标得分}}$

“和”形式与“积”形式代表了两个指标之间不同的相关关系，“和”形式强调的是两指标的独立性，石油对外依存度指标与国家战略石油储备满足消费天数指标互相独立，共同影响着能源经济安全状态，一方的强弱不会对另一方产生影响，只会单方面的影响能源经济安全状态，因此仅一方指标出现极端状态时不会使能源经济安全状态出现极端状态，如当石油对外依存度指标得分为0时，能源经济安全得分取决于国家战略石油储备满足消费的天数指标得分。“积”形式强调的是两指标的关联性，石油对外依存度指标与国家战略石油储备满足消费的天数指标相互关联，共同影响着能源经济安全状态，一方的强弱会对另一方产生影响，从而共同影响能源经济安全状态，因此仅一方指标出现极端状态时就会使能源经济安全状态出现极端状态，当任一指标得分为0时，能源经济安全得分都将会降为0分，出现极度不安全。从实际出发，能源经济安全条件与能源经济安全能力是相辅相成，紧密相连的，因此，本书采取两指标“积”形式的逻辑关系来判断能源经济安全状态。

第9章

基于能源供求预测的石油对外依存度的预测

9.1　我国石油对外依存度的历史及现状

石油对外依存度能够直观地体现石油进口国在能源安全方面所面临的外部风险大小，石油对外依存度高意味着能源面临的外部风险较大，反之则较小。我国是世界最大的石油进口国和消费国，近些来石油对外依存度逐年攀升，能源领域面临的外部风险也在逐年加剧。本节从我国石油产量、石油消费需求量、石油对外依存度三个方面剖析了我国石油对外依存度的历史演变及现状。

9.1.1　石油生产量

石油产量是指一国或一地区在一段时间内生产石油的数量。石油在我国能源禀赋中的定位是“贫油”，即我国石油储量并不丰富，也就意味着我国石油产量的局限性较大。1949 年新中国成立时，我国石油产量仅有 12. 1 万吨，只能满足当时需求的 10% 左右。之后为了摆脱经济贫困，国家政策大力支持发展石油工业，随着几个大型油田的勘探开采成功，我国石油产量快速增加，到 1965 年，我国石油产量已经可以满足国内消费需求。1978 年我国石油产量达到 1. 04 亿吨，突破 1 亿吨大关。但是受石油资源禀赋及技术水平等因素影响，我国石油产量虽然整体呈增长趋势，但是增速缓慢，2010 年石油产量突破 2 亿吨，2015 年原油产量达到 2. 13 亿吨，2016 年受国际油价低迷等因素影响原油产量降至 1. 98 亿吨，降幅达到 1500 万吨，也是新中国成立以来我国石油产量最大年度降幅，从 1978 年到 2016 年我国石油产量年均增速仅有 1. 7% 。

过去的石油增产能力并不代表未来石油的增产能力，在技术未得到有效突破之前，石油禀赋的条件是决定增产能力的重要因素之一，我国目前的石油禀赋状况不容乐观。

首先看我国石油储量情况。2006—2015 年连续 9 年我国石油新增探明地质储量超过 10 亿吨①，2016 年这一数据降至 9. 14 亿吨，然而新增探明地质储量并不意味着具有开采性，虽然数值上远远大于我国每年 2 亿吨左右的石油生产量但并无法保障我国每年 2 亿吨石油产量的可持续性。事实上，能够在现有技术下开采出的新增石油储量——新增技术可开采量远低于新增探明地质储量。

① 根据 2006—2015 年《全国油气资源勘查开采情况通报》中数据统计。

根据《全国油气资源勘查开采情况通报》，我国新增石油技术可采储量近年来始终保持在2亿吨左右，2015年新增石油技术可采储量为2.53亿吨。但是在通常情况下，石油开采不仅讲求技术上的可行性，更需要具有经济上的可行性，即石油开采后可以获得效益，我们称此类石油开采量为经济可开采储量。根据《全国油气资源勘查开采情况通报》，2011—2015年我国年均新增石油经济可采储量1.93亿吨，而2011—2015年我国年均石油产量在2亿吨，可见我国新增石油经济可采储量无法满足目前我国石油产量水平。

从储量石油的品质看，在经过几十年的发展后，我国各油气田的勘探程度越来越高，但是资源品质呈现出劣质化趋势。"十二五"时期，我国石油整体上进入了低品位资源勘探阶段，其中低渗、超低渗石油储量占已探明储量的70%，低丰度储量占比达到90%以上。我国油田整体进入了中高含水阶段，已开发油田总体将进入特高含水开采阶段，其中，大庆油田综合含水率高达94%。另外，当前易于发现和开采的大型油田减少，新增储量多是来自小且贫的油田，且深层、超深层、复杂岩性油藏和非常规油藏所占比例在增加，使未来我国石油开采成本和难度都将上升。

9.1.2 石油消费需求量

石油消费需求量是指一国或一地区在一段时间内消费石油的数量。石油被称为工业的"血液"，是国民经济各行各业发展的动力源，经济的发展离不开石油的消费。我国经济快速增长的同时也伴随着石油消费量的快速增长。根据国家统计局数据，1978年我国石油消费量尚不足1.3亿吨标准煤，2016年我国石油消费量增至约8亿吨标准煤，年均增长率约为4.9%，远高于这期间石油产量1.7%的年均增长率。

从多方面分析，未来我国石油消费需求量还将持续增长。首先看我国经济发展，石油消费需求量伴随着经济的增长而增长。"十三五"时期我国经济进入"新常态"，经济增速开始由原来的高速增长向中高速增长转换，但是总体而言我国经济依然会保持较快的增长，再者我国目前经济体量已达到全球第二，在庞大的经济体量基础上，较小的经济增速也会带来较大的能源消费需求，因此从我国经济发展看，石油消费需求量依然会有一个快速增长的趋势。从国家政策看，在国际压力和国内环境的双重约束下，降低CO_2强度，减少

CO_2排放既是责任也是义务，CO_2的排放主要来自能源消费，尤其是化石能源中的煤炭消费，减少煤炭消费是实现减排的主要途径。但是在可再生能源的增长尚不能弥补煤炭减少带来的能源消费缺口时，由石油和天然气替代煤炭的减少是必然的，这也将带来石油消费需求的增长。从我国发展阶段看，我国目前处于工业化中后期，城市化进程也在快速推进，从发达国家的发展经验看，工业化和城市化的快速发展都将带动能源消费的大量增加。另外，交通行业是石油消费的主要领域，近年来我国汽车保有量飞速增长，根据公安部交管局统计数据，截止到 2017 年 3 月底，我国机动车保有量突破 3 亿辆，其中汽车达到 2 亿辆。随着居民生活水平的提高，汽车消费需求将持续增长，汽车需求的增长也会带动石油消费需求的增长。

9.1.3　石油对外依存度

石油对外依存度是指在一国的石油消费需求中进口石油消费所占的比重，能够反映一国石油消费对国外石油资源的依赖程度。石油对外依存度不仅取决于国内石油生产量，还要看国内对石油的需求量，当国内石油供不应求时，本国成为石油净进口国，石油对外依存度问题则随之而来。我国是“贫油”的大国，自新中国成立以来，我国石油对外依存度（见表 9 - 1）的发展大约经历了三个阶段。

表 9 - 1　　1993—2016 年我国石油对外依存度　　单位：%

年份	石油对外依存度
1993	1.6
1994	2.2
1995	6.7
1996	11.1
1997	17.2
1998	18.9
1999	24.5
2000	28.0
2001	28.9
2002	32.9
2003	38.8

续表

年份	石油对外依存度
2004	45.1
2005	44.4
2006	47.3
2007	49.6
2008	49.2
2009	51.2
2010	53.7
2011	55.5
2012	56.4
2013	57.7
2014	59.0
2015	60.9
2016	65

资料来源：根据《中国能源统计年鉴2016》数据整理。

第一阶段，新中国成立至1965年石油对外依存度逐渐降低阶段。新中国建立时，我国石油工业非常落后，即便当时经济也同样落后对石油的需求并不大，我国依然需要进口石油。为了尽快改变新中国经济贫困的现状，国家开始大力发展石油工业，尤其是石油勘探和开采。1955年我国第一座大油田——克拉玛依油田被发现，逐步缓解了我国石油度外依存度高企的问题，1959年我国最大的油田——大庆油田被发现，进一步降低了我国的石油对外依存度。随着石油产量的快速增加，当时由于国内经济体量较小，石油消费量较小，石油产量很快超过了石油消费量，至1965年，我国成为石油净出口国家。

第二阶段，1966—1992年石油净出口阶段。在这个阶段，我国各大油田胜利油田、辽河油田、大庆油田、华北油田等都得到勘探和开采，石油供给量迅速增长。1966—1978年，我国石油产量年均增速达到18.6%，1978年石油产量站上1亿吨关口，成为名副其实的石油生产大国，改变了我国石油工业落后的面貌。而在当时，由于我国经济底子薄，经济体量较小，石油需求也较小，我国石油产量远大于石油消费需求量，我国石油开始对外出口，到1985年我国石油出口量达到最高水平，出口数量达到3115万吨。改革开放以后随着经济的腾飞，我国对石油消费需求迅速增长，石油出口数量开始下降，至1993

年我国重新成为石油净进口国。

第三阶段，1993 年至今石油对外依存度攀升阶段。1993 年我国重新成为石油净进口国家，1993—1995 年，我国石油对外依存度基本在 10% 以内，变化较为平稳，1996 年我国石油对外依存度陡然升至 11.1%，1999 年，我国石油对外依存度突破 20% 达到 24.5%，2002 年突破 30% 开启了快速增长阶段，2002—2004 年随着经济的快速增长，石油需求迅速膨胀，我国石油对外依存度开始逐年攀升，至 2004 年我国石油对外依存度达到 45.1%，2004—2008 年我国石油对外依存度始终在 40%—50% 徘徊且呈上升趋势，至 2009 年，我国石油对外依存度突破国家安全警戒线 50%，达到 51.2%，随后一路上扬。至 2016 年，我国石油进口量达到 3.8 亿吨，石油对外依存度飙升至 65%。而从未来我国石油产量和石油需求量的状况看，石油对外依存度仍有增长之势，这对我国的石油安全以及经济安全都带来了潜在的威胁。

9.2　无约束的石油对外依存度预测

石油对外依存度 = 石油净进口量/石油消费需求量 =（石油消费需求量 − 石油生产量）/石油消费需求量，在本书第 6 章和第 7 章分别预测了未来 10 年我国石油生产量和消费需求量，本节根据前文预测数据，计算了未来 10 年无约束情形下我国石油对外依存度，并利用第 8 章构建的能源经济安全指标体系分析了石油对外依存度的安全状态，最后与美国、韩国、日本三国的石油消费和生产状况做了对比。

9.2.1　石油对外依存度预测

根据第 6 章和第 7 章对石油产量和消费量的预测数据以及石油对外依存度计算公式得到 2017—2028 年无约束下我国石油对外依存度（见表 9－2）。

表 9－2　2017—2028 年无约束下我国石油对外依存度　　单位：万吨标准煤

年份	石油生产量	石油消费需求量	石油对外依存度（%）
2017	31380	86701	63.8
2018	31865	90922	65.0
2019	32354	95303	66.1

续表

年份	石油生产量	石油消费需求量	石油对外依存度（%）
2020	32847	99851	67. 1
2021	33344	104575	68. 1
2022	33844	109482	69. 1
2023	34349	114582	70. 0
2024	34857	119881	70. 9
2025	35370	125391	71. 8
2026	35887	131120	72. 6
2027	36409	137080	73. 4
2028	36935	143281	74. 2

资料来源：笔者计算。

从表 9 – 2 看，2017—2028 年我国石油对外依存度持续攀升，且远超 50% 的国际安全警戒线，2017 年我国石油消费需求量近 8. 7 亿吨标准煤，石油生产量仅有 3. 1 亿吨标准煤，约合 2. 1 亿吨原油，需要进口的石油量约为 5. 6 亿吨标准煤，约合 3. 8 亿吨原油，石油对外依存度高达 63. 8% 。事实上，根据中石油经济技术研究院在 2017 年的 1 月份发布的《国内外油气行业发展报告》，2016 年我国石油对外依存度就达到了 65. 4% ，超过了 2017 和 2018 年的预测值，这主要是由于石油生产量的预测值引起。石油对外依存度由石油消费需求量和石油生产量共同决定，我国石油消费需求量自改革开放以来一直在较快的增长，石油生产量也在缓慢的增长，但是 2016 年受国际油价低迷等因素影响我国原油产量出现了大幅下降，从 2015 年的 2. 13 亿吨降至 1. 98 亿吨，降幅达到 1500 万吨，2016 年石油对外依存度的计算公式的“分母”变小，使 2016 年的石油对外依存度增长较快，2015 年石油对外依存度刚突破 60% ，2016 年陡然增至 65. 4% ，增长了 5. 4 个百分点。而在预测 2017—2028 年的石油生产量时选取的是 1980—2016 年的历史数据，这期间石油生产量整体上呈现出上升趋势，2016 年石油生产量出现下降并不会影响对未来石油生产量趋势的预测，因此 2017 年石油生产量的预测值相对于 2016 年生产量是增加的，增长了 1200 万吨，使 2017 年石油对外依存度预测值小于 2016 年的实际值。到 2028 年我国石油消费需求量近 14. 3 亿吨标准煤，而石油生产量仅有 3. 7 亿吨标准煤，需要进口的石油数量达到 10. 6 亿吨标准煤，约是石油生产量的 2. 9 倍，石油对外依存度飙升至 74.2%。2017—2028 年我国石油对外依存度以年均约 1 个百分点的速度在增长，但是总体上而言每年的绝对增速是递减的，2018 年相较于 2017 年增长了 1.14 个百分点，到了 2028 年相较于 2027 年仅增长了 0.78 个百分点。尽管石油对外依存度增长的绝对速度在逐渐下降，但依然是正向增长。英国石油集团公司（BP）预测 2035 年我国石油对外依存度将会达到 75%，厦门大学能源经济研究中心主任林伯强则预测 2035 年我国石油对外依存度将会达到 80%。从石油对外依存度数值看，我国石油对外依存度过高给未来我国的能源安全和经济安全带来深深的隐患。

9.2.2　石油对外依存度指标安全状态分析

根据第 8 章构建的能源经济安全指标体系，运用插值法计算石油对外依存度指标得分，插值法的计算步骤为：设某一已知数值为 x，对应的未知数值为 y，通过观测可以得到已知数值 x 的左右数值分别为 x_1 和 x_2，其对应的观测值为 y_1 和 y_2，则 x 的观测值计算公式为：

$$y = y_1 + \frac{(x - x_1)(y_2 - y_1)}{x_2 - x_1}$$

此处以 2017 年石油对外依存度的安全得分计算为例对插值法的应用进行介绍：2017 年我国石油对外依存度为 63.8%，该指标值位于表 8－2 中的［60%，65%］的区间，对应的安全得分区间为［40，30］，设指标值 63.8% 对应的安全得分为 y，利用插值法公式，则：

$$y = y_1 + \frac{(x - x_1)(y_2 - y_1)}{x_2 - x_1} = 40 + \frac{(63.8\% - 60\%)(30 - 40)}{65\% - 60\%} = 32.4$$

该安全得分位于不安全区间。同理，计算 2017—2028 年我国石油对外依存度指标安全得分，并根据安全得分判断指标安全状态（见表 9－3）。

表 9－3　　2017—2028 年无约束下石油对外依存度指标安全状态

年份	指标安全得分	指标安全状态
2017	32.4	不安全
2018	30	不安全
2019	27.8	不安全
2020	25.8	不安全
2021	23.8	不安全

续表

年份	指标安全得分	指标安全状态
2022	21.8	不安全
2023	20	不安全
2024	18.2	极度不安全
2025	16.4	极度不安全
2026	14.8	极度不安全
2027	13.2	极度不安全
2028	11.6	极度不安全

资料来源：笔者计算。

从表9-3看，石油对外依存度指标安全得分较低且在逐年下降，且下降的速度在加快，指标安全状况从不安全状态下滑至极度不安全状态，到2028年，石油对外依存度指标得分仅有11.6分。

从国际上看，一些发达国家如日本、韩国的石油对外依存度都要超过90%，甚至接近100%，美国石油对外依存度也曾一度高达67%以上，但是我国的石油消费和石油生产与上述国家都存在较大差异。首先看美国、日本、韩国及中国的2000—2016年的石油消费情况。根据《BP世界能源统计年鉴》数据，将四国石油消费数据制图如图9-1所示。

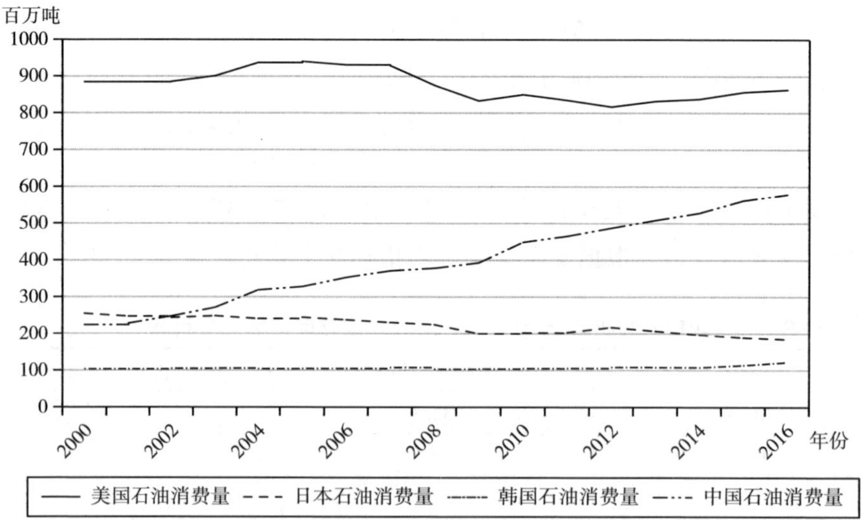

图9-1　2000—2016年四国石油消费量

从图 9－1 看，美国石油消费量最大，保持在 8 亿吨以上，2000 年以来整体上呈现出先上涨后下降的趋势，石油消费量在 2005 年达到最大，约为 9.4 亿吨，随后开始下降，2012 年开始缓慢上涨，但是上涨幅度较小。日本石油消费量呈现出稳定的下降趋势，从 2000 年的 2.55 亿吨一直降至 2016 年的 1.84 亿吨，中间只有 2010—2012 年出现两次小幅上涨。韩国石油消费量基本上呈一条直线，2000—2014 年石油消费量一直在 1.03 亿—1.05 亿吨徘徊，2015 年和 2016 年出现小幅上涨。我国石油消费量呈现出明显的上涨趋势，2002 年达到 2.48 亿吨超过日本石油消费量，至 2016 年石油消费量达到 5.79 亿吨，比 2000 年上涨了 158%。

再看 2000—2016 年美国、中国的石油产量情况，根据《BP 世界能源统计年鉴》数据，如图 9－2 所示。

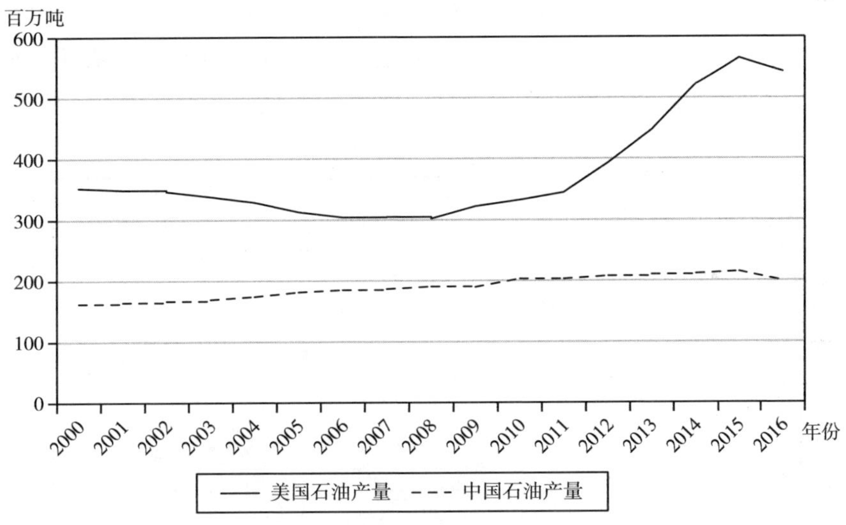

图 9－2　2000—2016 年美国和中国石油生产量①

根据《BP 世界能源统计年鉴》，韩国和日本的石油产量为 0，故在此只做美国和中国石油产量的对比分析。从图 9－2 看，美国石油生产量较高，2000—2008 年经历了一个产量缓慢下降的过程，从 2000 年的 3.53 亿吨降至 2008 年的 3.02 亿吨，2008—2015 年出现了快速的上涨，主要由于页岩油技术

① 根据《BP 世界能源统计年鉴》，韩国和日本石油产量为 0，故图 9－2 只做了美国和中国石油生产量的比较。

的突破，产量从2008年的3.02亿吨增长至2015年的5.65亿吨，相较于2000年增长了60%，2016年出现了小幅下降，产量约为5.43亿吨。而我国2000年以来的石油产量数据近似于一条斜率较小的直线，从2000年的1.63亿吨增长至2015年的2.15亿吨，达到近年来石油产量最大值，相较于2000年石油产量仅增长了31.9%，2016年出现了较大的降幅，产量跌至约2亿吨。

再看2000—2016年美国和中国的石油对外依存度情况。根据上述数据和石油对外依存度公式计算得到2000—2016年美国和中国的石油对外依存度。

从图9-3看，美国石油对外依存度呈现出下降趋势，2000—2010年美国石油对外依存度一直在60%以上，且在2006年达到最高值67.3%，随后一路下降，2006—2011年下降缓慢，从67.3%降至58.7%，2011年之后快速下降，2015年石油对外依存度降至34.0%，2016年出现小幅回升。而我国石油对外依存度呈现出较快的上升趋势，从2000年的27.5%一路增至2016年的65.5%，从我国石油消费量和石油产量的趋势看，我国石油对外依存度还将继续上升，石油对外依存度指标的安全状态将继续恶化。

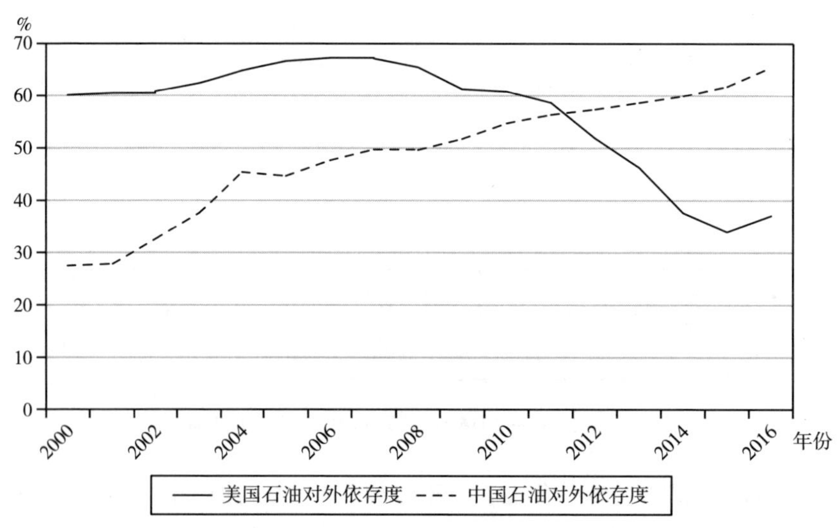

图9-3 2000—2016年美国和中国石油对外依存度

9.3 低碳约束下石油对外依存度预测

第6章和第7章分别预测了未来10年我国石油生产量和消费需求量，本节根据前文预测数据，计算了未来 10 年有规划情形下我国石油对外依存度，并利用第 8 章构建的能源经济安全指标体系判断了石油对外依存度的安全状态，最后对无规划约束和有规划约束两种情形下的石油对外依存度指标的安全状态做了比较。

9.3.1　石油对外依存度预测

石油对外依存度 = 石油净进口量/石油消费需求量 =（石油消费需求量 − 石油生产量）/石油消费需求量，根据前文预测数据以及石油对外依存度计算公式，预测 2017—2028 年有约束下我国石油对外依存度（见表 9 −4）。

表 9 −4　　2017—2028 年有约束下我国石油对外依存度　　单位：万吨标准煤

年份	石油生产量	石油消费需求量	石油对外依存度
2017	31380	88245	64.4%
2018	31865	91985	65.4%
2019	32354	95262	66.0%
2020	32847	99338	66.9%
2021	33344	102257	67.4%
2022	33844	106121	68.1%
2023	34349	110035	68.8%
2024	34857	113490	69.3%
2025	35370	117981	70.0%
2026	35887	120920	70.3%
2027	36409	124589	70.8%
2028	36935	128238	71.2%

资料来源：笔者计算。

从表 9 −4 看，2017—2028 年我国石油对外依存度持续攀升，且远超 50% 的国际安全警戒线，2017 年我国石油消费需求量近 8.8 亿吨标准煤，石油生产量仅有 3.1 亿吨标准煤，需要进口的石油量约为 5.7 亿吨标准煤，约合 4.0 亿吨原油，石油对外依存度高达 64.4%。到 2028 年我国石油消费需求量近 12.8 亿吨标准煤，而石油生产量仅有 3.7 亿吨标准煤，需要进口的石油数量达到

9.1亿吨标准煤，约是石油生产量的2.5倍，石油对外依存度飙升至71.2%。2017—2028年我国石油对外依存度以年均约0.6个百分点的速度在增长，但是总体上而言每年的绝对增速是递减的，2018年相较于2017年增长了1个百分点，到了2028年相较于2027年仅增长了0.4个百分点。从石油对外依存度数值看，我国石油对外依存度过高给未来我国的能源安全和经济安全带来深深的隐患，从石油对外依存度增长的绝对速度看，这一速度是在逐渐下降的，但依然是正向增长。

9.3.2 石油对外依存度指标安全状态分析

根据第8章构建的能源经济安全指标体系，计算石油对外依存度指标得分，并根据安全得分判断安全区间（见表9-5）。

表9-5　2017—2028年有约束下石油对外依存度指标安全状态

年份	指标安全得分	指标安全状态
2017	31.2	不安全
2018	29.2	不安全
2019	28.0	不安全
2020	26.2	不安全
2021	25.2	不安全
2022	23.8	不安全
2023	22.4	不安全
2024	21.4	不安全
2025	20.0	不安全
2026	19.4	极度不安全
2027	18.4	极度不安全
2028	17.6	极度不安全

资料来源：笔者计算。

从表9-5看，石油对外依存度指标安全得分较低且在逐年下降，指标安全状况从不安全状态下滑至极度不安全状态，到2028年，石油对外依存度指标得分仅有17.6分。

根据上文计算结果，下面将有规划约束和无规划约束两种情形下的石油对外依存度指标安全状况加以比较分析（见表 9－6）。

表 9－6　　2017—2028 年两种情形下石油对外依存度指标状况

年份	无规划约束情形			有规划约束情形		
	石油对外依存度	安全得分	安全状态	石油对外依存度	安全得分	安全状态
2017	63.8%	32.4	不安全	64.4%	31.2	不安全
2018	65.0%	30	不安全	65.4%	29.2	不安全
2019	66.1%	27.8	不安全	66.0%	28.0	不安全
2020	67.1%	25.8	不安全	66.9%	26.2	不安全
2021	68.1%	23.8	不安全	67.4%	25.2	不安全
2022	69.1%	21.8	不安全	68.1%	23.8	不安全
2023	70.0%	20	不安全	68.8%	22.4	不安全
2024	70.9%	18.2	极度不安全	69.3%	21.4	不安全
2025	71.8%	16.4	极度不安全	70.0%	20.0	不安全
2026	72.6%	14.8	极度不安全	70.3%	19.4	极度不安全
2027	73.4%	13.2	极度不安全	70.8%	18.4	极度不安全
2028	74.2%	11.6	极度不安全	71.2%	17.6	极度不安全

资料来源：笔者整理。

从表 9－6 看，两种情形下，石油对外依存度都在逐年增加，安全得分在逐年下降。但是无规划约束情形下，石油对外依存度增加的更快，更快地从不安全区间滑落至极度不安全区间，无规划约束情形下 2023 年该指标突破 70%，进入极度不安全区间，而有规划约束下该指标 2026 年突破 70%，进入极度不安全区间。

将两种情形下 2017—2028 年的石油对外依存度做成折线图可以更加直观的比较。

从图 9－4 看，两种情形下石油对外依存度形成的折现都近似一条具有正斜率的直线，且无规划约束情形的直线斜率要大于有规划约束情形下的直线斜率，2017 年和 2018 年无规划约束情形下的石油对外依存度要略低于有规划约束情形下的石油对外依存度，2019 年起无规划约束情形下的石油对外依存度开

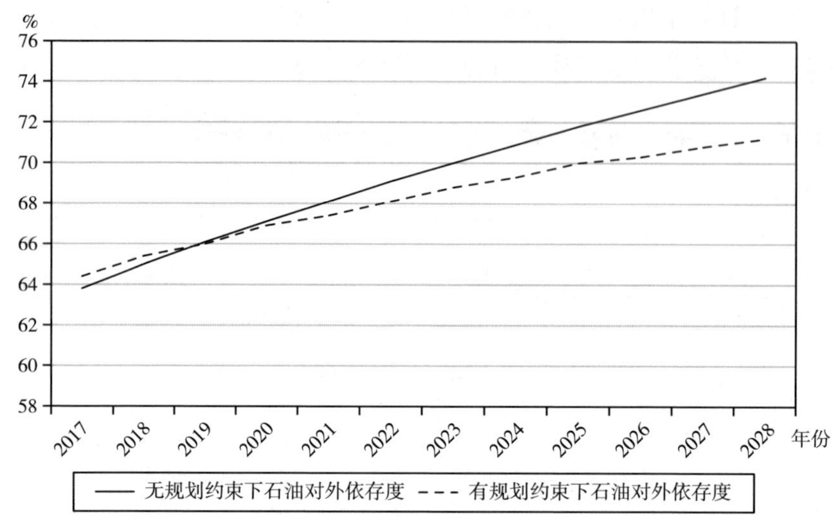

图9－4　2017—2028年两种情形下石油对外依存度

始高于有规划约束情形下的石油对外依存度，并且两者的差距在逐渐扩大，体现在图9－4中则是2019年之后两条折现形成了一个“喇叭口”，说明无规划约束下石油对外依存度增长的速度要快于有规划约束下石油对外依存度增长的速度。

第10章

基于能源供求预测的战略石油储备满足消费天数的预测

10.1　我国战略石油储备的发展及现状

国家战略石油储备体现了一个国家应对石油危机的能力，对生产能力、资源禀赋匮乏的石油消费大国而言尤为重要。同时国家战略石油储备也是国家降低石油供应危机带来的外部风险和威胁的最强有力的手段，能够有效地平抑油价、稳定经济发展。本节从我国战略石油储备的历史、运行现状及相关制度三方面阐述我国战略石油储备情况。

10.1.1　国内战略石油储备发展历程

国家战略石油储备的发展既与一国的石油资源状况有关，也与一国的国家政策密切相关。法国是世界上较早注重战略石油储备建设的国家，一方面因其国内石油资源匮乏，另一方面是第一次世界大战后法国政府认识到石油的战略特殊性。从 1925 年开始，法国就开始实施战略石油储备政策，随后，这一政策逐渐被欧洲各国所接受，1968 年，欧共体（现在的欧盟）开始实施战略石油储备政策。1973 年，全球爆发了第一次石油危机，石油输出国组织宣布石油禁运，油价高企，对美国等依赖石油进口的国家的经济产生了很大的冲击，这使美国等石油进口国意识到战略石油储备的重要性。1974 年石油消费国政府间成立了国际能源署（IEA），该组织规定成员国必须建立至少 90 天石油净进口量的战略石油储备。

1993 年我国战略石油储备问题开始受到关注，因为当时我国石油产量已经无法满足石油的消费量，开始成为石油净进口国，若出现石油短缺危机，不可避免地会给国内经济造成影响，而战略石油储备是应对石油危机的有效手段。充足的战略石油储备不仅能够有效地降低石油供给短缺带来的经济冲击，同时还能有效的震慑石油出口国谨慎采取石油断供手段达到某种目的。但是由于我国刚转变为石油净进口国家时石油对外依存度尚较低，新中国成立以来也未受到石油危机带来的负面影响，因此战略石油储备建设迟迟未正式实施。从 1993 年战略石油储备开始受到关注到正式开始筹建（2003 年）又花了整整 10 年的时间，使我国战略石油储备的建设远远落后于西方发达国家。我国战略石油储备发展历程如下：

1993 年，我国成为石油净进口国，战略石油储备问题开始受到关注，各方开始讨论我国战略石油储备的建立。

1996年，第八届全国人民代表大会上提出建立国家战略石油储备。

2002年，国务院总理办公会听取并审议批准了《国家计委关于建立国家石油储备实施方案的请示》，标志着我国从此正式启动国家石油储备基地建设。

2003年，国家发展和改革委员会石油储备办公室成立，主要职责筹建国家战略石油储备基地。

2004年，第一期战略石油储备基地在浙江镇海动工。

2006年，第一批原油注入浙江镇海石油储备基地。

2007年，经国务院批准成立了国家石油储备中心，形成石油储备三级管理体系：国家发改委能源局—国家石油储备中心—石油储备基地。

2009年，第一期四个战略石油储备基地全部完成。

2010年，第二期战略石油储备基地开始建设。

2012年，第二期战略石油储备基地竣工。

10.1.2 国内战略石油储备运行现状

2003年我国着手建设战略石油储备基地，规划用15年的时间分三期完成油库等储备设施的建设，最终达到100天的原油进口量规模。我国战略石油储备情况一致被视为国家机密，没有对外公开，直至2014年11月底，国家统计局首次公布我国战略石油储备信息，称我国战略石油储备一期工程包括四个储备基地分别为舟山、镇海、黄岛和大连，储备原油1243万吨，约合9100万桶。这一规模仅为美国公布的7.27亿桶国家战略石油储备量的12.5%。2015年年底，国家统计局第二次发声，表示截至2015年年中，我国利用8个国家战略石油储备基地及部分社会库容储备原油2610万吨，约合1.91亿桶，其中8个国家战略石油储备基地除了一期的四个基地外还包括独山子、兰州、天津及黄岛国家石油储备洞库。2016年9月份，国家统计局第三次披露了我国战略石油储备建设进展情况，至2016年初，我国利用8个国家石油储备基地及部分社会企业库容，储备原油3197万吨，约合2.34亿桶。“十三五”规划中提到，原计划2015年完成的二期国家战略石油储备计划推迟至2020年完成。而三期规划尚在选址阶段。我国一期和二期国家战略石油储备基地运行情况具体如下。

我国一期战略石油储备基地有4个，分别是浙江的镇海和舟山，山东的黄岛及辽宁的大连，一期的四个基地目前已全部投入使用并完成战略石油的收储（见表 10－1）。

表 10－1　　我国一期国家战略石油储备基地

名称	承建单位	容量（10^4立方米）	储备形式	验收时间	投资
镇海石油储备基地	中石化	520	储罐 52 个	2007.12	3.7 亿元
舟山石油储备基地	中石化	500	储罐 50 个	2007.12	3.8 亿元
黄岛石油储备基地	中石化管道公司	320	储罐 32 个	2008.11	2.4 亿元
大连石油储备基地	中石油	300	储罐 30 个	2008.12	2.5 亿元

资料来源：董秀成，周仲兵．中国战略石油储备政策研究［M］．北京：科学出版社，2016.

从表 10－1 看，我国一期战略石油储备基地均位于东部沿海地区，且均以储罐的形式储备原油，其中，镇海石油储备基地是一期中规模最大且最早投入使用的。镇海石油储备基地 2006 年 10 月建成并收储原油，于 2007 年 12 月通过国家验收。

再看我国二期战略石油储备基地运行情况。我国二期战略石油储备基地于 2010 年开始规划建设，包括 8 个国家石油储备基地（见表 10－2），分别是天津、新疆的鄯善和独山子、广东的惠州、甘肃的兰州、辽宁的锦州、江苏的金坛及浙江的舟山。目前二期战略石油储备基地仅部分完成并开始投入使用，根据“十三五”规划，于 2020 年完成二期战略石油储备基地的收储工作。

表 10－2　　我国二期国家战略石油储备基地

名称	承建单位	容量（10^4立方米）	储备形式	备注
天津石油储备基地	中石化管道公司	1000	储罐 100 个	500 万立方米国家战略石油储备罐和 500 万立方米商业石油储备罐
鄯善石油储备基地	中石油新疆油田公司	800	储罐 80 个	一期 100 万立方米已建成投产，总投资 65 亿元
独山子石油储备基地	中石油独山子石化公司	540	储罐 30 个	已验收，投资 26.5 亿元
惠州石油储备基地	中海油	500	水封洞库	投资 38 亿元

续表

名称	承建单位	容量（10^4立方米）	储备形式	备注
兰州石油储备基地	中石油兰州石化公司	300	储罐30个	已验收，投资23.78亿元
锦州石油储备基地	中石油	300	水封洞库	投资22.6亿元
金坛石油储备基地	中石油	300	水封洞库	
舟山石油储备基地	中石化	250	储罐25个	2009年获批增加250万立方米库容

资料来源：董秀成，周仲兵．中国战略石油储备政策研究［M］．北京：科学出版社，2016.

从表10－2看，我国二期国家战略石油储备基地除了东部沿海之外，开始向内陆地区转移，在储备形式上除了储罐储备外还增加了水封洞库形式。但是从二期国家石油储备基地建设投资情况看，远高于一期投资，内陆储备基地建设投资高于东部沿海地区储备基地建设的投资，水封洞库形式要高于储罐形式。在两期的国家石油储备基地中，天津战略石油储备基地最大，储备容量为1000万立方米，其中国家战略储备和商业石油储备各占一半。

我国第三期国家战略石油储备基地的建设已经启动，但是政府相关部门一直未公布相关情况。根据各大门户网站的报道，山东日照、黑龙江大庆、河北曹妃甸、重庆万州、海南均入围三期战略石油储备基地备选地址。据报道，2012年黑龙江大庆和山东日照两处石油储备基地均已开工。

10.1.3　国内战略石油储备法律制度与管理体系

从我国战略石油储备建设的历史看已有近30年，但我国战略石油储备相关的法律却非常匮乏，尚未形成一部完全相关的完整的法律文件，而在西方发达国家例如美国、日本、德国等都是“立法先行”。值得肯定的是我国政府一直在致力于相关法案的研究，2016年5月，国家能源局在其官方网站上发布了《国家石油储备条例（征求意见稿）》，向全社会征求意见。当前我国石油领域法律制度不完善，没有确立基本的法律，战略石油储备的法律制度建设工作也受到一定的影响。我国应尽快出台石油领域基本法，并在基本法的指导下积极完善战略石油储备相关法律制度。

关于我国战略石油储备管理体制，2007年10月份国家发改委公布了《能源发展“十一五”规划》，明确规定了我国战略石油储备管理体系要借鉴国际经验，建立三级石油储备管理体系：国家发改委能源局—国家石油储备中心—石油储备基地。国家发改委能源局不参与能源战略的具体实施和经营工作，只负责宏观的能源环境研究及国内能源战略的制定，国家石油储备中心是执行方，负责基地的建设和石油储备的收储、轮换、动用等。另外，国内大型的国有石油企业对战略石油储备的管理也有重要的影响，如中石油、中石化、中海油等可以直接对能源行业的政策规划提出意见。

10.2　国外战略石油储备建设的经验借鉴

国外建设战略石油储备的国家主要是国际能源署（IEA）成员国，这些国家大部分在 20 世纪 70 年代遭遇第一次石油危机之后就开始着手建设国家战略石油储备，有着较为丰富的建设经验。学习与借鉴国外战略石油储备的建设经验能够使我国更快更好地完成国内的战略石油储备建设工作。本节选择了美国、日本和德国三个国家分别介绍了各个国家战略石油储备的储备规模、法律制度、管理体系及应急机制。

10.2.1　美国

长期以来，美国一直是最大的石油消费国，直到 2013 年我国超过美国成为第一石油消费国。1973 年石油危机给美国国内经济造成了很大的冲击，美国自此便加速国家战略石油储备的建设。

（1）储备规模。

第二次世界大战后美国经济快速发展，石油进口量快速增加，石油对外依存度从 1947 年的 8.1% 增长至 1973 年的 36.1%，[①] 较高的石油对外依存度使第一次石油危机给美国经济带来了不小的冲击。鉴于此，美国能源部在 1977 年提出建设国家战略石油储备，随后的十几年，美国在墨西哥湾附近建立了 5 个国家战略石油储备基地，储备上限为 7.27 亿桶。根据美国能源信息署公布的石油库存数据，截止到 2015 年 8 月，美国战略石油储备达到 6.93 亿桶，约合 158 天的石油净进口量。

---

① 董秀成，周仲兵．中国战略石油储备政策研究［M］．北京：科学出版社，2016．

（2）法律制度。

美国在着手建设战略石油储备之初就制定了相关法律，美国国家石油储备的建设是立法先行，1975年《能源政策和储备法》的颁布正式吹响美国国家战略石油储备建设的号角。之后，美国随着石油供需的发展及战略石油储备的建设实践，不断补充相关法律法规，完善战略石油储备法律体系，基本实现了从战略石油储备战略规划到具体实施的全覆盖。其中比较重要的几部法案列表如表10－3所示。

表10－3　　　　美国国家战略石油储备重要法案

法案名称	颁布年份
能源政策与储备法	1975
能源政策与节约法	1990
美国应对石油供应中断政策	1994
美国关于战略石油储备政策的国家声明	1998
能源政策法	2005

资料来源：黄承雷．美国石油储备体系综述［J］．中国石油和化工标准与质量，2013，33（13）：147＋165－166.

（3）管理体系。

美国国家战略石油储备是单一层次，只有国家战略储备，法律对商业储备没有规定企业的储备义务，但是政府会根据石油供需状况通过信息披露、制定政策等方式引导企业进行石油储备，企业则从企业本身利益出发自行决定石油的储备和售卖。

美国国家战略石油储备的管理体系是三层次的：决策层——政府；执行层——能源部战略石油储备项目办公室；运营层——民间机构。美国国家战略石油储备的规划、基地建设、收储、动用等都有严格的法律规定程序和条件，每一项工作都是分工明确，权责清晰。国家战略石油储备的基地建设、石油收储、动用等决策由政府决定，决策中具体的工作则由能源部战略石油储备项目办公室实施如建设基地、收储原油、动用原油等，对于国家战略石油储备基地的日常维护和管理工作则由政府外包给专业的民间机构，以上便是美国国家战略石油储备的三级管理体系。

（4）应急机制。

美国国家战略石油储备的动用有着严格的法律规定，必须达到法律规定的条件后按照法律规定的程序释放国家战略石油储备。具体而言美国战略石油储备的动用有四种方式：全面动用、有限动用、测试性动用及轮换。全面动用的决定权在总统，只有出现严重能源供应中断情况时才能启动全面动用命令，包括出现紧急石油断供且持续时间长、覆盖范围广；国内油价暴涨给国内经济造成了严重的影响等。有限动用的决定权亦在总统，但是该命令启动的条件要比全面动用低，通常是一种大概率发生石油断供并可能给国内经济造成严重负面影响的情况，是一种预防性措施，该命令启动的前提是国内战略石油储备必须达到5 亿桶以上，且动用量不能超过3000 万桶，两个月内释放完毕。测试性动用的决定权下放给能源部长，这并不是为了防范石油危机造成的负面影响，而是对战略石油储备体系的一种检测，每次动用量不能超过 500 万桶。轮换通常有两种情况，一是为了保证储备基地石油的质量，释放原来的石油储备同时收储新的石油；二是国家战略石油储备与企业储备之间的交换。

10.2.2　日本

日本国内能源资源匮乏，能源对外依存度高达 95%，其中石油对外依存度高达 99.7%，目前是世界第三大石油净进口国。

（1）储备规模。

日本是有个石油资源极度匮乏的国家，石油供给基本靠进口，这种情况使日本很早就意识到建设战略石油储备的重要性，因此，早在 20 世纪 60 年代日本就开始着手筹建。1971 年日本石油储规模就达到了 45 天的石油净进口量，之后日本不断增加战略石油储备量，目前日本战略石油储备规模基本达到并维持在半年左右的石油消费量。

（2）法律制度。

日本国家战略石油储备的建设可谓“立法先行”，这一点与美国颇为相似。20 世纪 70 年代以前，日本政府就开始关注国家能源安全问题，用立法的形式强调能源安全的重要性，20 世纪 60 年代相继出台的《基本石油法》和《石油工业法》都规定了战略石油储备的内容以保障能源安全；第一次石油危机中，日本经济受到了严重影响，随之日本出台了《石油储备法》，该法详细地规定了战略石油储备的事宜，例如规模、管理、运营等；随后《石油公团法》《日本国家石油公团法》《石油开发公团法》规定了石油公团承担建设国家战略石油储备义务，开启了日本国家和民间共同储备战略石油的时代。

（3）管理体系。

日本的石油储备经历了一个从单一民间储备到国家和民间共同储备再到国家、民间和第三方共同储备的过程。早在20世纪50年代，日本用立法的形式规定企业石油储备义务，20世纪70年代第一次石油危机之时尽管日本已经形成了一定的战略石油储备规模，但经济还是受到了重创。加入IEA后，日本开始立法建立国家战略石油储备，形成了国家和民间共同储备形式。近年来，日本开创了“第三方储备”的先河，即与石油生产国共同储备，日本将储备基地、游轮等租借给石油生产国用以作为运输“中转站”，在发生石油危机时日本具有优先购买权，这种方式被称为“准国家石油储备”。

日本对国家战略石油储备的管理也经历了由国家直接管理下的三层级制向“委托—代理”三层级制的变革。变革之前，战略石油储备由国家直接管理，经济产业省下属资源能源厅拥有决策权，负责制定战略石油储备的相关规划，规划的具体实施由石油公团担任，石油公团是国有性质的，具体到战略石油储备基地的运营和维护则由国家储备公司负责，该公司的性质也是国有资本控股，国有资本出资比例约为70%。2004年之后日本国家战略石油储备的管理变革为“委托—代理”模式，主要是针对原有管理体制的第二层级和第三层级进行了改革，改革后石油储备方面具体事宜均由石油天然气金属矿产资源机构承担，政府只负责提出规划，进行审查和监管，而战略石油储备基地的运营和维护则由100%的民营资本公司负责。

（4）应急机制。

日本基于其特殊的石油禀赋国情，其战略石油储备动用的机制与美国有较大的不同，当面临石油供应危机时，日本首先会采取措施降低国内对石油的消费，其次会通过政策引导降低企业的石油储备，增加市场上的石油供应，最后才会选择释放国家战略石油储备，该命令的决定权在经济产业省。

10.2.3 德国

德国是世界第五大能源消费国，石油消费占能源消费较大的比例。德国同日本类似，石油资源匮乏，石油对外依存度较高，其国家战略石油储备的建设是保障国家能源安全的重要手段。

（1）储备规模。

德国在20世纪60年代开始关注战略石油储备问题，并在第一次石油危机之后开始着手建设国家战略石油储备，距今已有近 50 年的发展历史。随着石油供需及战略石油储备情况的变化，德国政府不断通过立法的形式调整战略石油储备的建设。目前，德国《原油和石油出品储备法》明确规定了战略石油储备主体的储备义务，其中企业储备联盟作为主体承担 90 天石油净进口的义务，占全国总储备义务的 65.7%，未参与企业储备联盟的相关企业承担 30 天的储备义务，政府承担 17 天的储备义务，目前德国战略石油的储备量约为 110 天的石油净进口量。

（2）法律制度。

德国政府十分重视法律机制的建设和完善以保障国家能源安全。1935 年德国政府颁布了《能源经济法》，在法律层面上规定了石油、天然气等能源的相关问题，2005 年德国政府修订了《能源经济法》，新法的修订进一步确保能源供应的安全性、稳定性和持续性。1974 年德国颁布了应对能源危机的专门法案《能源供应安全保障法》，1978 年又颁布了石油行业专门法案《石油及石油制品储备法》，完善和具体了石油储备制度。

（3）管理体系。

德国石油储备体系由企业储备联盟、政府储备和企业储备组成，与美国和日本不同的是德国石油储备基地几乎平均分布在全国各地，而美国和日本的石油储备基地从成本考虑几乎都建设在沿海地带。德国石油储备有着明确的立法规定，各个储备主体责任明确。

德国石油储备管理体系是联邦经济部—企业储备联盟两级制的，权责由法律规定，非常明确。德国联邦经济部主要负责石油储备建设的监督工作，除此之外其他一切事宜均由企业储备联盟负责，可见德国石油储备工作权力相对集中。

（4）应急机制。

德国释放战略石油储备的方式不同于美国和日本，其释放条件有两个：一是国内出现了较为严重的断供危机；二是根据国际能源署的指示履行其义务。对于第一种情况，德国储备法有明确的规定，在联邦经济部下达命令之后，企业储备联盟负责释放石油储备，释放原则是：按照企业储备联盟会员缴纳费用的比例分发。另外，企业若遇到紧急情况可以自主释放一定数量的石油储备应对危机，事后在规定的时间内补齐即可。

10.3 我国战略石油储备量的预测

10.3.1 预测方法概述

预测是基于事物的发展规律对事物未来的发展趋势做出估计或推断的活动，经济预测是将预测活动应用到经济领域。本书采用顾海兵（1990）根据因果联系的数量处理特征即有无参数及参数特性的分类方法，将经济预测方法分为非参数经济预测方法和参数经济预测方法。

具体分类如表10－4所示。

表10－4　　经济预测方法分类

一级分类	二级分类	三级分类
非参数经济预测方法	非参数非数学经济预测方法	间接分析（人）：信息传递法等
		直接分析（物）：数量特征分析法等
	非参数数学经济预测方法	几何性：直观曲线拟合等
		横向分析、系统动态学模型；条件概率方法、蒙特卡洛分析等。
参数经济预测方法	常参数经济预测方法	确定型：方程法、滤波法等
		随机型：平稳随机序列等
	变参数经济预测方法	确定型：差商技术等
		随机型：全信息加权移动回归等

预测方法多种多样，不同的预测对象需要选择不同的预测方法，这就需要预测者根据预测对象的特征选择合适的预测方法，从而得到科学的预测结论。本节要对未来我国战略石油储备规模做预测，首先要分析我国战略石油储备规模的特征。从数据特征看，历史数据少且不具有连续性，我国战略石油储备规模在2014年之前一直属于国家机密，未曾有官方数据公布，直至2014年G20峰会上习近平总书记宣布中国定期公开石油库存数据，2014年底我国统计局首次公开了我国一期战略石油储备数据，随后在2015年底和2016年9月份两次公布我国战略石油储备情况，可见我国战略石油储备的官方历史数据是极少的，即便在文献中能够查到一些相关数据，也多是根据公开信息推测所得。从管理模式看，战略石油

储备的建设是一项极其复杂且庞大的工程，具有较强的计划性，一定是国家规划先行。从运行过程看，具有较大的突发性，战略石油储备的建设并非是按国家规划按部就班的推进，建设过程中具有较大的突发性，例如石油储备基地建设过程中遇到突发情况使得计划延期；国际油价暴跌激发石油储备基地加快建设及收储工作；新能源技术的突破使战略石油储备计划规模缩减，例如美国页岩油技术的突破使得美国石油进口大幅下降，并开始逐步释放战略石油储备。从影响因素看，国际因素影响较大，战略石油储备的建设不仅与国内政策、经济发展、石油需求等因素有关，国际油价、地缘政治等因素亦对其产生较大的影响。综上，非参数非数学的经济预测方法更适合战略石油储备规模的预测，鉴于战略石油储备规模的多重特征，从不同的角度做预测可以更客观、更全面的认识未来我国战略石油储备的建设情况。因此本节从国家规划、国家建设能力及国家建设目标三个角度分别预测了未来我国战略石油储备规模。

从这三个角度预测我国战略石油储备规模是从我国战略石油储备的实际情况考虑，基于上文总结的国家战略石油储备建设的特征，国家规划是国家战略石油储备建设的“纲”，具有较强的稳定性，尽管在实际建设过程中存在偏离规划的情况，但是主要是工期问题，总量规划是基本保持一致的；国家建设能力是动态变化的，与战略石油储备基地的实际情况密切相关，例如选址、储存形式等，也是战略石油储备规划制定的重要参考，基于国家建设能力的规划才是切合实际的；国家建设目标对标国际标准，是从外部着眼国家战略石油储备的建设问题。

10. 3. 2　三种情景下战略石油储备规模预测结果

根据上文对国家战略石油储备规模特征的分析，本节选择从三个角度即国家规划角度、国家建设能力角度、国家建设目标角度来预测未来 10 年我国战略石油储备情况，这三个角度恰好从低、中、高三种情景预测了未来 10 年我国战略石油储备的发展。我国从 2003 年开始筹划建设国家战略石油储备，当时就制定了 15 年的三期规划，主要是对每期战略石油储备容量做了明确规划，且至今尚未出台新的规划。前文分析过战略石油储备的建设一定是国家规划先行，因此未来依然会“大概”① 沿着该规划继续推进，之所以将该角度的预测

① 此处“大概”是指目前二期规划正在进行中，但是从规模上看与原来的规划并不完全一致，但是从总体上看我国战略石油储备的建设还是按照这三期规划稳步推进。

视为“低”情景，是在分析了后两种情景并比较后该情景预测的战略石油储备规模最小，故为“低”情景，后面两种情景视为“中”“高”情景亦是如此得出。从国家规划角度预测的战略石油储备规模小于从国家建设能力角度预测，是由于我国战略石油储备二期正在建设中，且其规模已经超出原来规划中的规模。从国家建设目标角度出发，我国战略石油储备规划达到100天石油净进口量，随着我国石油进口量的快速增长，按照这一目标预测的战略石油储备规模远高于原有规划。下面分别从这三个角度预测未来10年我国战略石油储备规模。

（1）“低”情景——国家规划角度。

2003年我国开始筹划建设国家战略石油储备，最初规划用15年的时间完成三期战略石油储备基地的建设及收储工作，规划给出了每期的储量规模：一期规划储备1000万—1200万吨，第二期和第三期规划储备2800万吨。根据国家统计局公布数据，我国第一期石油储备工作已经完成，2014年年底第一期石油储备基地的容量为1640万立方米，储备原油1243万吨，该储备规模与第一期规划的上限规模大致相当。我国第二期石油储备基地从2010年开始筹建，原计划2015年完成，在“十三五”规划中宣布该计划推到2020年完成，但是第二期战略石油储备基地地址已选好，部分基地已经开始注油，从第二期战略石油储备基地建设规划情况看，第二期的8个国家战略石油储备基地储备容量为4290万立方米，若按第一期石油储备基地的“容量—质量比”即每立方米储备原油约0.75万吨，则第二期战略石油储备基地可储备原油3252万吨，这一规模高出原规划400余万吨原油。根据原规划第二期和第三期储备规模相同，则推断第三期国家战略石油储备规模亦为3252万吨。

根据“十三五”规划第二期战略石油储备基地的建设及收储工作推至2020年完成，从2010年着手筹建至2020年完成耗费10年的时间，同理推断相同规模的第三期战略石油储备基地大致也需要耗时10年，2015年我国开始第三期战略石油储备基地的选址工作，后推10年，则2025年我国第三期战略石油储备基地的建设和收储工作将会完成。

根据国家统计局2016年9月公布数据，2016年初我国战略石油储备约为3197万吨，扣除第一期战略石油储备量1243万吨，则第二期战略石油储备基地收储1954万吨，根据前文第二期石油储备基地储备量为3252万吨，尚剩余1298万吨原油空间，且至2020年完成基地建设及收储工作，本书假设2017—

2020 年我国战略石油储备规模匀速增长，且第三期石油储备基地原油收储工作均在 2021—2025 年完成，则可倒推 2017—2020 年我国战略石油储备规模。第三期石油储备规模与第二期相同为 3252 万吨，假设第三期的原油收储工作在 2021—2025 年匀速完成，则可推出 2021—2025 年我国战略石油储备规模。综上，至 2025 年我国战略石油储备规划完成，由于没有进一步的规划，则在 2026—2028 年均保持 2025 年的战略石油储备规模。

综上所述，得到 2017—2028 年我国战略石油储备规模（见表 10－5）。

表 10－5　“低”情景下 2017—2028 年我国战略石油储备规模　单位：万吨

年份	战略石油储备规模
2017	3716
2018	3976
2019	4235
2020	4495
2021	5145
2022	5796
2023	6446
2024	7097
2025	7747
2026	7747
2027	7747
2028	7747

（2）“中”情景——国家战略石油储备建设能力角度。

国家战略石油储备的建设首先要综合成本、安全、便利等各方面因素确定基地位置，然后根据规划进行硬件设施的建设，最后选择合适的时机完成原油的收储。国家战略石油储备建设能力即指国家战略石油储备的建设速度，应该包括前期的选址、中期的基地建设及后期的原油收储全过程。

无论是前期选址、中期建设还是后期原油收储都并非一蹴而就，因此需选取一个时间跨度来衡量我国战略石油储备的建设速度。我国从 2003 年着手筹划战略石油储备工作，2007 年和 2008 年分别验收了一期的四个国家石油储备基地并开始注油。2008 年 7 月份国际油价达到 147 美元/桶之后迅速回落，至 12 月份一度跌至 36 美元/桶，本书认为我国会趁此良机迅速填充我国一期战略石油储备基地，因此2008年底我国基本上完成了一期战略石油储备的建设。一期的建设大致用了5年的时间，建成1243万吨规模。因此选取5年作为时间跨度衡量我国战略石油储备的建设速度。大约从2010年开始我国着手二期战略石油储备的建设，根据“十三五”规划，到2020年二期规划全部完成，前文已说明我国二期战略石油储备规模为3252万吨原油，那么至2020年我国战略石油储备规模将会达到4495万吨原油。若以5年为时间单位，以一期建成规模为初始规模，以2020年的战略石油石油规模向前推算，我国战略石油储备规模以90%的增长率在扩大，据此增长率可推算出2015年我国战略石油储备规模约为2364万吨，与统计局公布的2610万吨相差较小。

随着一期和二期战略石油储备基地的建成，我国无论在沿海地区还是内陆地区建设战略石油储备基地都有了较为丰富的经验，有理由认为我国有能力以上述增长率继续扩容，因此假设至2030年我国战略石油储备按照90%的增长率增长，则可推算2025年我国战略石油储备规模将会达到8548万吨原油，至2030年则会达到16255万吨原油。同“低”情景相同，假设每五年内每年我国战略石油储备规模是匀速增加，则可推算2021—2028年我国战略石油储备规模（见表10－6），2017—2020年期间战略石油储备规模的预测同“低”情景相同。

表10－6　“中”情景下2017—2028年我国战略石油储备规模　　单位：万吨

年份	战略石油储备规模
2017	3716
2018	3976
2019	4235
2020	4495
2021	5306
2022	6116
2023	6927
2024	7737
2025	8548
2026	10089
2027	11631
2028	13172

（3）“高”情景——国家建设目标角度。

根据我国战略石油储备规划，三期战略石油储备基地全部完成使得我国战略石油储备规模达到 90 天石油净进口量，也恰好是国际能源署规定其成员国的最低战略石油储备规模。根据“十三五”规划，原本 2015 年计划完成的二期战略石油储备工程推迟至 2020 年完成，因此假设原本计划 2020 年三期工程全部完成的时间也推迟 5 年至 2025 年全部完成，则届时我国战略石油储备规模将会达到 90 天石油净进口量。

从上文两种情景的分析中可预测 2017—2020 年我国战略石油储备规模。在第 8 章中我们预测了 2017—2028 年我国石油供求平衡状况，据此可以得到 2025 年我国石油净进口量，根据 90 天石油净进口量的目标可以推算 2025 年我国战略石油储备规模，假设 2020—2025 年我国战略石油储备规模匀速增长，则可推算出每一年我国战略石油储备规模情况。假设 2025—2028 年我国维持 90 天石油净进口量的战略石油储备规模，由于我国石油净进口量一直在增加，因此战略石油储备规模也需要不断地增加，以维持 90 天净进口量的规模，根据第 8 章石油净进口情况可得到 2026—2028 年我国战略石油储备规模。由于第 8 章在预测石油供求平衡时分为“有规划约束”和“无规划约束”两种情形，因此在“高”情景下也需要再分为“有规划约束”和“无规划约束”两种情况（见表 10－7）。

表 10－7　“高”情景下 2017—2028 年我国战略石油储备规模　单位：万吨

年份	战略石油储备规模	
	有规划约束	无规划约束
2017	3716	3716
2018	3976	3976
2019	4235	4235
2020	4495	4495
2021	5662	5760
2022	7133	7382
2023	8985	9460
2024	11319	12124
2025	14259	15537
2026	14677	16437
2027	15220	17376
2028	15759	18355

我们再将上述三种情景下战略石油储备规模与美国的石油储备规模做简单比较。国外通常用“桶”为计量单位衡量战略石油储备规模，本书根据统计局公布的一期和二期部分数据计算出我国原油单位“吨”与“桶”的换算关系约为“1吨≈7.26桶”，根据此换算系数将三种情景的战略石油储备预测数据换算成以“桶”为计量单位。

从表10－8看，“低”情景下，到2025年我国战略石油储备规模达到5.62亿桶左右，且在没有新的规划前提下这一规模维持稳定。“中”情景下，2025年我国战略石油储备规模将达到6.21亿桶，2028年则达到9.56亿桶。“高”情景下又分为“有规划约束”和“无规划约束”两类，但是两类呈现相同的趋势，2025年战略石油储备规模均超过10亿桶，这一数据约是我国战略石油储备规划的两倍，到2028年无约束情景下我国战略石油储备规模高达13亿桶。

表10－8　“低”“中”“高”三种情景我国战略石油储备规模　单位：万桶

年份	“低”情景	“中”情景	“高”情景	
			有约束	无约束
2017	26978	26978	26978	26978
2018	28866	28866	28866	28866
2019	30746	30746	30746	30746
2020	32634	32634	32634	32634
2021	37353	38518	41106	41818
2022	42079	44403	51786	53593
2023	46798	50288	65231	68680
2024	51524	56173	82176	88020
2025	56243	62058	103520	112799
2026	56243	73248	106555	119333
2027	56243	84439	110497	126150
2028	56243	95630	114410	133257

美国是石油消费大国和进口大国，战略石油储备建设的历史较长。美国从20世纪70年代开始筹建战略石油储备，根据美国能源署公布的数据，美国战

略石油储备的上限 7.27 亿桶，根据美国 2005 年颁布的新《能源政策法》，美国能源部最终将把战略石油储备增加到 10 亿桶。但是美国能源署宣布，2015 年年中美国拥有战略石油储备 6.93 亿桶。美国发展战略石油储备的历史至今有 50 余年的时间，而我国至 2028 年发展时间也仅有 25 年的时间。美国一直是世界最大石油消费国，2014 年以前也一直是世界最大的石油进口国，2014 年我国石油进口量超过美国成为世界最大的石油进口国。美国多年以来一直维持着 7 亿桶左右的战略石油储备规模，根据美国战略石油储备的发展情况类推我国战略石油储备发展情况，要达到“高”情景下的战略石油储备规模，其可行性及经济性都非常缺低，而“低”“中”情景的发展具有很强的可操作性及现实性。之所以增加“高”情景下的预测，一是表明我国达到“90 天石油净进口量”的一个宏观愿景，二是使对战略石油储备规模的预测更加丰富和全面。

10.4　战略石油储备满足消费的天数指标安全状态分析

战略石油储备满足消费的天数等于战略石油储备规模与日均石油消费需求量的比值。本节首先利用前文石油消费需求量的预测结果计算出日均石油消费需求量，计算时有两点需要注意：一是前文中石油消费需求量的预测结果用的单位是“万吨标准煤”，需要根据《中国能源统计年鉴》中折标煤系数换算成原油单位，原油与标准煤的换算系数为“1.4286 千克标准煤/千克原油”；二是前文对石油消费需求量的预测分了“有规划约束”和“无规划约束”两种情形，在后文的计算中也需要分两种情形。其次根据第 8 章构建的指标体系计算战略石油储备满足消费的天数的安全得分并判断安全状态；最后比较分析不同情景下该指标的安全状况。

根据上一节战略石油储备规模预测的三种情景及日均石油需求量的两种情景，则共有六种情景。本节按照“低”“中”“高”三种情景划分，在每种情形下再分两类“有规划约束”和“无规划约束”来分析我国战略石油储备满足消费的天数指标的安全状态。

首先看“低”情景下，我国战略石油储备满足消费天数指标（见表10－9）。

表10－9　“低”情景下我国战略石油储备满足消费的天数指标安全状态

年份	日均石油消费需求（万吨/天）		战略石油储备满足消费的天数		安全得分		安全状态	
	有规划约束	无规划约束	有规划约束	无规划约束	有规划约束	无规划约束	有规划约束	无规划约束
2017	169	166	22	22	82.6	82.6	安全	安全
2018	176	174	23	23	84.2	84.2	安全	安全
2019	183	183	23	23	84.2	84.2	安全	安全
2020	191	191	24	23	85.6	84.2	安全	安全
2021	196	201	26	26	88.7	88.7	安全	安全
2022	204	210	28	28	91.7	91.7	安全	安全
2023	211	220	31	29	96.2	93.2	安全	安全
2024	218	230	33	31	99.2	96.2	安全	安全
2025	226	240	34	32	99.2	97.7	安全	安全
2026	232	251	33	31	99.2	96.2	安全	安全
2027	239	263	32	29	97.7	93.2	安全	安全
2028	246	275	32	28	97.7	91.7	安全	安全

从表10－9看，“低”情景下，我国战略石油储备满足消费天数指标得分稳中有升，均处于安全状态，“有规划约束”和“无规划约束”两种情形下指标值相差不大，2017—2022年两种情形的指标值大致相当，主要是因为两种情形下日均石油消费量相差无几，但是两种情形下指标值均在2025年达到最大值，有规划约束下指标值为34天，安全得分99.2分，无规划约束下指标值为32天，安全得分为97.7分。随后2026—2028年指标值及安全得分随之下降，主要是因为“低”情景下是从国家规划角度出发预测，该视角下假设2025年完成前期规划且没有新的规划出台，因此2025年之后我国战略石油储备规模维持不变，但是由于我国石油消费需求在逐年增长，导致战略石油储备满足消费的天数指标值下降。从指标安全状态看，两种情形下2017—2028年国家战略石油储备满足消费的天数指标均处于安全状态。

再看“中”情景下，我国战略石油储备满足消费的天数指标（见表10－10）。

表 10－10　　“中”情景下我国战略石油储备满足消费的天数指标安全状态

年份	日均石消费油需求（万吨/天）		战略石油储备满足消费的天数		安全得分		安全状态	
	有规划约束	无规划约束	有规划约束	无规划约束	有规划约束	无规划约束	有规划约束	无规划约束
2017	169	166	22	22	82.6	82.6	安全	安全
2018	176	174	23	23	84.2	84.2	安全	安全
2019	183	183	23	23	84.2	84.2	安全	安全
2020	191	191	24	23	85.6	84.2	安全	安全
2021	196	201	27	26	90.2	88.7	安全	安全
2022	204	210	30	29	94.7	93.2	安全	安全
2023	211	220	33	32	99.2	97.7	安全	安全
2024	218	230	36	34	96.2	99.2	安全	安全
2025	226	240	38	36	93.2	96.2	安全	安全
2026	232	251	44	40	84.2	90.2	安全	安全
2027	239	263	49	44	76.6	84.2	基本安全	安全
2028	246	275	54	48	69.1	78.1	基本安全	基本安全

从表 10－10 看，“中”情景下我国战略石油储备满足消费的天数指标值处于增长趋势。2017—2020 年指标值较为稳定，这是由于该期间我国战略石油储备规模按照国家规划稳步发展，且石油消费需求量日益增长，战略石油储备规模增长的速度与石油消费需求量增长的速度相当，使该指标值较为稳定。2021—2028 年我国战略石油储备规模按一定的增长率稳定增长，快于石油消费需求量增长速度，使我国战略石油储备满足消费的天数指标值一直上涨。可以看出，2020—2025 年指标值增长较为缓慢，2026—2028 年增长较为快速，这是由于从国家建设能力视角出发预测的战略石油储备规模，假设 2020 年之后战略石油储备规模以相同的增长率在扩容，2025 年的战略石油储备规模基数高于 2010 年的，因此扩容的绝对量会较大，导致 2026—2028 年指标值增长较快。“有规划约束”和“无规划约束”两种情形下呈现相同的趋势，指标值在逐渐增大，安全得分先上升后下降，安全状态均由安全状态滑落至基本安全状态，但是总体而言，有规划约束情形下的发展趋势均快于无规划约束情形下的发展趋势。从指标值看，2020 年以来，有规划约束情形下的指标值均高于同年无规划约束情形下的指标值，安全得分均在 2024 年达到最高值之后开始下降，有

规划约束情形2023年指标值安全得分达到最大值随后开始下降，2027年指标安全状态由“安全”落入“基本安全”区间，无规划约束情形2024年指标值安全得分达到最大值随后开始下降，2028年指标安全状态由“安全”落入“基本安全”区间。

最后看“高”情景下，我国战略石油储备满足消费的天数指标（见表10－11）。

表10－11　“高”情景下我国战略石油储备满足消费的天数指标安全状态

年份	日均石油消费需求（万吨/天）		战略石油储备满足消费的天数		安全得分		安全状态	
	有规划约束	无规划约束	有规划约束	无规划约束	有规划约束	无规划约束	有规划约束	无规划约束
2017	170	166	22	22	82.6	82.6	安全	安全
2018	181	174	23	23	84.2	84.2	安全	安全
2019	191	183	23	23	84.2	84.2	安全	安全
2020	204	191	24	23	85.6	84.2	安全	安全
2021	211	201	29	29	93.2	93.2	安全	安全
2022	220	210	35	35	97.7	97.7	安全	安全
2023	228	220	43	43	85.7	85.7	基本安全	基本安全
2024	237	230	52	53	72.1	70.6	基本安全	基本安全
2025	246	240	63	65	53.2	48.7	轻度不安全	轻度不安全
2026	254	251	63	65	53.2	48.7	轻度不安全	轻度不安全
2027	261	263	64	66	50.9	46.4	轻度不安全	轻度不安全
2028	269	275	64	67	50.9	44.2	轻度不安全	轻度不安全

从表10－11看，“高”情景下，我国战略石油储备满足消费的天数指标值一直在增大，但是安全得分却是经历了“稳定—上升—逐渐下降”的一个过程，安全状态也是逐步从“安全”降至“基本安全”再降至“轻度不安全”。“高”情景下是从国家战略石油储备建设目标出发，即假设三期规划全部完成时达到90天石油净进口量的储备规模，但是从上表的安全得分可以看出2025—2028年该指标的安全状态均处于轻度不安全状态，这与指标体系的构建方法有关。本书在构建指标体系时是以能源经济安全为导向，在较为稳定、和平的国际环境下，较高的战略石油储备规模需要较高维护成本，并不利于能源的经济安全，因此，在达到国家规划目标的前提下安全得分却较低。

第11章

未来10年我国能源经济安全预测

11.1　未来 10 年我国能源经济安全分析

本节利用第 8 章构建的能源经济安全指标体系，基于第 9、10 章对各指标的预测数据，计算得到了 2017—2028 年“低”“中”“高”三种情景下我国能源经济安全得分，并判断了安全状态。

能源经济安全状况是石油对外依存度指标和国家战略石油储备满足消费天数指标共同作用的结果，前文对石油对外依存度指标的预测分了有规划约束和无规划约束两种情形，对国家战略石油满足消费天数指标的预测分了“低”“中”“高”三种情景，因此，本节在预测国家能源经济安全时分为“低”“中”“高”三种情景，每种情景下分有规划约束和无规划约束两类。根据前文构建的能源经济安全指标体系及对两个指标的预测结果，得到六种情行下未来 10 年我国能源经济安全得分及安全状态。

首先看“低”情景下有规划约束和无规划约束两种情形的我国能源经济安全状况（见表 11 - 1）。

表 11 - 1　“低”情景下我国能源经济安全

年份	S_1		S_2		能源经济安全得分		能源经济安全状态	
	有规划约束	无规划约束	有规划约束	无规划约束	有规划约束	无规划约束	有规划约束	无规划约束
2017	31.2	30.8	82.6	82.6	50.8	50.4	轻度不安全	轻度不安全
2018	29.2	27.6	84.2	84.2	49.6	48.2	轻度不安全	轻度不安全
2019	28	24.9	84.2	84.2	48.6	45.8	轻度不安全	轻度不安全
2020	26.2	21.9	85.6	84.2	47.4	42.9	轻度不安全	轻度不安全
2021	25.2	20.6	88.7	88.7	47.3	42.7	轻度不安全	轻度不安全
2022	23.8	19.0	91.7	91.7	46.7	41.7	轻度不安全	轻度不安全
2023	22.4	17.7	96.2	93.2	46.4	40.6	轻度不安全	轻度不安全
2024	21.4	16.3	99.2	96.2	46.1	39.6	轻度不安全	不安全
2025	20	15.1	99.2	97.7	44.5	38.4	轻度不安全	不安全
2026	19.4	14.3	99.2	96.2	43.9	37.1	轻度不安全	不安全
2027	18.4	13.4	97.7	93.2	42.4	35.3	轻度不安全	不安全
2028	17.6	12.6	97.7	91.7	41.5	34.0	轻度不安全	不安全

注：S_1代表石油对外依存度指标得分，S_2代表“低”情景下国家战略石油储备满足的消费天数指标得分。

从表11－1看，有规划约束和无规划约束两种情形下能源经济安全状况呈一致趋势，总体而言得分较低。2017—2028年能源经济安全得分一直在下降，有规划约束情形下的能源经济安全得分高于无规划约束下能源经济安全得分，有规划约束情形下的能源经济安全状态均为轻度不安全状态，而无规划约束情形下的能源经济安全状态在2024年从轻度不安全区间滑落至不安全区间。分指标看，我国能源经济安全得分较低主要是由石油对外依存度指标引起的，2017—2028年我国石油对外依存度指标安全得分一直在下降，且得分较低，有规划约束下石油对外依存度指标得分从2017年的31.2分降至2028年的17.6分，无规划约束下石油对外依存度指标得分从2017年30.8分降至2028年的12.6分。而国家战略石油储备满足的消费天数指标得分较高，均保持在80分以上，2017—2025年有规划约束和无规划约束两种情形下该指标得分一直在提高，有规划约束下该指标得分从2017年的82.6分提高至2026年的99.2分，无规划约束下该指标得分从2017年的82.6分提高至2025年的97.7分；2026—2028年国家战略石油储备满足消费的天数指标得分开始呈下降趋势，有规划约束下该指标得分从2026年的99.2分降至2028年的97.7分，无规划约束下该指标得分从2026年的96.2分降至2028年的91.7分。尽管国家战略石油储备满足消费的天数指标得分较高且呈现上升趋势，但是由于石油对外依存指标得分得分较低且一直在下降导致我做能源经济安全得分较低且一直在下降。

再次看“中”情景下有规划约束和无规划约束两种情形我国能源经济安全状况（见表11－2）。

表11－2　“中”情景下我国能源经济安全

年份	S_1		S_3		能源经济安全得分		能源经济安全状态	
	有规划约束	无规划约束	有规划约束	无规划约束	有规划约束	无规划约束	有规划约束	无规划约束
2017	31.2	30.8	82.6	82.6	50.8	50.4	轻度不安全	轻度不安全
2018	29.2	27.6	84.2	84.2	49.6	48.2	轻度不安全	轻度不安全
2019	28	24.9	84.2	84.2	48.6	45.8	轻度不安全	轻度不安全
2020	26.2	21.9	85.6	84.2	47.4	42.9	轻度不安全	轻度不安全
2021	25.2	20.6	90.2	88.7	47.7	42.7	轻度不安全	轻度不安全
2022	23.8	19.0	94.7	93.2	47.5	42.1	轻度不安全	轻度不安全

续表

年份	S_1		S_3		能源经济安全得分		能源经济安全状态	
	有规划约束	无规划约束	有规划约束	无规划约束	有规划约束	无规划约束	有规划约束	无规划约束
2023	22.4	17.7	99.2	97.7	47.1	41.6	轻度不安全	轻度不安全
2024	21.4	16.3	96.2	99.2	45.4	40.2	轻度不安全	轻度不安全
2025	20	15.1	93.2	96.2	43.2	38.1	轻度不安全	不安全
2026	19.4	14.3	84.2	90.2	40.4	35.9	轻度不安全	不安全
2027	18.4	13.4	76.6	84.2	37.5	33.6	不安全	不安全
2028	17.6	12.6	69.1	78.1	34.9	31.4	不安全	不安全

注：S_1代表石油对外依存度指标得分，S_3代表“中”情景下国家战略石油储备满足消费的天数指标得分。

从表 11 -2 看，有规划约束和无规划约束两种情形下能源经济安全状况呈一致趋势，2017—2028 年能源经济安全得分均一直在下降，能源经济安全状态均从轻度不安全区间滑落至不安全区间，有规划约束下 2017—2026 年能源经济安全得分高于无规划约束下能源经济安全得分，但是两种情形下安全得分的差距先是逐渐扩大随后逐渐缩小，这主要是国家战略石油储备指标引起的，该指标从 2024 年起无规划约束情形下的安全得分开始高于有规划约束情形下的安全得分，使得两种情形下能源经济安全得分差距逐渐缩小。有规划约束情形下能源经济安全得分从 2017 年的 50.8 分降至 2028 年的 34.9 分，无规划约束情形下能源经济安全得分从 2017 年的 50.4 分降至 2028 年的 31.4 分。分指标看，我国能源经济安全得分较低主要是由石油对外依存度指标引起的，由于“低”“中”“高”三种情景下石油对外依存度指标安全得分没有变化，与“低”情形中的分析一致，在此不再赘述。国家战略石油储备满足的消费天数指标得分相对较高，除有规划约束情形下 2027 年、2028 年及无规划约束情形下的 2028 年外其他年份均保持在 80 分以上，且 2024—2028 年无规划约束下指标得分要高于有规划约束下指标得分。2017—2023 年有规划约束下指标得分从 2017 年的 82.6 分提高至 2023 年的 99.2 分，从 2024 年指标得分开始下降，从 2023 年的 99.2 分降至 2028 年的 69.1 分，无规划约束下指标得分从 2017 年的 82.6 分提高至 2024 年的 99.2 分，2024—2028 年该指标得分开始呈下降趋势，从 2024 年的 99.2 分降至 2028 年的 78.1 分。尽管国家战略石油储备满足消费的天数指标得分较高，但是由于石油对外依存指标得分较低且一直在下降导致我国能源经济安全得分较低且一直在下降。

从表11－3看，有规划约束和无规划约束两种情形下能源经济安全状况呈一致趋势，2017—2028年能源经济安全得分一直在下降，且有规划约束下2017—2025年能源经济安全得分略高于无规划约束下能源经济安全得分。有规划约束下能源经济安全得分从2017年的50.8分降至2028年的44.2分，无规划约束下能源经济安全得分从2017年的50.4分降至2028年的23.6分，能源经济安全状态均从轻度不安全区间滑落至不安全区间。分指标看，石油对外依存度指标和国家战略石油满足的消费天数指标得分均较低且都是一路下降，下降速度较快，使我国能源经济安全得分也一路下降，且下降幅度较大。

表11－3　“高”情景下我国能源经济安全

年份	S_1		S_4		能源经济安全得分		能源经济安全状态	
	有规划约束	无规划约束	有规划约束	无规划约束	有规划约束	无规划约束	有规划约束	无规划约束
2017	31.2	30.8	82.6	82.6	50.8	50.4	轻度不安全	轻度不安全
2018	29.2	27.6	84.2	84.2	49.6	48.2	轻度不安全	轻度不安全
2019	28	24.9	84.2	84.2	48.6	45.8	轻度不安全	轻度不安全
2020	26.2	21.9	85.6	84.2	47.4	42.9	轻度不安全	轻度不安全
2021	25.2	20.6	93.2	93.2	48.5	43.8	轻度不安全	轻度不安全
2022	23.8	19.0	97.7	97.7	48.2	43.1	轻度不安全	轻度不安全
2023	22.4	17.7	85.7	85.7	43.8	38.9	轻度不安全	不安全
2024	21.4	16.3	72.1	70.6	39.3	33.9	不安全	不安全
2025	20	15.1	53.2	48.7	32.6	27.1	不安全	不安全
2026	19.4	14.3	53.2	48.7	32.1	26.4	不安全	不安全
2027	18.4	13.4	50.9	46.4	30.6	24.9	不安全	不安全
2028	17.6	12.6	50.9	44.2	29.9	23.6	不安全	不安全

注：S_1代表石油对外依存度指标得分，S_4代表“高”情景下国家战略石油储备满足消费的天数指标得分。

从表11－1至表11－3中看，“低”“中”“高”三种情景下我国能源经济安全得分均较低，总体而言，“低”情景下能源经济安全得分下降最慢，有规划约束下从 2017 年的 50.8 分降至 2028 年的 41.5 分，无规划约束下从 2017 年的 50.4 分降至 2028 年的 34 分；“中”情景次之，有规划约束下能源经济安全得分从 2017 年的 50.8 分降至 2028 年的 34.9 分，无规划约束下从 2017 年的 50.4 分降至 2028 年的 31.4 分；“高”情景下能源经济安全得分下降最快，有规划约束下从 2017 年的 50.8 分降至 2028 年的 29.9 分，无规划约束下从 2017 年的 50.4 分降至 2028 年的 23.6 分；“低”“中”“高”三种情景下有规划约束的能源经济安全得分均高于无规划约束的能源经济安全得分。由于三种情景下石油对外依存度指标得分是相同的，因此能源经济安全得分的不同主要是由国家战略石油储备满足消费的天数指标得分引起的。总的来说，“低”情景下战略石油储备满足消费的天数指标安全得分均较高，能源经济安全得分的提高主要需要改善石油对外依存度指标的安全状况；“中”情景下战略石油储备满足消费的天数指标安全得分除 2027 年和 2028 年较低外，其他年份也较高，略低于“低”情景下该指标的安全得分，能源经济安全得分的提高主要依靠石油对外依存度指标的改善，同时需要关注战略石油储备满足消费的天数指标的变化；“高”情景下战略石油储备满足消费的天数指标得分较低，且下降较快，要提高能源经济安全得分既要改善石油对外依存度指标的安全状况又要改善国家战略石油储备满足的消费天数指标的安全状况。

11.2 经济安全视角下未来 10 年我国能源发展的思路

经济安全视角下未来 10 年我国能源发展是指在发展能源的同时保障我国的经济安全，能源发展是着力点，国家经济安全是落脚点。根据前文对能源及能源经济安全的分析，显然低碳约束下的能源发展更有利于保障国家经济安全，能源经济安全条件方面即石油面临的外部风险较大，对能源经济安全有较大的负面冲击，能源经济安全能力即石油内部抵御风险的能力相对较高，对能源经济安全有较大的积极影响。因此本节首先分别根据本书预测的六种情况针对性地提出对策建议，然后从总体出发，从低碳约束、提升能源经济安全条件、保持能源经济安全能力三方面提出了未来 10 年我国能源发展的思路。

首先看六种情况下基于经济安全视角的未来 10 年我国能源的发展思路。

“低”情景无规划约束下我国能源经济安全状况（见表 11 -4）。

表 11 -4　　“低”情景下无规划约束的我国能源经济安全

年份	S_1	S_2	能源经济安全得分	能源经济安全状态
2017	30.8	82.6	50.4	轻度不安全
2018	27.6	84.2	48.2	轻度不安全
2019	24.9	84.2	45.8	轻度不安全
2020	21.9	84.2	42.9	轻度不安全
2021	20.6	88.7	42.7	轻度不安全
2022	19.0	91.7	41.7	轻度不安全
2023	17.7	93.2	40.6	轻度不安全
2024	16.3	96.2	39.6	不安全
2025	15.1	97.7	38.4	不安全
2026	14.3	96.2	37.1	不安全
2027	13.4	93.2	35.3	不安全
2028	12.6	91.7	34.0	不安全

注：S_1代表石油对外依存度指标得分，S_2代表“低”情景下国家战略石油储备满足消费的天数指标得分。

从表 11 -4 看，“低”情景无规划约束情形下我国能源经济安全得分在逐年下降且得分较低，代表能源经济安全外部风险的石油对外依存度指标安全得分较低，且下降较快，而代表能源经济安全内部抵御风险能力的国家战略石油储备满足消费的天数指标得分较高且变化平稳，2017—2025 年一直在上升，2025—2028 年开始下降，总体而言是一种“弱条件，强能力”的状态，因此从能源经济安全的角度出发，应该加强低碳排放的“硬约束”，减缓化石能源尤其是石油消费的增速。另外 2025 年开始，国家战略石油储备满足消费的天数指标安全得分开始下降，主要是由于没有新的国家战略石油储备规划出台，国家战略石油储备规模不变而石油消费需求日益增长导致指标值下降从而引起指标得分下降，因此基于能源经济安全的视角，在能源消费无低碳约束的前提下我国应注重国家战略石油储备规划的衔接，应尽早出台国家战略石油储备新规划，保障我国战略石油储备规模与日益增长的石油消费需求同步增长（见表 11 -5）。

表 11－5　　“低”情景下有规划约束的我国能源经济安全

年份	S_1	S_2	能源经济安全得分	能源经济安全状态
2017	31.2	82.6	50.8	轻度不安全
2018	29.2	84.2	49.6	轻度不安全
2019	28.0	84.2	48.6	轻度不安全
2020	26.2	85.6	47.4	轻度不安全
2021	25.2	88.7	47.3	轻度不安全
2022	23.8	91.7	46.7	轻度不安全
2023	22.4	96.2	46.4	轻度不安全
2024	21.4	99.2	46.1	轻度不安全
2025	20.0	99.2	44.5	轻度不安全
2026	19.4	99.2	43.9	轻度不安全
2027	18.4	97.7	42.4	轻度不安全
2028	17.6	97.7	41.5	轻度不安全

注：S_1代表石油对外依存度指标得分，S_2代表“低”情景下国家战略石油储备满足消费的天数指标得分。

从表 11－5 看，“低”情景有规划约束情形下我国能源经济安全得分在逐年下降且得分较低，但是整体状况要比“低”情景无规划约束情形好。代表能源经济安全外部风险的石油对外依存度指标安全得分较低，代表能源经济安全内部抵御风险能力的国家战略石油储备满足消费的天数指标得分较高且变化平稳。从能源经济安全角度出发，根据表 11－5 预测结果，在未来 10 年我国有序推进碳减排的同时我国应保持现有的战略石油储备规划，但是从 2027 年我国战略石油储备满足消费的天数指标得分开始下降，虽然安全得分依然较高，但是应该未雨绸缪，进入战略石油储备规模的下一规划阶段，以防该指标得分继续下降。在此情境下最为重要的是提高石油对外依存度指标得分从而达到改善能源经济安全状况的目的。

从表 11－6 看，“中”情景无规划约束情形下我国能源经济安全得分在逐年下降且得分较低，代表能源经济安全外部风险的石油对外依存度指标安全得分较低，且下降较快，而代表能源经济安全内部抵御风险能力的国家战略石油储备满足消费的天数指标得分相对较高但波动较大，2017—2024 年该指标得分快速上升，从 82.6 分升至 99.2 分，2024—2028 年开始下降，从 99.2 分降至 78.1 分。因此从能源经济安全的角度出发，应该加强低碳排放的“硬约束”，减缓化石能源尤其是石油消费的增速。另外 2025 年开始，国家战略石油储备满足消费的天数指标安全得分开始快速下降，主要是由于此情景下国家战略石油储备规模是基于国家建设能力角度预测，按以往国家战略石油储备的国家建设能力，从国家能源经济安全角度看，到2025年国家战略石油储备规模开始偏大，导致国家战略石油储备满足消费的天数指标得分大幅下降，因此着眼于能源经济安全，国家战略石油储备应该与我国石油消费需求相匹配，不能盲目扩容。

表11－6　　“中”情景下无规划约束的我国能源经济安全

年份	S_1	S_3	能源经济安全得分	能源经济安全状态
2017	30.8	82.6	50.4	轻度不安全
2018	27.6	84.2	48.2	轻度不安全
2019	24.9	84.2	45.8	轻度不安全
2020	21.9	84.2	42.9	轻度不安全
2021	20.6	88.7	42.7	轻度不安全
2022	19.0	93.2	42.1	轻度不安全
2023	17.7	97.7	41.6	轻度不安全
2024	16.3	99.2	40.2	轻度不安全
2025	15.1	96.2	38.1	不安全
2026	14.3	90.2	35.9	不安全
2027	13.4	84.2	33.6	不安全
2028	12.6	78.1	31.4	不安全

注：S_1代表石油对外依存度指标得分，S_3代表“中”情景下国家战略石油储备满足消费的天数指标得分。

从表11－7看，“中”情景有规划约束情形下我国能源经济安全得分在逐年下降且得分较低，但是整体状况要比“中”情景无规划约束情形好。其中代表能源经济安全外部风险的石油对外依存度指标安全得分比“中”情景无规划约束情形好，代表能源经济安全内部抵御风险能力的国家战略石油储备满足消费的天数指标得分比“中”情景无规划约束情形弱。从能源经济安全角度出发，根据表11－7预测结果，在未来10年我国有序推进碳减排的同时我国应谨慎有序的发展国家战略石油储备。2024年起该情形下国家战略石油储备满足消费的天数指标得分快速下降是由于国家战略石油储备规模过大，该指标值较高引起，这不仅推高国家战略石油储备的成本同时弱化了能源经济安全状况。因此，从能源经济安全考虑，国家战略石油储备的规划和建设要充分考虑我国石油消费情况，而不能依国家建设能力“大干快上”。

表 11－7　　“中”情景下有规划约束的我国能源经济安全

年份	S_1	S_3	能源经济安全得分	能源经济安全状态
2017	31.2	82.6	50.8	轻度不安全
2018	29.2	84.2	49.6	轻度不安全
2019	28.0	84.2	48.6	轻度不安全
2020	26.2	85.6	47.4	轻度不安全
2021	25.2	90.2	47.7	轻度不安全
2022	23.8	94.7	47.5	轻度不安全
2023	22.4	99.2	47.1	轻度不安全
2024	21.4	96.2	45.4	轻度不安全
2025	20.0	93.2	43.2	轻度不安全
2026	19.4	84.2	40.4	轻度不安全
2027	18.4	76.6	37.5	不安全
2028	17.6	69.1	34.9	不安全

注：S_1代表石油对外依存度指标得分，S_3代表“中”情景下国家战略石油储备满足消费的天数指标得分。

从表 11－8 看，“高”情景无规划约束情形下我国能源经济安全得分在逐年下降且得分较低降速较快，代表能源经济安全外部风险的石油对外依存度指标安全得分较低，且下降较快，而代表能源经济安全内部抵御风险能力的国家战略石油储备满足消费的天数指标得分从 2022 起开始快速下降，从 2022 年的 97.7 分降至 2028 年的 44.2 分，主要是由于此情景下国家战略石油储备规模是基于国家建设目标角度预测。我国国家战略石油储备的建设目标对标国际发达国家即国家战略石油储备达到 90 天石油进口量，按我国未来 10 年石油的供需状况，要达到该目标国家战略石油储备规模则需极大地扩容，从国家能源经济安全的角度出发过大的国家战略石油储备规模势必导致能源经济安全状况趋弱。因此，未来 10 年我国战略石油储备的建设应从实际国情出发，有选择性的借鉴国外发达国家国家战略石油储备的建设经验。

表11－8　“高”情景下无规划约束的我国能源经济安全

年份	S_1	S_4	能源经济安全得分	能源经济安全状态
2017	30.8	82.6	50.4	轻度不安全
2018	27.6	84.2	48.2	轻度不安全
2019	24.9	84.2	45.8	轻度不安全
2020	21.9	84.2	42.9	轻度不安全
2021	20.6	93.2	43.8	轻度不安全
2022	19.0	97.7	43.1	轻度不安全
2023	17.7	85.7	38.9	不安全
2024	16.3	70.6	33.9	不安全
2025	15.1	48.7	27.1	不安全
2026	14.3	48.7	26.4	不安全
2027	13.4	46.4	24.9	不安全
2028	12.6	44.2	23.6	不安全

注：S_1代表石油对外依存度指标得分，S_4代表“高”情景下国家战略石油储备满足消费的天数指标得分。

从表11－9看，“高”情景无规划约束情形下我国能源经济安全得分在逐年下降且得分较低降速较快，代表能源经济安全外部风险的石油对外依存度指标安全得分较低，而代表能源经济安全内部抵御风险能力的国家战略石油储备满足消费的天数指标得分从2022起开始快速下降，从2022年的97.7分降至2028年的50.9分，主要是由于此情景下国家战略石油储备规模是基于国家建设目标角度预测，原因分析同“高”情景有规划约束情形在此不再赘述。但对于“高”情景下的两种情形有必要说明，从国内外建设实际情况看“高”情景下的国家战略石油储备规模不具有现实可操作性，因此未来10年我国能源发展路径必然不是在“高”情景框架下探讨。

表11－9　“高”情景下有规划约束的我国能源经济安全

年份	S_1	S_4	能源经济安全得分	能源经济安全状态
2017	31.2	82.6	50.8	轻度不安全
2018	29.2	84.2	49.6	轻度不安全
2019	28.0	84.2	48.6	轻度不安全
2020	26.2	85.6	47.4	轻度不安全

续表

年份	S_1	S_4	能源经济安全得分	能源经济安全状态
2021	25.2	93.2	48.5	轻度不安全
2022	23.8	97.7	48.2	轻度不安全
2023	22.4	85.7	43.8	轻度不安全
2024	21.4	72.1	39.3	不安全
2025	20.0	53.2	32.6	不安全
2026	19.4	53.2	32.1	不安全
2027	18.4	50.9	30.6	不安全
2028	17.6	50.9	29.9	不安全

注：S_1 代表石油对外依存度指标得分，S_4 代表“高”情景下国家战略石油储备满足消费的天数指标得分。

总的来看，首先看低碳约束方面。从本书第 8 章的计算数据看，未来 10 年有规划约束下能源消费总量、煤炭消费量、天然气消费量均比无规划约束下的消费量少，有规划约束下石油消费量在 2017 年和 2018 年略高于无规划约束下的消费量，其他年份均是有规划约束下石油消费量高于无规划约束下石油消费量。以 2028 年的数据为例，有规划约束下能源消费总量、煤炭消费量、石油消费量、天然气消费量分别比无规划约束下少 100194 万吨标准煤、66330 万吨标准煤、15043 万吨标准煤、22420 万吨标准煤。从能源经济安全得分看，“低”“中”“高”三种情景下有规划约束的能源经济安全得分均高于无规划约束的能源经济安全得分。从以上分析可以看出未来 10 年能源在低碳约束下发展不仅能够有效地减少能源消费量，还能够提高能源经济安全状况，从而提高国家经济安全状况。

本书对“低碳约束”的限定是基于国家对 CO_2 排放强度下降的承诺：2009 年，我国在哥本哈根世界气候大会上宣布到 2020 年中国 CO_2 排放强度在 2005 年的基础上下降 40%—45%；2015 年我国向联合国气候变化框架公约秘书处提交了文件承诺我国 CO_2 排放 2030 年左右达到峰值并争取尽早达峰，单位国内生产总值 CO_2 排放比 2005 年下降 60%—65%。因此本节从能源低碳发展维度提出的相关政策建议是以控制、降低 CO_2 排放强度为出发点。CO_2 排放强度是指单位国内生产总值的 CO_2 排放量，从我国经济发展阶段及发展规划看，稳增长依然是未来我国经济发展的重要目标，经济增长率会稳定在一个窄幅区间，因此控制CO_2排放强度关键是控制、减少CO_2排放总量，CO_2的排放主要来自于化石能源的消费，控制、降低CO_2排放强度也就要控制化石能源的消费。

控制化石能源的消费可以从三方面着手："量""结构""质"。

所谓"量"即保持甚至减少化石能源的消费量。CO_2的排放主要来自化石能源的消费，降低化石能源消费的增长速度能有效地控制CO_2排放，减少化石能源的消费总量能有效地减少CO_2排放。针对前文的研究结果，2017—2028年我国化石能源消费量还将持续增长，无规划约束下化石能源消费增长率高于无规划约束下的化石能源消费增长率，无规划约束下化石能源消费量、煤炭消费量、石油消费量、天然气消费量四者的年均增长率分别为3.5%、2.1%、4.7%、9.6%，而有规划约束下化石能源消费量、煤炭消费量、石油消费量、天然气消费量四者的年均增长率分别为2.1%、0.9%、3.5%、7.0%。无规划情形下的预测是依据能源消费历史数据，按照能源消费既有路径向前推进，而无规划约束情形下的预测是基于国家承诺的CO_2减排目标倒推。在保障经济稳定增长的同时要使能源消费从既有路径向低碳路径转换显然不是自然而然的，这既需要技术的支撑也需要国家政策的引导和支持。技术的快速发展和突破有利于非化石能源例如风能、太阳能、生物质能的快速发展，寻求更多的替代能源，用非化石能源的消费替代部分化石能源的消费。国家政策的支持和引导可以从两个维度作用于能源低碳发展，一是出台支持新能源技术的财政、投融资等相关政策，由于技术本身具有较大的不确定性，风险—收益比较高，单纯依靠市场推动技术进步无法满足新能源技术需求；二是出台限制化石能源消费、鼓励非化石能源消费的相关政策，直接从低碳的源头推动能源消费向低碳路径转换。

所谓"结构"即优化化石能源的消费结构，降低煤炭消费比重，提高石油、天然气的消费比重。化石能源包括煤炭、石油、天然，三者的CO_2排放系数依次降低，在化石能源消费总量不变的前提下，减少煤炭的消费，增加石油和天然气的消费能够有效地减少CO_2排放量。但是煤炭、石油、天然气三者之间的相互替代并非毫无阻碍，我国石油和天然气的资源并不丰富，生产能力有限，想要实现对煤炭的规模化替代，显然在"量"上就困难重重；同时石油和天然气的价格要高于煤炭，规模化的替代煤炭消费会推高物价，从而引起一些其他的经济问题；另外三者之间的替代还存在一些功用性的障碍，例如石油产品是国民经济很多部门的原材料，这是天然气无法实现替代的。因此化石能源消费结构的调整，煤炭、石油、天然气之间由 CO_2 排放系数低的对 CO_2 排放系数高的能源品种的替代应该是循序渐进的、有规划的。

所谓“质”即提高化石能源的利用效率。大部分化石能源最终是要通过某种能量的形式例如热、电被利用，在经济总量和经济结构不变的前提下，提高能源的利用效率就可以减少化石能源消费总量，从而减少 CO_2 的排放量。技术进步是提高化石能源利用效率的必要条件，可以通过市场手段和非市场手段共同推动。非市场手段例如国家可以通过制定严格能效标准、节能目标促使相关企业提高节能技术，从而提高产品的能效；市场手段如国家可以通过宣传、教育提高公民节能意识，或者通过提高用能价格等，使消费者“用脚投票”自觉选择节能产品。

再看提升能源经济安全条件方面。根据前文对能源经济安全的界定和能源经济安全指标体系的构建，能源经济安全条件安全状况是通过石油对外依存度来体现的，提升能源经济安全条件即降低石油对外依存度。石油对外依存度＝石油净进口量/石油需求量＝（石油需求量－石油生产量）/石油需求量＝1－石油生产量/石油需求量，因此，从上述数学公式推出，降低石油对外依存度需要增加石油生产量，减少石油需求量，因此可以从供给和需求两端同时着手：供给方面提高石油自给能力，需求方面减少石油消费。

从供给侧看，石油生产量的增长依赖于石油生产能力的提高，石油生产能力状况取决于石油禀赋和石油生产技术。我国石油禀赋的定位是“贫油”，改革开放以来我国石油产量呈现上升趋势，但是增长缓慢，1980—2016年石油生产量的年均增长率约为1.8%，且2016年受国际油价低迷等因素的影响石油产量出现了我国有史以来的最大降幅，约1500万吨。本书在第6章中依据石油产量的历史数据对2017—2028年石油产量做了预测，从预测结果看，未来石油产量依然将保持缓慢增长趋势，2017—2028年石油产量年均增长率约为1.5%。事实上，这是一个比较乐观的预测，需要石油生产技术及国家政策的支撑。随着我国各大老油田开采程度的加深，新油田又存在开采难度较大、开采成本较高、品质较差等问题，要保持甚至提升我国石油产量必须依靠技术的进步和国家政策的支持。技术进步对石油生产能力的提升是显然的，如美国就通过页岩油技术成功地从石油净进口国转变为石油净出口国。国家政策方面，石油的勘探、开采、生产等的是由企业具体实施，企业是以经济效益为首要目标，面临国际油价低迷、国内石油生产成本攀升，企业生产石油的动力就会大大下降，根据国土资源部2017年发布的全国石油天然气资源勘查开采情况显示，2016年全国油气勘查、开采投资分别为527.5亿元和1333.4亿元，同比下降12.1%和29.6%，新增石油探明地质储量9.14亿吨，10年来首次降至10亿吨以下。[①] 这就需要国家从国家经济安全、国家安全等大战略高度出发，以战略性安全为首要目标保障国内石油产量，同时从国家层面制定相关政策推动石油生产技术的进步。另外，我国还要积极地利用海外资源，通过合资、独资、控股、参股等多种方式参与海外石油资源的开发、生产，从而弥补国内石油资源贫乏的状况。

从需求侧看。第7章中对石油消费需求的预测分了两种情形：一是假定未来石油按既有消费路径继续推进，根据历史数据外推，2028年石油消费量将会达到10亿吨，2017—2028年石油消费量年均增长率约为4.8%；二是基于政府减排承诺的低碳约束下石油消费情况，2028年石油消费量近9亿吨，2017—2028年石油消费量年均增长率约为3.5%。从这两种情形的预测结果看，未来石油消费量仍将持续增长，低碳约束下石油消费量远低于无约束下石油消费量。因此短期内要减少石油消费量并不现实，而应着眼于合理控制、降低石油消费的增长速度。首先从行业角度分析我国石油消费结构，《中国能源统计年鉴》将石油消费划分了7类：农、林、牧、渔业；工业；建筑业；交通运输、仓储和邮政业；批发、零售业和住宿、餐饮业；生活消费；其他。根据《中国统计年鉴2016》数据，1980年以来，工业及交通运输、仓储和邮政业两类的石油消费比重较大，但呈现出下降趋势。1980年两类石油消费量约占石油消费总量的81%，至2015年两类石油消费比重降至72%，其中工业石油消费比重呈下降趋势，从1980的79%降至2015年的34%，而交通运输、仓储和邮政业石油消费比重呈现快速上升趋势，从1980年的10%增加至2015年的37%。从增长率看，2000—2015年我国石油消费年均增长率约为6.2%，工业石油消费年均增长率约为3.5%，交通运输、仓储和邮政业石油消费年均增长率约为8.1%。从上述分析看，控制石油消费增速应重点控制交通运输领域的石油消费增速，这可以从“节流”和“开源”两方面入手，“节流”是指提高汽车燃油经济性，政府可以制定更加严格的行业标准，建立有效的法规约束，促进汽

① http：//news.xinhuanet.com/energy/2017－07/12/c_1121303838.htm. 我国石油产量保持在2亿吨水平，经济日报，2017－12－25.

车燃油经济性的提高；“开源”是指积极地开展石油替代，一方面增加燃气汽车的数量，另一方面鼓励新能源汽车的发展，双管齐下，降低石油在交通领域的消费。根据中国产业信息网数据，2017 年我国天然气汽车数量大幅增长，2016 年年底保有量达到 557.6 万量，但是与全国 214696 万辆汽车的保有量相比，天然气汽车数量可谓微不足道，2016 年我国新能源汽车保有量同比增长 87%，但是数量仅有 109 万辆，可见未来实施燃气汽车、新能源汽车对燃油汽车的替代有较大的发展空间。

再看保持、提升能源经济安全能力方面。根据前文对能源经济安全的界定和能源经济安全指标体系的构建，能源经济安全能力的安全状况是通过国家战略石油储备满足消费的天数指标来体现的，在第 10 章中分了“低”“中”“高”三种情景对这一指标进行了详细的分析，结果显示“低”和“中”情景下该指标的安全状况都较好，“高”情景下指标安全状况相对较差。由于“高”情景下的战略石油储备规模无论是从国际经验还是从国内现实看都不具有现实操作性，因此不再做讨论。看“低”“中”两种情景，尽管指标的安全得分都较高，且趋势一致，安全得分先上升后下降，但是两种情景有着本质的不同，“低”情景是由于战略石油储备规模按规划发展，到 2025 年后没有相应的规划，战略石油储备则保持在上一规划的规模，随着石油消费需求的增长，则战略石油储备规模满足消费的天数必然随之下降，因此安全得分的“后下降”可以看成是战略石油储备量“不足”，而“中”情景下战略石油储备规模按国家建设能力发展，战略石油储备满足消费的天数高于“最佳天数”①，可以看成是战略石油储备量“过高”，从而引起指标安全得分下降。

无论“低”“中”情景都是基于我国战略石油储备基础设施建设稳步推进的前提，而事实上我国战略石油储备的建设速度并不快，2003 年规划的“15 年三期工程”，到 2018 年建完，总共存油 6600 万—6800 万吨。实际上原计划 2015 年完成的二期规划已推至 2020 年完成，根据国家统计局公布数据，至 2016 年初我国储备原油仅有 3197 万吨。因此当务之急是解决石油储备基础设施建设滞后的“硬件”问题。另外还应加强战略石油储备运营、管理、监督等“软件”方面的制度供给与创新。从国际经验看，“立法先行”是保障战略石油储备有序发展前提，我国在战略石油储备方面的立法工作已经有所滞后，应

① 经济安全视角下与指标的安全得分等于 100 时相对应的天数。

在借鉴国际经验的同时结合我国国情加快相关立方工作的步伐；大部分具有石油储备的国家均是国家和企业共同储备，一部分战略石油储备由企业承担不仅可以增加国家战略石油储备能力，同时企业从自身利益出发能更好地实现成本最优，因此我国应加快建立多层次的战略石油储备体系，可借鉴日本的“第三方储备”经验，积极开展与原油进口国家的合作，在面临石油危机之时获得优先采购权；另外还应加强战略石油储备的运营、维护、监督和管理工作，根据国际经验，不同国家选用不同的方式，有的国家是国家直接管理，有的国家是直接外包给专业的公司，我国需要综合考虑本国的国情，探索出最适合我国当下战略石油储备管理的路子。

11.3 结　论

至此，本书完成了全部的研究任务，本节将对本书的主要研究结论加以总结。

本书的研究对象是预测未来10年经济安全视角下的能源发展，包括能源的常规预测及能源的经济安全预测，其中能源的常规预测包括能源的供求总量及供求结构预测，能源的经济安全预测则是基于能源的常规预测数据完成的。经研究，本书主要得到以下结论：

（1）从经济安全的视角探究了能源经济安全的内涵。能源经济安全是国家经济安全的一个子系统，同时也是能源安全的重要研究内容，本书从能源安全、国家经济安全、能源本身三个层面着手，通过文献梳理，确定了能源经济安全的主体为石油，能源经济安全的内涵应该从经济安全视角下的石油所面临的外部风险及石油在面临外部冲击时应对风险的能力两方面去理解。

（2）运用组合预测模型对2017—2028年煤炭、石油、天然气的生产量进行了预测，得知2017—2028年三者的生产量将会持续增长，年均增长率依次为5.5%、1.5%、6.9%，至2028年产量分别约为56.01亿吨标准煤、2.58亿吨、3182.71亿立方米；运用专家预测法对2017—2028年水电、核电、风电、太阳能电分别做了预测，得知至2028年水电装机容量、核电装机容量、风电装机容量、太阳能发电装机容量分别将会达到约5亿千瓦、1.1亿千瓦、4.2亿千瓦、2.6亿千瓦。基于化石能源和非化石能源生产量的预测，得到2017—2028年能源供给结构，煤炭和天然气呈现出上升趋势，天然气上升速度要低于煤炭上升速度，煤炭从 2017 年的 73. 2% s 上升到 2028 年的 76%，天然气从 2017 年的 4. 8% 增长到 2028 年的 5. 7%，石油则呈现出下降趋势从 2017 年的 7. 4% 降至 2028 年的 5%，非化石能源呈现震荡下降的趋势，从 2017 年的 14. 6% 震荡下降至 2028 年的 13. 2%。

（3）运用组合预测模型基于历史数据对 2017—2028 年能源消费总量、煤炭、石油、天然气消费量进行了预测，得知 2017—2028 年能源消费总量及各能源品种消费量将会持续增长，年均增长率分别约为 3. 8%、2. 1%、4. 5%、9. 6%，至 2028 年消费量分别约为 71. 97 亿吨标准煤、37. 55 亿吨标准煤、11. 14 亿吨、6576. 59 亿立方米；基于政府减排承诺运用倒推法预测了低碳约束下 2017—2018 年化石能源消费总量，得知至 2028 年能源消费总量、煤炭消费量、石油消费量、天然气消费量分别约为 61. 95 亿吨标准煤、30. 91 亿吨标准煤、8. 98 亿吨、4890. 83 亿立方米；运用马尔科夫链模型预测了 2017—2028 年无约束和低碳约束下能源消费结构，得知有规划约束情形下煤炭消费比重下降速度快，降幅大，煤炭消费比重从 2016 年的 62% 下降至 2028 年的 49. 9%，无规划约束情形下煤炭消费占比从 2016 年的 62% 降至 2028 年的 52. 2%，有规划约束情形下非化石能源消费比重增速较快，增幅较大，非化石能源消费比重从 2016 年的 12. 7% 上升至 2028 年的 18. 9%，而无规划约束情形下 2028 年非化石能源消费比重仅达到 17. 5%。

（4）国家经济安全的方法论同样适用于能源经济安全的研究，基于能源经济安全的界定，使用本系统分析法构建了能源经济安全指标体系，选取了石油对外依存度指标和战略石油储备满足消费的天数指标，前者体现了石油面临的外部风险，称之为能源经济安全条件指标，后者则代表能源内部抵御外部风险的能力状态，称之为能源经济安全能力指标。

（5）基于 2017—2028 年能源消费供需预测数据，预测了这期间无约束和低碳约束两种情形下的石油对外依存度，并利用能源经济安全指标体系判断了该指标的安全状况，得知无约束情形石油对外依存度从 2017 年的 63. 8% 上升至 2028 年的 74. 2%，安全得分从 32. 4 分降至 11. 6 分，安全状态从不安全区间下滑至极度不安全区间；有约束情形下石油对外依存度从 2017 年的 64. 4% 上升至 71. 2%，安全得分从 31. 2 分降至 17. 6 分，安全状态从不安全区间下滑至季度不安全区间，总体而言，无规划约束情形下，石油对外依存度增加得更快，更快地从不安全区间滑落至极度不安全区间，无规划约束情形下 2023 年该指标突破70%，进入极度不安全区间，而有规划约束下该指标2026年突破70%，进入极度不安全区间。

（6）基于2017—2028年能源消费供需预测数据，预测了这期间“低”“中”“高”三种情景下国家战略石油储备满足消费的天数，且每种情景下又分“无约束”和“低碳约束”两种情行，并利用能源经济安全指标体系判断了该指标的安全状况，得知“低”情景国家战略石油储备满足消费的天数，“有规划约束”和“无规划约束”两种情形下指标值相差不大，指标值均在2025年达到最大值，有规划约束下指标值为34天，安全得分99.2分，无规划约束下指标值为32天，安全得分为97.7分，随后指标值下降，但是该指标始终处于安全区间；“中”情景下该指标值处于增长趋势，无约束下指标值从2017年的22天涨至2028年的48天，安全状态在2028年由安全区间下滑至基本安全区间，有约束下指标值从2017年的22天涨至2028年的54天，安全状态在2027年由安全区间下滑至基本安全区间；“高”情景下该指标值增长较快，无约束下指标值从2017年的22天上升至2028年的67天，安全状态在2023年由安全区间下滑至基本安全区间，在2025年由基本安全区间下滑至极度不安全区间，有约束下指标值从2017年的22天上升至2028年的64天，安全状态的变化与无约束下的变化同步。

（7）基于石油对外依存度和战略石油储备满足消费的天数两个指标的预测，利用能源经济安全指标体系分“低”“中”“高”三种情景分析了无约束和有约束两种情形下能源经济安全状况。“低”情景中，2017—2028年能源经济安全得分一直在下降，有规划约束情形下的能源经济安全得分高于无规划约束下能源经济安全得分，有规划约束下安全得分从2017年的50.8分降至2028年的41.5分，安全状态始终处于轻度不安全区间，无约束下安全得分从2017年的50.4分降至2028年的34.0分，全状态在2024年从轻度不安全区间滑落至不安全区间。“中”情景下2017—2028年能源经济安全得分一直在下降，有规划约束情形下的能源经济安全得分高于无规划约束下能源经济安全得分，有规划约束下安全得分从2017年的50.8分降至2028年的34.9分，安全状态在2027年从轻度不安全区间下滑至不安全区间，无约束下安全得分从2017年的50.4分降至2028年的31.4分，全状态在2025年从轻度不安全区间滑落至不安全区间。“高”情景下的2017—2028年能源经济安全得分一直在下降，有规划约束情形下的能源经济安全得分高于无规划约束下能源经济安全得分，有规划约束下安全得分从 2017 年的 50. 8 分降至 2028 年的 29. 9 分，安全状态在 2024 年从轻度不安全区间下滑至不安全区间，无约束下安全得分从 2017 年的 50. 4 分降至 2028 年的 23. 6 分，全状态在 2023 年从轻度不安全区间滑落至不安全区间。

综上所述，2017—2028 年我国能源生产量和能源需求量都将持续增长，且低碳约束下能源需求量增长速度小于无约束下能源需求量增长速度，这期间能源经济安全得分均较低，主要是由石油对外依存度指标引起，低碳约束情形下能源经济安全状况要好于无约束情形下的能源经济安全状况。

参 考 文 献

［1］巴曙松，吴大义．能源消费、二氧化碳排放与经济增长——基于二氧化碳减排成本视角的实证分析［J］．经济与管理研究，2010（6）．

［2］鲍健强，苗阳，陈锋．低碳经济：人类经济发展方式的新变革［J］．中国工业经济，2008（4）．

［3］蔡春，李江涛，刘更新．政府审计维护国家经济安全的基本依据、作用机理及路径选择［J］．审计研究，2009（4）．

［4］陈文颖，吴宗鑫．未来中国的 SO_2 和 CO_2 排放控制对策［J］．清华大学学报（自然科学版），2002（10）．

［5］董秀成，周仲兵．中国战略石油储备政策研究［M］．北京：科学出版社，2016.

［6］丰雷，郭惠宁，王静，黄晓宇．土地资源经济安全评价研究——以上海市为例［J］．中国软科学，2011（1）．

［7］冯之浚，周荣．低碳经济：中国实现绿色发展的根本途径［J］．中国人口·资源与环境，2010（4）．

［8］高昊．国家经济安全的制度分析述评［J］．广西民族大学学报（哲学社会科学版），2009（S1）．

［9］葛冰，郑垂勇．经济全球化背景下我国经济安全面临的问题与对策［J］．现代经济探讨，2009（7）．

［10］顾海兵，沈继楼，周智高，等．中国经济安全分析：内涵与特征［J］．中国人民大学学报，2007（2）．

［11］顾海兵，曹帆，张越，刘国鹏，姚佳．国家经济安全国际观察分析：美国、日本、俄罗斯［J］．首都经济贸易大学学报，2009（3）．

［12］顾海兵，李彬．基于国际借鉴的中国经济安全战略纲要之研究［J］．国家行政学院学报，2010（3）．

[13] 顾海兵，李彬．美国经济安全战略及对中国的借鉴 [J]．学术界，2010 (3)．

[14] 顾海兵，李彬．印度国家经济安全法律体系及其借鉴 [J]．国家行政学院学报，2009 (4)．

[15] 顾海兵，李彬．印度经济安全战略及对中国的借鉴 [J]．经济理论与经济管理，2010 (6)．

[16] 顾海兵，李宏梅，周智高．我国国家经济安全监测评估系统的设计 [J]．湖北经济学院学报 (5)．

[17] 顾海兵，刘玮，周智高，刘陈杰．中国经济安全预警的指标系统 [J]．国家行政学院学报，2007 (1)．

[18] 顾海兵，沈继楼，刘玮．印度国家经济安全的经验与借鉴 [J]．开放导报，2007 (4)．

[19] 顾海兵．实用经济预测方法 [M]．北京：中国人民大学出版社，2005.

[20] 顾海兵，孙挺．"十二五"时期国家经济安全水平预测分析 [J]．国家行政学院学报，2012 (3)．

[21] 顾海兵，夏梦．基于国家经济安全的金融安全指标的选取研究 [J]．国家行政学院学报，2011 (5)．

[22] 顾海兵，张安军．国家经济安全中的金融安全地位研究 [J]．学习与探索，2012 (4)．

[23] 顾海兵，张安军．我国区域经济安全的内涵与评价方法研究 [J]．社会科学辑刊，2012 (4)．

[24] 顾海兵，张安军．我国区域经济安全动态监测分析 [J]．经济理论与经济管理，2012 (7)．

[25] 顾海兵，张敏．中国经济安全研究：五大误区与辩证方法论反思 [J]．经济学动态，2017 (2)．

[26] 顾海兵，张帅．十三五时期我国能源消费组合模型预测——兼及对经济安全条件影响的量化研究 [J]．江苏社会科学，2017 (4)．

[27] 顾海兵，张帅．"十三五"时期我国经济安全水平预测分析 [J]．中共中央党校学报，2016 (2)．

[28] 顾海兵，张帅．国家经济安全视角下的石油：2016 年监测和 2017 年

预警［J］. 江海学刊，2016（6）.

［29］顾海兵，张一弓. 后30年：中国国家经济安全战略的总体研究［J］. 经济学动态，2010（10）.

［30］顾海兵，李宏梅，周智高. 我国国家经济安全监测评估系统的设计［J］. 湖北经济学院学报，2006（5）.

［31］顾海兵. 当前中国经济安全度的估计［J］. 科学决策，1997（1）.

［32］顾海兵. 实用经济预测方法（第二版）［M］. 北京：中国人民大学出版社，2005.

［33］顾海兵，沈继楼，周智高，唐帅. 中国经济安全分析：内涵与特征［J］. 中国人民大学学报，2007（2）.

［34］管卫华，顾朝林，林振山. 中国能源消费结构的变动规律研究［J］. 自然资源学报，2006（3）.

［35］郭然然. 北京市能源消费、二氧化碳排放与经济增长关系的实证研究［D］. 首都经济贸易大学，2015.

［36］胡见义，郭彬程. 天然气是能源低碳化发展的重要阶段和趋势［J］. 中国工程科学，2011（4）.

［37］胡玉莹. 中国能源消耗、二氧化碳排放与经济可持续增长［J］. 当代财经，2010（2）.

［38］胡宗义，刘亦文，唐李伟. 中国能源消费、碳排放与经济增长关系的实证研究［J］. 湖南大学学报（自然科学版），2012（7）.

［39］江涌. 经济全球化背景下的国家经济安全［J］. 求是，2007（6）.

［40］姜茸，钱泓澎. 一种度量国家经济安全风险的方法［J］. 生态经济，2015（4）.

［41］雷家骕，陈亮辉. 基于国民利益的国家经济安全及其评价［J］. 中国软科学，2012（12）.

［42］李波. 外贸依存度与经济安全警示研究［J］. 现代管理科学，2010（7）.

［43］李海舰. 外资进入与国家经济安全［J］. 中国工业经济，1997（8）.

［44］李嘉，张宝生，孙王敏. 能源结构动态分析模型研究［C］. 第一届中国能源战略国际论坛论文集，2006.

[45] 李金华．国家经济安全监测警示系统的构建 [J]．中南财经大学学报，2001 (5)．

[46] 李卓，邢宏洋．国际石油价格波动对我国通货膨胀的影响——基于新凯恩斯 Phillips 曲线的研究 [J]．国际贸易问题，2011 (11)．

[47] 梁巧梅，魏一鸣，范英，Norio Okada．中国能源需求和能源强度预测的情景分析模型及其应用 [J]．管理学报，2004 (1)．

[48] 林伯强，何晓萍．初级能经济学 [M]．北京：清华大学出版社，2014.

[49] 林伯强．能源经济学的历史与方向 [J]．中国石油石化，2008 (16)．

[50] 林伯强，姚昕，刘希颖．节能和碳排放约束下的中国能源结构战略调整 [J]．中国社会科学，2010 (1)．

[51] 刘立涛，沈镭，刘晓洁．能源安全研究的理论与方法及其主要进展 [J]．地理科学进展，2012 (4)．

[52] 刘思峰，杨英杰，等．灰色系统理论及其应用 [M]．北京：科学出版社，2014.

[53] 柳亚琴，赵国浩．节能减排约束下中国能源消费结构演变分析 [J]．经济问题，2015 (1)．

[54] 陆敏，赵湘莲．经济增长、能源消费与二氧化碳排放的关联分析 [J]．统计与决策，2012 (2)．

[55] 吕有志．经济安全问题的由来及其战略地位 [J]．当代世界与社会主义，1997 (4)．

[56] 马军，包蕾，马丽．入世与我国经济安全的法律保障 [J]．商业研究，2002 (2)．

[57] 马林，雷家骕．完善维护国家经济安全的制度和机制框架 [J]．清华大学学报 (哲学社会科学版)，2002 (4)．

[58] 史丹，朱彤．能源经济学理论与政策研究评述 [M]．北京：经济管理出版社，2013.

[59] 年志远，李丹．国家经济安全预警指标体系的构建 [J]．东北亚论坛，2008 (6)．

[60] 邱立新，雷仲敏，周田君．中国能源结构优化的多目标决策 [J]．

青岛科技大学学报（社会科学版），2006（3）.

[61] 石宝珩. 国外战略石油储备及对我们的启示 [J]. 石油科技论坛，2002（3）.

[62] 顾海兵. 实用经济预测方法 [M]. 北京：中国人民大学出版社，2005.

[63] 汪同三，张涛. 组合预测：理论、方法及应用 [M]. 北京：社会科学文献出版社，2008.

[64] 汪小英，李忠武，易杏花，王麟.3E系统协调的驱动力：结构协同及能源政策引导 [M]. 北京：科学出版社，2017.

[65] 王伯安，张德胜. 中国石油经济安全评价指标体系设计 [J]. 科学学与科学技术管理，2010（1）.

[66] 王迪，聂锐，李强. 江苏省能耗结构优化及其节能与减排效应分析 [J]. 中国人口·资源与环境，2011（3）.

[67] 王锋. 中国碳排放增长的驱动因素及减排政策评价 [M]. 北京：经济科学出版社，2011.

[68] 王逸舟. 全球化时代的国际安全 [M]. 上海：上海人民出版社，1999.

[69] 魏一鸣，焦建玲，廖华. 能源经济学 [M]. 北京：科学出版社，2011.

[70] 温俊萍. 发展中国家经济安全问题的制度分析 [J]. 经济问题，2007（8）.

[71] 吴昊洋，刘静. 政府审计与国家经济安全 [J]. 税务与经济，2015（5）.

[72] 吴仁群. 经济预测与决策 [M]. 北京：中国人民大学出版社，2011.

[73] 吴玉萍，杨宇峰. 中国发展低碳经济的路径选择与政策设计 [M]. 北京：中国经济出版社，2016.

[74] 武红，谷树忠，关兴良，鲁莎莎. 中国化石能源消费碳排放与经济增长关系研究 [J]. 自然资源学报，2013（3）.

[75] 武红，谷树忠，周洪，王兴杰，董德坤，胡咏君. 河北省能源消费、碳排放与经济增长的关系 [J]. 资源科学，2011（10）.

[76] 肖德，张媛. 经济增长、能源消费与二氧化碳排放的互动关系——

基于动态面板联立方程的估计［J］. 经济问题探索，2016（9）.

［77］谢来辉. 碳锁定、"解锁"与低碳经济之路［J］. 开放导报，2009（5）.

［78］邢继俊，赵刚. 中国要大力发展低碳经济［J］. 中国科技论坛，2007（10）.

［79］许圣道，王千. 虚拟经济全球化与国家经济安全研究［J］. 中国工业经济，2009（1）.

［80］徐英倩. 论我国国家经济安全立法［J］. 学习与探索，2017（10）.

［81］杨东辉. 石油安全战略探析［J］. 学术交流，2006（1）.

［82］杨子晖. 经济增长、能源消费与二氧化碳排放的动态关系研究［J］. 世界经济，2011（6）.

［83］姚君. 我国能源消费、二氧化碳排放与经济增长关系研究［J］. 生态经济，2015（5）.

［84］姚立新，张明志. FDI 影响我国经济安全的机理分析与评价［J］. 中国经济问题，1999（1）：30－34.

［85］叶卫平. 国家经济安全定义与评价指标体系再研究［J］. 中国人民大学学报，2010（4）.

［86］尹晓亮. 经验与教训：日本石油储备战略的再认识［J］. 现代日本经济，2016（1）.

［87］余根钱. 国家经济安全指标体系研究［J］. 中国统计，2004（9）.

［88］张汉林，魏磊. 全球化背景下中国经济安全量度体系构建［J］. 世界经济研究，2011（1）.

［89］张红，李洋，张洋. 中国经济增长对国际能源消费和碳排放的动态影响——基于 33 个国家 GVAR 模型的实证研究［J］. 清华大学学报（哲学社会科学版），2014（1）.

［90］张鸿. 区域经济一体化与东亚经济合作［M］. 北京：人民出版社，2007.

［91］张魁中. 国际战略石油储备体系比较与中国的石油储备［J］. 黄冈师范学院学报，2009（1）.

［92］张丽峰. 我国经济增长、能源消费对碳排放影响分析［J］. 工业技术经济，2011（1）.

［93］张丽峰．中国能源供求预测模型及发展对策研究［D]．首都经济贸易大学，2006.

［94］张绍波．借鉴美国经验完善我国战略石油储备体系——访能源经济问题专家［J］．中国石油企业，2012（3）．

［95］张幼文，周建明．经济安全——金融全球化的挑战［M]．上海：上海社会科学院出版社，高等教育出版社，1999.

［96］张宗斌，汤子玉，辛大楞．城市化与城市规模对中美对外直接投资区位选择的影响研究［J］．中国人口·资源与环境，2019，29（12）．［97］赵蓓文．外资风险视角下的中国国家经济安全预警指标体系［J]．世界经济研究，2012（1）．

［98］赵柳榕，田立新．西部能源结构的Logistic模型及其预测［J]．管理学报，2008（5）．

［99］赵英．中国面临的经济安全问题（上）［J]．中国国情国力，1999（1）．

［100］郑汉通．经济全球化中的国家经济安全问题［M]．北京：国防大学出版社，1999.

［101］中国可再生能源产业发展报告2016，国家可再生能源中心编著，中国经济出版社，2016.

［102］钟鸣长．能源消费、经济增长与碳排放关系研究——以福建省为例［J]．哈尔滨商业大学学报（社会科学版)，2012（3）．

［103］周东．能源经济学［M]．北京：北京大学出版社，2015.

［104］雷家骕．国家经济安全：理论与分析方法［M]．北京：清华大学出版社，2011.

［105］魏一鸣，焦建玲，廖华．能源经济学［M]．北京：科学出版社，2011.

［106］黄晓勇．中国的能源安全［M]．北京：社会科学文献出版社，2014.

［107］孟凡生，李美莹．我国能源供给影响因素的综合评价研究［J]．科研管理，2014（9）．

［108］庄贵阳．中国经济低碳发展的可能途径与潜力［N]．中国气象报，2005-07-21（003）．

[109] Ang, J. B. CO_2 Emissions, Energy Consumption, and Output in France [J]. Energy Policy. 2009, 35 (10): 4772 – 4778.

[110] Ang, J. Economic development, pollutant emissions and energy consumption in Malaysia. Journal of Policy Modeling, 2008, 30 (2): 271 – 278.

[111] Apergis N, Payne J E. CO_2 Emissions, Energy Usage, and Output in Central America [J]. Energy Policy, 2009, 37 (8): 3282 – 3286.

[112] Asia Pacific Energy Research Centre. A Quest for Energy Security in the 21st Century [R/OL]. 2007 [2011 – 05 – 06]. http: //wwww. ieej. or. jp/aperc/2007pdf/2007_Reports/APERC_2007_A_Quest_for_Energy_Security. pdf.

[113] Coondoo, D. and Dinda, S. Causality between income and emission: a country group – specific econometric analysis. Ecological Economics, 2002, 40 (3): 351 – 367.

[114] Fan Y, Liang Q M, Wei Y M, et al. A model for China's energy requirements and C02 emissions analysis [J]. Environmental Modelling & Software, 2007, 22 (3): 378 – 393.

[115] Gabriel S A, Kydes A S, Whitman P. The National Energy Modeling System: a large – scale energy – economic equilibrium model [J]. Operations Research, 2001, 49 (1): 14 – 25.

[116] Ghosh S. Examining carbon emissions economic growth nexus for India: a multivariate cointegration approach [J]. Energy Policy, 2010, 38 (6): 3008 – 3014.

[117] Halicioglu F. An econometric study of CO_2 emissions, energy consumption, income and foreign trade in Turkey [J]. Energy Policy, 2009, 37 (3): 1156 – 1164.

[118] Kalogirou S A. Applications of artificial neural – networks for energy systems [J]. Applied energy, 2000, 67 (1): 17 – 35.

[119] Kolstad C D, Krautkraemer J A. Natural resource use and the environment [J]. Handbook of Natural Resource and Energy Economics, 1993 (3): 1219 – 1265.

[120] Kruyt B, van Vuuren D, Vries H J M, et al. Indicators for energy security. Energy Policy, 2009, 37 (6): 2166 – 2181.

[121] Lean H H, Smyth R. CO_2 emissions, electricity consumption and output in ASEAN [J]. Applied Energy, 2010, 87 (6): 1858 – 1864.

[122] Li Z D. An econometric study on China's economy, energy and environment to the year 2030 [J]. Energy Policy, 2003, 31 (11): 1137 – 1150.

[123] Marrero G A. Greenhouse gases emissions, growth and the energy mix in Europe [J]. Energy Economics, 2010, 32 (6): 1356 – 1363.

[124] Nakata T. Energy – economic models and the environment [J]. Progress in Energy and Combustion Science, 2004, 30 (4): 417 – 475.

[125] Report of the National Energy Policy Development Group: Naional Energy Policy , May 2001.

[126] Soytas U, Sari R, Ewing B T. Energy consumption, income, and carbon emissions in the United States [J]. Ecological Economics, 2007, 62 (3): 482 – 489.

[127] Soytas U, Sari R. Energy consumption, economic growth, and carbon emissions: challenges faced by an EU candidate member [J]. Ecological economics, 2009, 68 (6): 1667 – 1675.

[128] Tol R S J. Carbon dioxide emission scenarios for the USA [J]. Energy Policy, 2007, 35 (11): 5310 – 5326.

后　记

本书是在我博士论文的基础上出版的。2015 年我考入了中国人民大学，成为一名博士研究生。提笔之际，博士 3 年的生活历历在目，感慨万分！这 3 年于我而言并不轻松："痛并快乐着"；这 3 年时常有一种梦回高三的错觉，为了一个目标坚定不移地全力以赴，虽然在这期间也有过彷徨和迷茫，但终归是坚定的。

本书出版之际，我首先要感谢恩师顾海兵教授。顾老师深厚的学术功底、严谨的治学态度、勇于创新的精神深深地感染着我，在顾老师严谨认真的教导下我完成了从一个学术小白到一个博士的蜕变，这短短的苍白的一行字背后是老师 3 年来的辛苦付出。

感谢方芳教授，博士期间方老师给予了我莫大的帮助、鼓励和温暖。感谢郑超愚教授，郑老师在我心中就是"学高为师身正为范"本人，在学习和生活上给予了我莫大的关怀和帮助，更重要的是郑老师就像是精神灯塔，指引着我如何做人做事做学问，郑老师是我想成为的那样的老师那样的人。

感谢段艳芳同学、石越同学，感谢我的同门们：王树娟师姐、段琪斐师兄、李志云师兄、霍世胤师兄、张敏同学、王甲师弟、朱凯师弟、李长治师弟、李洁师妹、徐腾达师弟、熊冬琴师妹等，你们的一路同行让我 3 年的博士生涯变得丰富多彩。

最后感谢我的父母和家人，你们是我的精神支撑，是我的心灵港湾，是你们一直以来对我无限的包容和支持，让我成为了现在的我，越来越好的我。谁言寸草心，报得三春晖！

张帅

2020 年 9 月 26 日

于山东师范大学长清湖校区